"十四五"时期国家重点出版物出版专项规划项目

转型时代的中国财经战略论丛

民间融资的刑法规制研究

——以融资权利保护为视角

On Criminal Law of Folk Financing
—from the Protection of Right of Financing

孙 丽 著

中国财经出版传媒集团

经济科学出版社
Economic Science Press

·北京·

图书在版编目（CIP）数据

民间融资的刑法规制研究 ： 以融资权利保护为视角 /
孙丽著 . -- 北京 ： 经济科学出版社，2024. 11.
（转型时代的中国财经战略论丛）. -- ISBN 978 - 7 - 5218
- 6476 - 2

Ⅰ. D924. 334

中国国家版本馆 CIP 数据核字第 202423V6H4 号

责任编辑：纪小小
责任校对：杨　海
责任印制：范　艳

民间融资的刑法规制研究
——以融资权利保护为视角
孙　丽　著
经济科学出版社出版、发行　新华书店经销
社址：北京市海淀区阜成路甲 28 号　邮编：100142
总编部电话：010 - 88191217　发行部电话：010 - 88191522
网址：www. esp. com. cn
电子邮箱：esp@ esp. com. cn
天猫网店：经济科学出版社旗舰店
网址：http：//jjkxcbs. tmall. com
北京季蜂印刷有限公司印装
710 × 1000　16 开　12.5 印张　200000 字
2024 年 11 月第 1 版　2024 年 11 月第 1 次印刷
ISBN 978 - 7 - 5218 - 6476 - 2　定价：56.00 元
（图书出现印装问题，本社负责调换。电话：010 - 88191545）
（版权所有　侵权必究　打击盗版　举报热线：010 - 88191661
QQ：2242791300　营销中心电话：010 - 88191537
电子邮箱：dbts@ esp. com. cn）

总　序

　　"转型时代的中国财经战略论丛"（以下简称《论丛》）是在国家"十四五"规划和2035年远景目标纲要的指导下，由山东财经大学与经济科学出版社共同策划的重要学术专著系列丛书。当前我国正处于从全面建成小康社会向基本实现社会主义现代化迈进的关键时期，面对复杂多变的国际环境和国内发展新格局，高校作为知识创新的前沿阵地，肩负着引领社会发展的重要使命。为响应国家战略需求，推动学术创新和实践结合，山东财经大学紧密围绕国家战略，主动承担时代赋予的重任，携手经济科学出版社共同推出"转型时代的中国财经战略论丛"系列优质精品学术著作。本系列论丛深度聚焦党的二十大精神和国家"十四五"规划中提出的重大财经问题，以推动高质量发展为核心，深度聚焦新质生产力、数字经济、区域协调发展、绿色低碳转型、科技创新等关键主题。本系列论丛选题涵盖经济学和管理学范畴，同时涉及法学、艺术学、文学、教育学和理学等领域，有力地推动了我校经济学、管理学和其他学科门类的发展，促进了我校科学研究事业的进一步繁荣发展。

　　山东财经大学是财政部、教育部和山东省人民政府共同建设的高校，2011年由原山东经济学院和原山东财政学院合并筹建，2012年正式揭牌成立。近年来，学校紧紧围绕建设全国一流财经特色名校的战略目标，以稳规模、优结构、提质量、强特色为主线，不断深化改革创新，整体学科实力跻身全国财经高校前列，经管类学科竞争力居省属高校首位。随着新一轮科技革命和产业变革的推进，学科交叉融合成为推动学术创新的重要趋势。山东财经大学秉持"破唯立标"的理念，积极推动学科交叉融合，构建"雁阵式学科发展体系"，实现了优势学科的联动发展。建立起以经济学、管理学为主体，文学、理学、法学、工学、教育学、艺术学等多学科协调发展的学科体系，形成了鲜明的办学特色，为国家经济建设和社会发展培养了大批高素质人才，在国内外享有较高声誉和知名度。

山东财经大学现设有 24 个教学院（部），全日制在校本科生、研究生 30000 余人。拥有 58 个本科专业，其中，国家级一流本科专业建设点 29 个，省级一流本科专业建设点 20 个，国家级一流本科专业建设点占本科专业总数比例位居省属高校首位。拥有应用经济学、管理科学与工程、统计学 3 个博士后科研流动站，应用经济学、工商管理、管理科学与工程、统计学 4 个一级学科博士学位授权点，11 个一级学科硕士学位授权点，20 种硕士专业学位类别。应用经济学、工商管理学、管理科学与工程 3 个学科入选山东省高水平学科建设名单，其中，应用经济学为"高峰学科"建设学科。在 2024 软科中国大学专业排名中，A 以上专业 23 个，位居山东省属高校首位；A＋专业数 3 个，位居山东省属高校第 2 位；上榜专业总数 53 个，连续三年所有专业全部上榜。工程学、计算机科学和社会科学进入 ESI 全球排名前 1%，"经济学拔尖学生培养基地"入选山东省普通高等学校基础学科拔尖学生培养基地。

山东财经大学以"努力建设特色鲜明、国际知名的高水平财经大学"为发展目标，坚定高质量内涵式发展方向，超常规引进培养高层次人才。通过加快学科交叉平台建设，扎实推进学术创新，实施科学研究登峰工程，不断优化科研管理体制，推动有组织的科研走深走实见行见效，助力学校高质量发展。近五年，学校承担国家级科研课题 180 余项，整体呈现出立项层次不断提升、立项学科分布逐年拓宽的特征，形成以经管学科为龙头、多学科共同发展的良好态势。其中，国家重点研发计划 1 项，国家社会科学基金重大项目 5 项、重点项目 9 项、年度项目 173 项。学校累计获批省部级科研奖励 110 余项，其中，教育部人文社科奖一等奖 1 项，成功入选《国家哲学社会科学成果文库》，实现学校人文社科领域研究成果的重大突破。学校通过不断完善制度和健全机制激励老师们产出高水平标志性成果，并鼓励老师们"把论文写在祖国的大地上"。近五年，学校教师发表 3500 余篇高水平学术论文，其中，被 SCI、SSCI 收录 1073 篇，被 CSSCI 收录 1092 篇，在《中国社会科

学》《经济研究》《管理世界》等中文权威期刊发表 18 篇。科研成果的
竞相涌现，不断推进学校哲学社会科学知识创新、理论创新和方法创
新。学校紧紧把握时代脉搏，聚焦新质生产力、高质量发展、乡村振
兴、海洋经济和绿色低碳已搭建省部级以上科研平台机构 54 个，共建
中央部委智库平台 1 个、省级智库平台 6 个，省社科理论重点研究基地
3 个、省高等学校实验室 10 个，为教师从事科学研究搭建了更广阔的
平台，营造了更优越的学术生态。

　　"十四五"时期是我国从全面建成小康社会向基本实现社会主义现
代化迈进的关键阶段，也是山东财经大学迎来飞跃发展的重要时期。
2022 年，党的二十大的胜利召开为学校的高质量发展指明了新的方向，
建校 70 周年暨合并建校 10 周年的校庆更为学校的内涵式发展注入了新
的动力；2024 年，学校第二次党代会确定的"一一三九发展思路"明
确了学校高质量发展的路径。在此背景下，作为"十四五"时期国家
重点出版物出版专项规划项目，"转型时代的中国财经战略论丛"将继
续坚持以马克思列宁主义、毛泽东思想、邓小平理论、"三个代表"重
要思想、科学发展观和习近平新时代中国特色社会主义思想为指导，紧
密结合《中共中央关于制定国民经济和社会发展第十四个五年规划和
二〇三五年远景目标的建议》和党的二十届三中全会精神，聚焦国家
"十四五"期间的重大财经战略问题，积极开展基础研究和应用研究，
进一步凸显鲜明的时代特征、问题导向和创新意识，致力于推出一系列
的学术前沿、高水准创新性成果，更好地服务于学校一流学科和高水平
大学的建设。

　　我们期望通过对本系列论丛的出版资助，激励我校广大教师潜心治
学、扎实研究，在基础研究上紧密跟踪国内外学术发展的前沿动态，推
动中国特色哲学社会科学学科体系、学术体系和话语体系的建设与创
新；在应用研究上立足党和国家事业发展需要，聚焦经济社会发展中的
全局性、战略性和前瞻性重大理论与实践问题，力求提出具有现实性、
针对性和较强参考价值的思路与对策。

洪俊杰

前　言

　　蓬勃发展的民间融资解决了社会融资需求，拓宽了企业的融资渠道，但也使企业支付了超高的利息，无形中增加了成本；民间融资增加了居民收入，部分出资人在投资过程中赚到了利息，但民间融资中的爆雷事件也使众多人血本无归。高利率、高风险、不规范的民间融资扰乱了金融市场秩序，影响了银行业的正常经营。而大规模的民间融资集资犯罪严重影响国家的经济安全，发生在全国多地的 P2P 借贷崩盘、民营企业老板"跑路潮"等事件也昭示了民间融资的一定危害性。对于民间融资，我国建立了包括非法吸收公众存款罪、集资诈骗罪等罪名、司法解释等在内的刑法规制体系。从实践效果来看，刑法在打击金融犯罪、稳定经济秩序、维护国家经济安全方面发挥了重要的作用，但同时也存在着一些隐忧：从 2003 年的"孙大午案"① 到 2009 年的"吴英案"②，再到今天的部分互联网金融平台崩盘，为什么民众对民间融资趋之若鹜？为什么严厉的刑事手段并没有阻止非法集资，反而日趋严

---

　　① 被告河北大午农牧集团公司未经中国人民银行批准，经孙大午决策，招收代办人员、设立代办点，于 2001 年 1 月至 2003 年 5 月，以高于同期银行存款利率、承借不交利益税的方式，出具名为"借款凭证"或"借据"，向社会公众变相吸收存款 1627 单，共计 1308.3161 万元，涉及 611 人。法院认定，大午集团非法吸储的款项资金用于企业经营，尚未造成吸储款项损失的后果，可以依法从轻处罚，孙大午认罪并愿意清退资金依法可以缓刑，因此判大午集团犯非法吸收公众存款罪，罚金 30 万元，判孙大午犯非法吸收公众存款罪，有期徒刑 3 年，缓刑 4 年，罚金 10 万元。详见《孙大午为什么会犯罪?》，中国法院网，https://www.chinacourt.org/article/detail/2003/11/id/89605.shtml，2013 年 11 月 4 日，访问时间：2024 年 10 月 28 日。

　　② 参见浙江省高级人民法院刑事裁定书（2010）浙刑二终字第 27 号。检察机关指控吴英在 2005 年 5 月至 2007 年 2 月，以非法占有为目的，用个人或企业名义非法集资，集资诈骗人民币达 3.84265 万元。金华市中院一审判处吴英死刑，剥夺政治权利终身。浙江省高级人民法院二审维持原判。

重？为什么集资诈骗罪、非法吸收公众存款罪等民间融资罪名会引起社会各界如此广泛的质疑和关注？知识应当不断地反思、对抗，并在反思与对抗中证明自己的正当性。① 法律同样如此。在转变经济增长方式、坚持供给侧结构性改革和公私财产平等保护的大背景下，民间融资的刑法规制成为各方关注的焦点。

已有的民间融资刑法规制研究主要集中于分析民间融资犯罪产生的原因、危害，强调建立以地方政府为主的打击非法集资联动机制；进行民间融资个罪的研究；强调建立宽缓的民间融资犯罪的刑罚体系等。上述成果为民间融资的刑事立法与司法提供了有益的借鉴，但同时也存在着问题，如缺乏对民间融资刑法规制的基础理论研究，尤其是缺乏从刑事法理角度对民间融资本质的研究，进而缺乏从整体角度对民间融资刑法规制的系统建构，从而使得民间融资的刑法规制支离破碎，无法为刑事司法提供准确的定罪量刑标尺，也阻碍了民间融资的正常发展。

面对蓬勃发展的民间融资和隐藏于其中的犯罪行为，如何设计合理而有效的刑法规制方案实现"留其精华，去其糟粕"，如何对现行刑事立法和司法解释进行科学、全面地调整和诠释，从而准确区分民间融资行为的罪与非罪、此罪与彼罪，实现刑法的良性运行和民间融资的"文明"生长，这是刑法学者面临的重要课题，也是本书研究的目的和意义所在。

---

① 参见刘星：《法学知识如何实践》，北京大学出版社 2011 年版，第 13 页。

摘　要

近年来，伴随着"融资难""融资贵"及非法集资案件频发，民间融资的刑法规制成为各方关注的焦点。民间融资满足了社会的融资需求，拓宽了企业的融资渠道，但同时也滋生诈骗、暴力等犯罪行为，具有一定的负面作用，刑法规制必要性日益凸显。

一、民间融资及刑法规制的困境

民间融资是产生于市民社会的融资行为，是市民社会的货币资金的持有者和需求者之间直接或间接地进行资金融通的活动，处于金融监管和宏观调控之外。由于民间融资不可避免地存在着犯罪行为，尤其是较大规模的民间融资活动容易引发连锁犯罪和群体性事件，对国家和社会利益造成危害，民商事法律、行政法律法规不足以有效规制，刑法应当予以积极的回应。通过对民间融资刑法规制历程的梳理和非法吸收公众存款罪、集资诈骗罪等罪名的司法适用实证考察可以看出，现行刑法在打击民间融资犯罪、稳定经济秩序方面发挥了重要的作用，但同时也存在着民间融资受到多种歧视、刑法过于积极主动干预民间融资、打击犯罪缺乏精准度及刑罚过重等问题。民间融资犯罪愈演愈烈。运用布迪厄的场域理论分析民间融资中各个参与主体的行动策略可知，刑法漠视融资参与主体的利益诉求、忽视经济规律及国权主义刑法观的惯性影响是主要原因。因此，深刻剖析民间融资本质，遵循客观的经济规律，并以此为基础重构民间融资的刑法规制体系是当务之急。

二、民间融资刑法规制的基本立场

民间融资刑法规制的准确性依赖于对民间融资本质的深刻把握。从法理学角度对民间融资本质进行分析。在自然意义上和法律意义上，民间融资是公民和企业融资权利行使的具体体现。现行法律中民间融资地位的不明确是影响刑法规制效果的关键因素。通过在宪法中明确规定融资权利是公民和企业的一项基本权利，从而给民间融资的刑法规制提供明确的法理依据。民间融资的存在具有合理性和必然性，民间融资的刑法规制具有理论基础和现实必要性，要遵循平等和谦抑原则，采取如下立场：一是权利和刑罚权力的辩证关系决定了要以融资权利制约刑罚权力作为规制民间融资的逻辑起点。二是具体的规制路径：在全面准确评价民间融资的正负功能、解读民间融资的法益侵害性的基础上，以民间融资犯罪行为侵害法益的不同为标准，通过类型化思维将民间融资行为区分为民间融资犯罪行为与民间融资伴生犯罪行为、侵害交易相对方财产权利行为与侵害金融管理秩序行为、侵害单一法益民间融资行为与侵害复合法益的民间融资行为、欺诈型民间融资行为与非欺诈型民间融资行为，并分别进行相应的刑法规制。

三、侵害交易相对方财产权利的民间融资行为的刑法规制

刑法对侵害交易相对方财产权利的民间融资规制具有正当性，刑法前置法不足以有效规制。目前主要的适用罪名是集资诈骗罪，要通过对集资诈骗罪的构成要件进行合理解释从而限缩集资诈骗罪的适用范围，增加阻却责任事由，增设出罪路径，充分考虑被害人的过错，配置轻缓的刑罚，避免对民间融资的过度压制。长远目标是将集资诈骗罪废除。

四、侵害金融管理秩序的民间融资行为的刑法规制

域外侵害金融管理秩序的民间融资罪名较少，侵害金融管理秩序的民间融资行为刑法规制存在两难选择，融资权利是刑法保护的根本目标，而金融管理秩序则是刑法保护的现实选择，面对两者冲突时要以融

资权利优先于金融管理秩序作为刑法规制的目标。对一对多、多对多的民间借贷行为非罪化，对民间融券行为非罪化；限缩擅自设立金融机构罪的适用范围；将非法从事资金支付结算行为的非罪化及高利贷行为入罪废止。对于没有非法占有目的但以欺诈手段融资的民间融资行为增设欺诈集资罪进行规制；适度采用二元化立法模式限缩犯罪圈。

五、侵害复合法益的民间融资行为的刑法规制

侵害复合法益的民间融资行为存在着法益侵害的复合性，要对其行为进行区分。对前后不同目的混合的民间融资行为要以其主观目的的不同进行处理。对于先融后占的民间融资行为根据罪责刑相一致的原则，宜将前后行为人的行为和犯罪数额予以区分。新型互联网传销活动可以通过区分参与人给付资金的行为性质是否属于投资来区分集资与传销，并适用不同的罪名；对 P2P 网贷区分纯中介模式、自融模式和欺诈融资模式分别进行规制；采用复合责任模式认定互联网金融单位犯罪，并在分支机构罪责认定上进行调整。

六、民间融资伴生犯罪行为的刑法规制

民间融资伴生犯罪行为主要区分为民间融资私力救济的刑法评价和其他民间融资伴生犯罪行为的刑法评价。前者分为非法拘禁型讨债行为、暴力讨债行为和精神暴力型讨债行为，分别按照刑法规定进行规制。对于后者，区分通过正规金融机构获取资金行为放贷、明知融资双方从事犯罪为其提供帮助行为和以融资中介为名行诈骗之实的行为等分别进行不同的刑法评价。

总之，民间融资的刑法规制，需要决策者和立法者转变对民间融资的歧视观念，承认民间融资的权利属性，推进金融市场化改革，调整、完善刑法规定，从而实现精准打击民间融资犯罪和保障民间融资正常发展的目的。

目　录

导　言

一、研究现状和研究意义

（一）研究现状

诺贝尔奖获得者科斯教授认为，在完全竞争条件下，私人交易成本等于社会成本，清晰的个人产权是进行交易的前提。[①] 制度供给的不足可以通过国家干预弥补。如果国家干预会减少统治者可获得的利益或者威胁到统治者，国家也可能维持无效率的制度，这属于制度失败。在中国，私营企业是懂得如何在自由竞争的环境中减少交易费用的，但其很难进入资本市场并遭受着各种政策和制度歧视。私营企业（或任何企业）有依法自由运营的权利。要消除国有企业的特权，让不同性质的企业获得融资的权利。如果不遵守市场原则，市场经济就不会成功。持续的经济增长要求对国家权力进行限制。[②] 保护财产权利和契约权利的制度对投资和增长具有重要意义。

国外关于民间融资产生的理论主要有金融抑制说、信息不对称说及溢出效应等。由于社会制度、金融制度各异，各国对待民间融资的态度及法律规定也不一。

在美国，存在种类繁多的银行，同时民间融资渠道众多。当然，非法集资的问题也存在。美国打击融资诈骗的法律主要有 1933 年的《证

---

① 参见［美］罗纳德·H. 科斯：《企业、市场与法律》，盛洪、陈郁译校，格致出版社、上海三联书店、上海人民出版社 2014 年版，第 8 页。

② 参见《经济增长需要制度转型　限制政府权力是有效政策》，载于《中国新闻周刊》2005 年 7 月 14 日。

券法》，1934 年的《证券交易法》、1939 年的《信托合同法》、1940 年的《投资公司法》《投资顾问法》等。采取两种措施打击非法集资：一是反对违法公开发行证券；二是骗取财产要受到刑事处罚。在美国，对于吸收公众存款及放贷业务实行严格的许可制度，但实行分类管理，个人和企业偶尔为之的民事借贷行为不在管制范围。但是未经允许经营银行业务被规定为犯罪。①

为了解决广泛存在的金融排斥问题②，英国较早地建立了完善的信贷法律制度，如《放债者法案》和《消费信贷法案》等金融法律。英国《消费信贷法》第 39 条规定：（1）任何没有执照的人从事了执照规定的（信贷）行为构成犯罪。（2）领取执照的人没有按照执照规定的名称开展业务构成犯罪。（3）任何人没有按照第 36 条规定的期限给董事或领取执照的人以通知构成犯罪。③ 1958 年，英国《防止投资欺诈法》第 13 条规定，任何人通过欺诈诱使他人参与投资，将受到最高刑为 7 年监禁的惩处。④ 《1986 年金融服务法》（Financial Services Act 1986）第 47 条规定：任何误导性地、错误地、欺骗地，或者不正直地隐瞒事实的承诺或者预测，疏忽地作误导性、错误、欺骗性陈述的人都构成犯罪，假如其为了引诱他人投资而陈述、许诺、预测或者隐瞒事实，或者是一种疏忽行为，不管这些陈述是否引诱其他人购买或者退出合同，或者行使或者抑制行使投资的权利。同时又规定，任何行为或者任何活动对市场、投资价格或价值引起了错误或者误导性影响都是一种犯罪行为，假如该人有引发这些影响的目的，并引诱他人获得投资、处置投资、认购投资或者对投资进行担保，或阻止他人从事上述行为，或阻止他人行使这些与投资行为有关的任何权利。⑤ 该法第 163 条（3）规定，除非本法第 3 章授权或者第 5 章免责条款规定，任何人不能从事投资业务或者声称从事投资活动。⑥

① 储槐植：《美国刑法》，北京大学出版社 2005 年版，第 228 页。
② 王修华、周翼璇：《破解金融排斥：英国的经验及借鉴作用》，载于《理论探索》2013 年第 6 期，第 80 页。
③ 参见《英国消费信贷法》，https：//www.docin.com/p – 1134013868.html，访问时间：2022 年 12 月 15 日。
④ 刘远：《金融诈骗罪研究》，中国人民大学博士学位论文，1999 年，第 197 页。
⑤ 参见袁林等：《民间融资刑法规制完善研究》，法律出版社 2016 年版，第 251～252 页。
⑥ 袁林等：《民间融资刑法规制完善研究》，法律出版社 2016 年版，第 252 页。

德国有数量众多的合作金融机构。德国信用业法规定，对于实施非法吸收公众资金的犯罪行为，以违法从事银行业务罪处罚。如果是故意实施的，应当判处三年以下监禁或者罚金；如果是过失实施的，应当判处一年以下监禁或者罚金[1]；对于以诈骗方式吸引他人资金的行为，以主观上是否具有占有目的可分别以诈骗罪和投资诈骗罪定性。[2]

意大利刑法典第13章侵犯财产罪第2节规定了高利贷罪。[3]

日本则对有可能存在地下金融活动的交易以立法的形式加以规范，如1954年的《出资法》《特定品保管等之交易契约关系》对民间金融的开业、交易期间、特定商品的收受保管、收益的支付等进行严格限制[4]；日本刑法采用诈骗罪处罚试图骗取集资款的行为。

国内关于民间融资的研究最早始于1988年3月。王峰、林建中在《福建金融》上发表了一篇文章——《良坑村合作基金会调查报告》，开启了中国民间融资研究的序幕。而民间融资最容易引发的非法集资研究则始于金严于1993年2月在《广东金融》上发表的一篇关于"长城公司"诈骗纪实的文章。国内民间融资的研究从以下角度进行。

一是从经济学、犯罪学等角度分析民间融资犯罪产生的原因、危害，进而提出预防和遏制对策，强调建立以地方政府为主的打击非法集资联动机制。张维迎、茅于轼、厉以宁、周其仁等众多的经济学家都主张给公民适当的融资权利，如北京大学周其仁教授在《民间融资合法化的根据》一文中从经济学的角度出发，主张民间融资是公民的财产权利，政府应当还权于民。

二是从民商法、经济法学的角度来研究民间融资。如北京大学法学院彭冰教授主张，民间融资本质上是直接融资而不是间接融资，因此不应当适用规制间接融资的法律规范[5]；姚辉教授在其文章《关于民间借贷若干法律问题的思考》中主张企业之间的借贷应当合法化[6]；浙江大

① 刘宪权：《民间融资刑法调整应松弛有"度"》，http://news.enorth.com.cn/system/2012/09/18/010017284.shtml，访问时间：2022年12月15日。
② 参见徐久生、庄敬华译：《德国刑法典》，中国方正出版社2004年版，第130页。
③ 参见《最新意大利刑法典》，黄风译注，法律出版社2007年版，第233页。
④ 参见［日］芝原邦尔：《经济刑法》，金光旭译，法律出版社2002年版，第32~36页。
⑤ 彭冰：《非法集资活动规制研究》，载于《中国法学》2008年第4期，第43页。
⑥ 参见姚辉：《关于民间借贷若干法律问题的思考》，载于《政治与法律》2013年第12期，第5页。

学李有星教授认为，民间融资作为投资行为，遵循经济学的风险和收益并存原理，集资人要享受集资带来的收益，同时理应承担本金损失的风险①。

三是从刑法学的角度进行民间融资个罪的研究。大体集中在以下几个方面。

1. 限缩民间融资犯罪个罪的适用范围

刘宪权教授认为，非法集资行为的刑法规制存在着入罪门槛偏低、轻罪与重罪分界模糊等诸多问题。刑事立法明显违背了刑法的谦抑性原则，也有违主客观相统一原则。因此应通过合理限制非法吸收公众存款罪（社会公众和集资用途）和集资诈骗罪（限定社会公众的含义和集资款用途比例，严格限制死刑）的犯罪构成要件来有效解决非法集资行为刑法规制中的不合理问题。② 姜涛教授主张应当通过"采用欺诈和高风险"对非法吸收公众存款罪进行限缩。③ 王新教授主张在前端限缩和规范地适用非法吸收公众存款罪，在后端彻底激活刑事政策的出罪口，转变偏重刑事打击的司法观念。④ 李晓明教授提出暂时限制停用非法吸收公众存款罪，待时机成熟时再废止。⑤ 刘鑫博士在其论文中提出，民间融资的刑法规制要建立分类管理的刑法规制模式，完善罪名设置，建立严而不厉的规制体系。⑥ 叶良芳教授提出对于非法集资要分类处理：投资型集资脱实向虚，应当予以刑法惩治；生产型集资可以全面除罪化。⑦

---

① 参见李有星、范俊浩：《论非法集资概念的逻辑演进及展望》，载于《法学论丛》2012 年第 10 期，第 55 页。

② 刘宪权：《刑法严惩非法集资行为之反思》，载于《法商研究》2012 年第 4 期，第119 页。

③ 姜涛：《非法吸收公众存款罪的限缩适用新路径：以欺诈和高风险为标准》，载于《政法与法律》2013 年第 8 期，第 52 页。

④ 参见王新：《民间融资的刑法法律风险界限》，载于《当代法学》2021 年第 1 期，第67 ~ 70 页。

⑤ 李晓明：《非法吸收公众存款罪存与废的法教义学分析》，载于《法治研究》2020 年第 6 期，第 14 页。

⑥ 参见刘鑫：《论民间融资的刑法规制》，华东政法大学博士学位论文，2012 年，第38 ~ 39 页。

⑦ 叶良芳：《总体国家安全观视域下非法集资的刑法治理检视》，载于《政治与法律》2022 年第 2 期，第 56 页。

2. 增设相应罪名规制民间融资

现有的罪名规制民间融资乏力，要完善集资型犯罪立法，增设非法集资罪、欺诈集资罪等打击非法集资行为。

3. 从刑事政策治理的角度规制非法集资

民间融资刑事政策应当从金融管理本位转向金融交易本位，不具有"骗"的性质的金融交易应当非犯罪化，采取综合治理模式。[①] 对欺诈性集资行为处罚时要配置正当抗辩事由，从而缓解目前刑事管制的紧张状态。[②] 莫洪宪教授提出非法集资行为的刑事规制要保障经济主体的平等地位和金融交易自由。[③] 王学忠教授提出按照"法无授权即禁止"原则设计公法规范，优化民间融资法律规范设计。[④]

学者们在民间融资的一些基础性问题上达成一定的共识，比如：民间融资合法化是大势所趋；民间融资的作用以正面为主，其存在的根源在于现行金融制度的不合理；应当广开民间投资的渠道，刑法对民间融资干预不应过度，不应成为规制民间融资的主要手段。民间融资的基本刑事政策应当以疏导为主；同时限缩个罪的适用范围；根据被害人对于民间融资的发生有过错和刑罚轻缓化的趋势，对民间融资相关罪名配置轻缓的刑罚；要加强行政监管，采用多种措施对民间融资进行综合治理等。

（二）研究意义

（1）理论意义：本书有助于深化和完善民间融资的刑法规范，整合和提升刑法学基础理论。刑法学基础理论研究水平的提升既依赖于基本理论问题的研究，又依赖于具体罪名的研究。民间融资问题本身包含着经济学、金融学、社会学、法学等不同学科的内容，需要对其进行多角度、立体化的研究。目前刑法学界对民间融资的研究虽然很多，但大多从非法吸收公众存款罪、集资诈骗罪等个别罪名出发进行研究，要么

①　参见刘远：《金融欺诈犯罪立法原理与完善》，法律出版社 2010 年版，第 16 ~ 18 页。

②　毛玲玲：《集资行为的刑事管制——金融危机背景下的考察》，载于《政治与法律》2009 年第 9 期，第 34 页。

③　莫洪宪、尚勇：《产权保护视角下非法集资行为刑事规制的教义学重塑》，载于《河南财经政法大学学报》2020 年第 2 期，第 95 页。

④　王学忠：《公私法划分视野下民间融资法律体系构建》，载于《周口师范学院学报》2018 年第 6 期，第 119 页。

从经济发展、司法实务等某个角度展开论述，缺乏全面性和系统性。从刑事立法和司法的角度对民间融资的刑法规制问题进行全面反思和梳理，更新刑法理念，从理论上厘清民间融资的本质，进而准确地界定民间融资犯罪化的界限，区分此罪与彼罪，使民间融资的刑法罪名设置更科学、更合理，是罪刑法定的必然要求，也是刑法进化、发展的应有之义，对于刑法理论的完善和发展意义重大。

（2）实践意义：随着我国经济快速发展，公民收入不断提高，民间融资欣欣向荣。因民间融资而引发的非法集资犯罪案件数量呈上升态势，由此引发的上访、聚众冲击国家机关等群体性事件不断增多，需要公正的法律进行疏导和解决；刑事审判机关需要准确、科学的刑法规定作为断案依据，使判决结果达到法律效果和社会效果的统一；公民需要在公平、正义的法律的框架内安排自己的投资行为，行使自己的合法权利……如何配置科学、合理的罪名规制民间融资不仅关系到公民财产权利的保障，而且关系到社会经济秩序尤其是国家金融秩序的稳定和发展，关系到国家经济安全。通过研究民间融资的刑事规制，有助于遏制愈演愈烈的非法集资势头，解决公民合法财产权利与国有财产权利的矛盾和冲突，实现公私财产的平等保护；能够顺应民意和时代发展需要，为审判机关准确定罪量刑、实现司法公正提供准确的法律依据；有利于维护社会经济秩序尤其是金融秩序的稳定，促进社会和谐发展。

二、研究存在的问题

由于刑法学者多局限于刑法学科内个罪的研究，关注个别罪名的立法完善和司法适用问题，忽略了在整个刑法体系内对民间融资的全面、系统性规制研究，对民间融资的刑法规制缺乏全面、根本和准确的解决对策，在一些问题上还缺乏深入的研究和探讨，诸如民间融资的本质是什么。民间融资合法化的根据还需要在法律的层面进一步论证，现有刑法学者较少进行比较研究和纵向的历史分析，从而影响了研究的全面性和系统性。

三、研究的主要内容和方法

（一）研究的主要内容

本书以民间融资的刑法规制为研究对象，主要内容包括：

（1）从金融学、经济学、社会学、历史、法律等不同角度分析民间融资存在的原因和理由，剖析刑法规制存在的不足，为民间融资的刑事规制提供充足的理论支持和现实依据。

（2）构建刑法规制民间融资的理论基础。以权利为分析工具论证民间融资的权利属性。在宪法、刑法确认融资权利的基础上，以融资权利制约刑罚权力奠定民间融资刑法规制的逻辑起点，坚持刑法规制的适度，遵循平等原则和谦抑原则。

（3）在科学解读民间融资社会危害性基础上，以民间融资犯罪行为侵害法益的不同为标准，通过类型化思维将民间融资区分为民间融资犯罪行为与民间融资伴生犯罪行为、侵害交易相对方财产权利行为与侵害金融管理秩序行为、侵害单一法益的民间融资犯罪行为与侵害复合法益的民间融资犯罪行为、欺诈型民间融资行为与非欺诈型民间融资行为并分别进行相应的刑法规制，配置轻缓的刑罚。

（二）研究方法

（1）规范分析法：以刑法学基础理论为出发点，采取文义解释、目的解释、体系解释等方法，对现行刑法及司法解释、附属刑法及行政法规中有关民间融资的罪名规定进行分析，并通过考察实践效果分析其优劣得失。

（2）比较研究的方法：差异性是事物存在的基本状态，故比较知优劣，比较知是非。由于不同国家在民间融资的刑法规制方面存在不同的学说和立法例，通过介绍和比较美国、日本、德国、法国等不同国家关于民间融资的刑法规定，从而吸收、借鉴其合理成分，寻求民间融资刑法规制更科学合理的路径。

（3）历史研究的方法：民间融资绵延千年而不绝必有其历史必然性。通过梳理我国民间融资的发展历史及不同历史时期相关法律规定的相关文献，来探寻其发展的脉络和历史走向，构建符合民间融资自身发展要求和时代发展需求的刑法规制框架。

（4）实证研究的方法：实证主义强调知识必须建立在观察和实验的经验事实上，通过数据和实验手段来揭示一般规律。要选取数个具有代表性的地区进行调查研究，通过调查问卷、访谈的方式，考察、挖掘民间融资存在的现实社会环境和非正式规制手段，从而提出贴近实践的完善意见和建议。

（5）刑事一体化的研究方法：民间融资问题涉及不同学科的知识，要采用哲学、社会学、经济学、法学、犯罪学、历史学等不同学科的知识和理论揭示民间融资的本质和存在的合理性，揭示当代中国民间融资存在和发展的独特性，从而寻求更行之有效的刑法规制方法。

第一章 民间融资及刑法规制的困境

福柯说，"每个社会阶层都有自己独特的必要的非法活动。由此产生了民众的二重态度，一方面，罪犯……获得人们自发的同情。另一方面，当一个人在民众所认可的某种非法活动中犯下伤害民众的罪行时，危及了作为民众生存条件，很容易激起民众的特殊的义愤。因此，围绕着犯罪形成了一个褒贬交织的气氛。民众有时提供有效的帮助，有时则心怀恐惧"[①]。当今社会，纷繁复杂，如果说存在一种让人既爱又恨的行为的话，当属民间融资无疑。随着民间融资的发展，因民间融资而引发的犯罪案件数量呈上升趋势，2020 年检察机关查处非法集资案件7500 余起。[②] 民间融资犯罪案件的处理往往引发学界、社会和集资群众的广泛关注，也关系到社会公平正义和集资群众的切身利益，因为"刑法与刑事司法假如不能实践公平正义而彰显社会公道的话，那充其量只不过是穿着法律外衣的镇压工具而已"[③]。是故，准确界定民间融资的概念，梳理民间融资的刑法规制历程就成为研究的前提和基础。

第一节 民间融资及刑法规制的概念

民间融资的发展历史源远流长，市民之间的金融活动早就存在。从殷商、秦代的奴隶主和贵族之间的货币流通到汉代民间的高利贷，以及

---

① ［法］米歇尔·福柯：《规训与惩罚》，刘北成、杨远婴译，生活·读书·新知三联书店 2020 年版，第 92～93 页。

② 《2020 年查处非法集资案件 7500 余起》，https：//zxb.ccn.com.cn/shtml/zgxfzb/20210427/170918.shtml，访问时间：2022 年 11 月 22 日。

③ 林山田：《刑法通论》（上册），北京大学出版社 2012 年 10 版，前言。

现阶段各种民间借贷、互联网金融，民间融资在国家经济生活和市民社会中发挥着重要作用。

一、民间融资概述

概念是进行思维和研究的基本单位，反映了客观事物最本质的特征。明确研究对象的概念是进行科学研究的起点，也是研究据以得出科学结论的前提。

（一）民间融资概念

现阶段，关于民间融资的概念有多种观点，学术界并没有形成共识。学者们分别从所有制、合法性、金融监管角度及组织正规性角度对其进行界定。① 主流的观点认为，民间融资是一种出资人与受资人之间以取得高额利息与取得资金使用权并支付约定利息为目的，通过社会集资、民间借贷等形式暂时改变资金所有权且尚未被纳入正规金融监管范围的金融行为。② 也有学者提出，民间融资是"在统一的金融市场规制下，介于一般市场与商业银行之间的、由法律分类实施监管的民间资金融通活动"③。还有的学者从所有制角度对民间融资内涵进行界定，即"国有金融体系之外所发生的在个人或非国有制企业之间的各种形式资金融通活动的总称"④。笔者认为，对民间融资的界定要注意把握"民间"和"融资"两个词的含义。民间有"市民之间、民众之间"之意，是非官方的范畴。根据《新帕尔格雷夫经济学大辞典》的解释，"融资"是指为支付超过现金的购货款而采取的货币交易手段，或为取得资产而集资所采取的货币手段，具体是指货币资金的持有者和需求者之间，直接或间接地进行资金融通的活动。广义的融资包含资金双向互动

---

① 参见王学忠：《民间融资的内涵界定：权利视角》，载于《理论建设》2017 年第 5 期，第 61～62 页。

② 严瑞芳、黄明：《民间金融与金融制度矛盾研究》，载于《内蒙古社会科学》2014 年第 6 期，第 114 页。

③ 参见王学忠：《民间融资的内涵界定：权利视角》，载于《理论建设》2017 年第 5 期，第 67 页。

④ 参见熊进光、潘丽琴：《中国民间金融的法律监管问题》，载于《重庆大学学报》（社会科学版）2013 年第 1 期，第 20～24 页。

的过程，包括资金的融入和融出。狭义的融资只指资金的融入。① 概言之，"融资"就是货币资金的融通，是当事人通过各种方式到金融市场上筹措或贷放资金的行为。而"民间融资"就是产生于市民社会的融资行动，即市民社会的货币资金持有者和需求者之间直接或间接地进行资金融通的活动。它以取得高额利息、中介费或资金使用权为目的，处于金融监管和宏观调控之外。民间融资的出资人和融入方都是非国家或者非国家金融机构，包括独立于官方和官方设立的正规金融机构的企业和个人。

（二）民间融资与其他概念的厘清

和民间融资概念相似的还有"非正规金融""地下金融""非法集资"和"民间借贷"等概念。

"非正规金融"指的是在国家金融法律法规规范和保护之外，并且不受金融监管当局控制和监管的金融活动的总称②，是和"正规金融"相对的概念，其赖以存在的基础是个人信用。西方经济学界通常将金融划分为两种类型，即正规金融和非正规金融。后者指的是除去正规金融以外的其他金融活动。非正规金融的资本金、储备、存贷利率、流动、审计等不受政府限制。它不需要接受国家尤其是中央银行的管制，其信贷活动是相对自由的。还有的学者以是否登记作为划分正规金融与非正规金融的标准，那些登记过的、正规的部分属于正规金融，也称为官方金融；而那些不正规的也没有登记的部分就属于民间金融或者非正规金融。③

地下金融强调其"地下"，是针对"地上"而言，包含所有没有纳入政府金融管理部门监督管理的金融组织和金融活动。④ 从质上来说，既包含合理的非正规金融，也包括黑色金融等金融犯罪；从量上来说，包含官方统计报表中的数据和无法解释的可疑数据及无法显示的对比存

---

① 参见史蒂文·N. 杜尔劳夫、劳伦斯·E. 布卢姆主编：《新帕尔格雷夫经济学大辞典》第 3 卷，贾拥民等译，经济科学出版社 2015 年第 2 版，第 289 页。

② 参见韩克勇：《我国非正规金融监管方式研究》，载于《福建论坛》2009 年版第 4 期，第 111 页。

③ 杨浩宇：《西部民族地区民间金融监管研究》，载于《贵州民族研究》2016 年第 1 期，第 166 页。

④ 李建军主编：《中国地下金融调查》，上海人民出版社 2006 年版，第 4 页。

在差距的部分。①

　　非法集资，其"集"合性明显，有"聚在一起""把分散的资金等聚集起来"的含义，强调融资活动的聚集性、非法性，是从官方的角度而言，与"合法"相对。该称谓最早见于 1996 年 12 月最高人民法院发布的《关于审理诈骗案件具体应用法律若干问题的解释》。1999 年颁布的《关于取缔非法金融机构和非法金融业务活动中有关问题的通知》则规定，"非法集资是指单位或个人未依照法定程序经有关部门批准，以发行股票、债券、彩票、投资基金证券或其他债权凭证的方式向社会公众筹集资金，并承诺在一定期限内以货币、实物及其他方式向出资人还本付息或给予回报的行为"。2010 年最高人民法院再次强调非法集资的非法性。大致分为债权类型、股权类型、商品营销类型、生产经营类四种非法集资方式。

　　作为民间融资的主要方式，民间借贷指的是非官方主体之间，如个人、非法定金融机构以外的企业之间自发产生的货币资金的借贷，形成以偿还本金和利息为条件的债权债务关系。

　　非正规金融的主要特征是独立于正规金融活动之外。从其内涵来看，也包含正规金融机构非法实施的金融活动；地下金融则意味着金融活动的隐蔽性和非法性，强调其"地下性"；民间融资则强调融资活动的"民间性"和"流动性"，从语义角度来说是一个中性的词语。而地下金融和非法集资显然是贬义的词语。四个概念各有侧重，既有交叉也有重合的地方。从包涵范围来说，非正规金融包括民间融资，民间融资则涵盖民间借贷和地下金融，非法集资则是对民间融资中违反国家法律的所有融资行为的统称。

二、民间融资刑法规制的概念

　　在法治社会，法律是解决利益冲突并维护、限制权利的最主要方式。作为一种重要的社会治理手段，刑法兼有保护权利和维护社会秩序的功能。刑法通过对犯罪者实施刑罚从而达到刑法的目的，"国家应当

---

①　参见李建军：《中国地下金融规模与宏观经济影响研究》，中国金融出版社 2005 年版，第 3 页。

被当作是阻止犯罪即侵犯的一种团体"①。因为刑罚手段的严厉性，刑法一般作为最后手段，这也符合刑法谦抑性原则的要求。由于民间融资中不可避免地存在着诈骗、暴力讨债等犯罪行为，尤其是较大规模的民间融资活动，存在着牟利和投机两种心态的碰撞，容易引发连锁犯罪和群体性事件，可能对国家和社会利益造成危害。通过民商事法律、行政法律法规不足以有效规制，刑法规制的必要性与紧迫性愈发凸显。"法律是社会的重要调节器，法律应当对社会问题作出积极的回应。"② 因此，基于理论和实践的双重根据，民间融资需要刑法进行规制。

民间融资刑法规制是指采用刑法对某一民间融资行为认定为犯罪并定罪处罚。通过发挥刑法的功能，严厉打击侵害公民权利、扰乱社会经济秩序的各种融资犯罪行为，保护权利人特别是投资者的合法利益，从而维护经济秩序和国家经济安全。

第二节　民间融资刑法规制现状

我国民间融资的历史源远流长。新中国成立之后，我国建立了高度集中的社会主义国有金融体制，民间融资大量萎缩，处于边缘化的地位。改革开放之后，民间融资日益繁荣。尤其是近几年来，随着互联网技术、信息技术的快速发展，金融脱媒现象日益严重，民间融资呈现出多元化、电子化、网络化等特点。鉴于民间融资对国家和社会经济发展有多方面的影响，国家权力部门和监管部门高度重视，制定了一系列关于民间融资活动的刑事法律法规、司法解释及其他规范性文件，用以规范民间融资活动。

一、新中国成立后民间融资刑法规制历程

新中国成立后我国民间融资刑法规制经历了从无到有、从粗疏到细

---

① ［英］卡尔·波普尔：《开放社会及其敌人》（第一卷），陆衡等译，中国社会科学出版社1998年版，第211~212页。

② 范玉吉、于雅洁：《网络传播中"深度伪造"技术及其产物的刑法规制》，载于《犯罪研究》2022年第1期，第57页。

密的过程。

（一）刑法规制空白期（1949～1979年）

在这一阶段，国家对民间融资活动采取了"最初积极引导—实行严格管理—逐步取消"的方针。这时期由于法制不健全，对民间融资的刑法规制是空白的，主要体现为一系列政策措施。通过种种措施将民间金融机构逐步国有化①，对民间融资活动从引导到逐步管制、取消。到1978年改革开放前我国民间融资基本消失。

（二）刑法规制粗放期（1979～1995年）

改革开放之后，由于金融垄断政策使得信贷资源向国营企业倾斜，民营企业融资难的问题十分突出，导致"乱集资""乱办金融机构""乱办金融业务"的"三乱"现象在全国蔓延。1979年刑法并无民间融资的具体罪名，只是在第一百一十七条规定，"对于违反金融法规的金融活动，按照投机倒把罪来定罪处罚"。第一百五十一条规定了诈骗罪。由于刑法缺乏关于民间融资的专门罪名的规定，对于偶尔发生的集资诈骗行为则以《刑法》第一百五十一条的诈骗罪和第一百五十二条的惯骗罪进行处罚。而非诈骗型非法集资犯罪可能以投机倒把罪、非法经营罪、合同诈骗罪等罪名处罚。1993年、1994年国内发生了几起集资大案，如"沈太福非法集资案"②虽祸起民间集资，但最后沈太福却被以贪污罪、行贿罪判处死刑等。

（三）刑法规制细化期（1995～2013年）

从20世纪90年代开始，决策层和监管层注重采用刑事手段进行规制，确立了对民间非法融资采用行政取缔与刑事惩罚双层治理模式。在刑事惩罚方面，1995年通过的《关于惩治破坏金融秩序犯罪的决定》

---

① 参见姚遂主编：《中国金融史》，高等教育出版社1997年版，第420～451页。

② 沈太福自1992年6月起通过长城公司以签署"技术开发合同"形式面向个人进行民间集资，至1993年2月份集资额高达10亿多元人民币。北京市人民检察院分院以被告人沈太福犯贪污罪、行贿罪，向北京市中级人民法院提起公诉。1994年3月4日，北京市中级人民法院一审判处其死刑，沈太福向北京市高级人民法院提出上诉，4月4日被二审裁定驳回上诉，维持原判。详见《沈太福贪污、行贿案》，中国法院网，https：//www.chinacourt.org/article/detail/2002/11/id/17921.shtml，2002年11月4日，访问时间：2024年10月28日。

确立了"擅自设立金融机构罪""非法吸收公众存款罪""集资诈骗罪"等罪名。1997 年《刑法》设置了"非法吸收公众存款罪""擅自设立金融机构罪""集资诈骗罪""擅自发行股票、公司、企业债券罪"和"非法经营罪"等罪名。2000 年下发的《全国法院审理金融犯罪案件工作座谈会纪要》和 2001 年发布的《关于经济犯罪案件追诉标准的规定》对"非法吸收公众存款罪"的定罪量刑标准与审理程序具体化。2004 年最高人民法院下发了《关于依法严厉打击集资诈骗和非法吸收公众存款犯罪活动的通知》。"不加区别、一律严打"的刑事处罚手段的负面效果也日益显现,并引发了学界和社会各界的广泛质疑,2003 年河北发生的"孙大午案"饱受学界诟病。对民间融资开始采取引导和监管并重的政策,但刑事规制手段仍然紧张。具体体现在以下两个方面:立法者、监管部门高度重视因民间融资而引发的非法集资活动的危害性,重视用刑法规范对其进行规制,加大了对非法集资的打击力度。2006 年 3 月国务院下发的《2006 年全国整顿和规范市场经济秩序工作要点的通知》要求取缔地下钱庄,打击非法集资。2007 年 1 月,处置非法集资部际联席会议制度建立。2008 年,《处置非法集资工作操作流程》发布。2010 年,按照国务院办公厅《关于严厉打击非法集资有关问题的通知》要求,各地成立了打击和处置非法集资工作领导小组,对非法集资行为进行打防并举的综合性治理。在刑事司法政策方面,2004 年,最高院下发了《关于依法严厉打击集资诈骗和非法吸收公众存款犯罪活动的通知》,指出对集资诈骗和非法吸收公众存款犯罪活动,一定要贯彻依法严惩的方针,……对于集资诈骗数额特别巨大、罪行极其严重的犯罪分子,应该判处死刑的要坚决判处死刑。2010 年 11 月颁布的《最高人民法院关于审理非法集资刑事案件具体应用法律若干问题的解释》(以下简称《解释》),进一步细化了非法集资认定的"四性",即非法性、公开性、利诱性、社会性 4 个要件。

(四) 刑法规制扩张期 (2013 ~ 2018 年)

2013 年中央政府郑重提出发展普惠金融,民间融资得到快速发展,由此导致民间融资犯罪数量激增。2014 年 3 月 25 日,最高人民法院、最高人民检察院、公安部 ("两高一部") 印发《关于办理非法集资刑事案件适用法律若干问题的意见》,该意见在 2010 相关解释的基础上对

"行政认定的问题""社会公众"的认定问题等 8 部分内容进行了详细的规定。在这一阶段，互联网金融蓬勃发展，其业务模式和运行机制主要分为传统金融机构和非金融机构。前者主要包含传统金融业务的网络创新和电商化、App 软件等；而后者主要是指电商企业的金融运作、网络借贷平台和网络众筹投资平台等。后一部分属于民间融资的范围，具体包括众筹融资、P2P 网贷、第三方支付、小贷模式、余额宝模式、金融门户等形式。互联网金融可以使资金供求双方自行交易，减少中间环节，无交易成本，但存在着风控弱、监管弱的问题，容易诱发恶意骗贷、卷款跑路等问题，引发非法集资和诈骗等犯罪活动。最高人民检察院以司法解释的形式对互联网金融犯罪的处理进行了规定。这一时期因非法集资而引发的犯罪案件数量激增，2018 年，全国公安机关共打击非法集资案件 1 万余起，同比上升 22%；涉案金额约 3 千亿元，同比上升 115%。平均案值达 2800 余万元，同比上升 76%。[1]

（五）刑法规制膨胀期（2019 年至今）

2019 年，鉴于互联网金融的风险，监管者提出对互联网金融机构能退尽退，应关尽关。互联网金融行业面临的刑事法律风险主要是资金募集阶段涉及非法吸收公众存款罪、集资诈骗罪；资金发放阶段涉及非法经营罪；贷后催收阶段涉及寻衅滋事罪等，还可能涉及洗钱罪。到 2020 年 11 月，P2P 网贷机构由高峰时期的 5000 家全部归零，曾经风光无限的 P2P 退出历史舞台。《关于办理"套路贷"刑事案件若干问题的意见》对"套路贷"的刑事处理细化。2019 年 1 月 30 日"两高一部"发布了《办理非法集资刑事案件若干问题的意见》，对非法集资的"非法性""主观故意""单位犯罪""集资参与人权利保障问题"等问题进行了规定。2019 年发布的《关于办理非法放贷刑事案件适用法律若干问题的意见》首次将经营性高利贷行为认定为非法经营罪。国务院于 2021 年 2 月 10 日发布《防范和处置非法集资条例》以遏制非法集资，打击犯罪活动。该条例明确了非法集资"三要件"即非法性、利诱性和社会性。

2020 年 3 月 1 日，《刑法修正案（十一）》对非法吸收公众存款罪、

---

① 《公安部：2018 年侦办非法集资案万余起　涉案金额 3 千亿》，https://tech. sina. com. cn/i/2019－01－30/doc－ihqfskcp1722372. shtml，2019 年 1 月 30 日，访问时间：2024 年 9 月 9 日。

集资诈骗罪刑法条文进行重大修改。2022 年 2 月 24 日，《关于修改
〈最高人民法院关于审理非法集资刑事案件具体应用法律若干问题的解
释〉的决定》（以下简称《决定》）对原司法解释中有关非法吸收公众
存款罪、集资诈骗罪的定罪处罚标准进行修改完善，明确相关法律适用
问题。增加网络借贷、虚拟币交易等新型非法吸收资金的行为方式，为
依法惩治非法集资犯罪提供依据。

　　法律不是随心所欲的。[①] 从上述梳理可以看出，我国民间融资的刑
法规制受到国家经济体制、宏观经济政策及国内外经济形势等多种因素
的影响，先后经历了由宽松到禁止、由放开到收紧的过程。刑法规制严
苛程度和民间融资发展呈现出高度的正相关，民间融资越繁荣，刑法规
制越严苛。

二、民间融资刑法规制的困境

　　经济社会决定金融行为和金融方式。现阶段，我国民间融资存在种
类繁多、形式各异的融资形式，其产生、运行和发展与我国现阶段的政
治体制和经济社会发展状况紧密相连，也使得夹杂其中的民间融资犯罪
行为呈现出新的特点：一是民间融资犯罪行为相当普遍。据统计，2020
年全国共查处非法集资案件 7500 余起，涉案金额 3800 余亿元。[②] 非法
集资新发案件几乎遍布所有行业，尤其是投融资类中介机构、网络借
贷、私募股权等是"重灾区"。集资手段花样翻新，一些犯罪分子虚构
所谓的项目和产品，借助互联网、微信群等平台开展非法集资等行为，
给刑法的规制带来更大的考验。二是民间融资中多种犯罪行为往往掺杂
在一起。在民间融资犯罪行为中，犯罪手段越来越隐蔽，作案方式趋向
有组织化。犯罪手段极具迷惑性，有的利用合法公司、互联网金融进行
集资诈骗、洗钱等犯罪活动。[③] 三是犯罪领域实体与网络并存。当前犯
罪领域渐渐转向虚拟领域，变为纯粹融资性集资。四是民间融资犯罪案

------

　　① 参见陈培永：《论"法律上层建筑"与"政治上层建筑"的关系》，载于《宁夏社会
科学》2021 年第 6 期，第 8 页。
　　② 《2020 年全国查处非法集资案件 7500 余起，涉案金额 3800 余亿元》，https://new.
qq.com/rain/a/20210424A01UY200，2021 年 4 月 24 日，访问时间：2024 年 9 月 9 日。
　　③ 参见李建军主编：《中国地下金融调查》，上海人民出版社 2006 年版，第 1 页。

件涉案金额高，涉案人数众多，往往易演化为群体性事件，影响社会秩序的稳定。

法律正当性需要从其社会实践进行判断。[①] 应当承认，现行刑法在打击民间融资犯罪、维护社会秩序、保障公民合法财产权利方面发挥了重大作用。尤其是通过吴英案、e 租宝案[②]等几个典型案件有效震慑了民间融资犯罪，维护了国家经济安全和经济秩序的稳定，形成了以非法吸收公众存款罪，集资诈骗罪，擅自设立金融机构罪，欺诈发行股票、债券罪和擅自发行股票、公司、企业债券罪，非法经营罪等为主的罪名群。但同时，民间融资的刑法规制也面临着以下问题。

（一）民间融资受到多种不合理歧视

刑法在规制民间融资方面存在着明显的差别和歧视。刑法对正规金融机构给予过度保护的特殊待遇，为民间融资设置了重重障碍，从而导致其在运行过程中无法与正规金融机构抗衡，形成了森严的制度壁垒。[③]

长期以来，民间融资在夹缝中生存。为了全面、准确地把握现行民营企业融资的现状，笔者先后选取山东省内有代表性的威海、济南等地区，通过向企业及社会公众发放问卷，到公、检、法等机关调研和座谈会的形式进行调研（民间融资法律问题调查问卷附后）。先后发放问卷 200 份，召开座谈会 3 次，全面收集了民营企业融资的情况。调查显示，62.1% 的受访者倾向于民间融资，融资成本是融资者首要的考虑要素，48.9% 的受访者认为融资困难，67.02% 的受访者认为融资成本较高，78.4% 的受访者认为融资刑事犯罪风险较高。

---

① 参见张维迎、邓峰：《国家的刑法与社会的民法：礼法分野的法律经济学解释》，载于《中外法学》2020 年第 6 期，第 1408 页。

② 参见北京市第一中级人民法院刑事判决书（2016）京 01 刑初 140 号。"钰诚系"下属的金易融（北京）网络科技有限公司运营的网络平台打着"网络金融"的旗号上线运营，"钰诚系"相关犯罪嫌疑人丁宁、张敏以高额利息为诱饵大量非法吸收公众资金。2017 年 9 月 12 日，e 租宝案一审在北京宣判，26 人因集资诈骗罪等获刑，判处相关公司及个人罚金 21.7 亿元。主犯丁宁被判无期徒刑，处罚金 1 亿元。

③ 参见张祥宇：《非公经济产权之刑法保护：缺陷与改进》，载于《法学论坛》2020 年第 2 期，第 154 页。

民间融资法律问题调查问卷

您好！感谢您参与问卷调查。此次调研用作学术研究，不会用于任何商业用途并保护您的任何隐私。请据实填写，无须署名。谢谢您的合作！

（1）您所在的企业经济类型是（　　　）。

A. 国有　　　　　B. 集体　　　　　C. 私营　　　　　D. 个体

E. 股份　　　　　G. 外资

（2）您的企业（含个体户）规模为多大？（　　　）

A. 营业额 10 万元以内　　　　　B. 营业额 10 万到 50 万元

C. 营业额 50 万到 100 万元　　　D. 营业额 100 万元以上

E. 营业额 100 万到 500 万元　　　F. 营业额 500 万元以上

（3）您所在的企业是否有资金融通困难？（　　　）

A. 有，长期融资（超过一年的运营资金）困难

B. 有，短期融资

C. 没有融资困难

（4）您所在的企业倾向于哪种融资渠道？（　　　）

A. 银行　　　　　　　　　　B. 小额贷款公司

C. 民间借贷　　　　　　　　D. 跨境人民币融资

E. 发行企业债券、股票　　　E. 亲友拆借

F. 其他

（5）您所在的企业贷款主要用途是（　　　）。

A. 流动资金　　　　　　　　B. 固定资产投资

C. 技改项目　　　　　　　　D. 新项目

E. 其他

（6）您所在的企业在融资时优先考虑的是（　　　）。

A. 贷款成本　　　　　　　　B. 融资速度

C. 还款的便利性　　　　　　D. 贷款机构的资质

E. 贷款的可获得性　　　　　F. 其他

（7）您所在的企业在融资时面临的风险是（　　　）。

A. 民事违约风险　　　　　　B. 行政违法风险

C. 刑事犯罪风险　　　　　　D. 无风险

（8）您认为目前融资法制环境如何？（　　　）

A. 法制健全 　　　　　　　　B. 法制比较健全

C. 无法可依 　　　　　　　　D. 不清楚

（9）如果您认为目前融资法制环境需要完善，应当如何完善？

感谢您的配合！

金融事关经济和社会安全稳定，公共性和外部性很强，金融企业要持牌经营，严禁"无照驾驶"。就融资主体而言，可以分为民间融资与正规垄断金融机构，后者包括各种银行、证券、保险公司等正规金融机构的融资权利。根据目前我国的刑事金融法律制度，正规金融机构具有法定的融资权利，如银行可以吸纳存款并放贷、出售理财产品等，证券公司可以发行、买卖证券，保险公司可以通过出售各种保险合同进行投融资交易，而民间融资从事上述行为则构成非法吸收公众存款罪、擅自发行股票、公司企业债券罪等。例如，2003 年孙大午案。其案发在于当地正规金融机构认为其分流了金融机构的存款，影响了当地金融机构的正常经营，损害了国家金融管理秩序。而所谓的"受害群众"却并不以为意，并不认可司法机关的"积极作为"，也不认为自己是受害人。孙大午案是民间融资受到歧视并受到刑法不当规制的典型例证。

大午集团自成立起至案发时只得到过少量的银行贷款。自 1995 年起，为解决资金困难，孙大午开始从亲戚朋友处筹钱，后扩大到集团内部员工和亲友，再逐步扩大到附近几个村庄，有几千户的借款规模，形成了"金融互助社"。其具体运作机制是：每借到资金，大午集团就给储户统一的借据凭证，另支付 3.3% 的年利息（无利息税）。在高利息的诱惑下，把钱存到大午集团的人数越来越多，金额也越来越大。大午集团融得巨额资金，而储户们也获得了超高的利息收益，两者各得其所。但是，大午集团的融资活动长期徘徊于"非法集资"的边缘地带。

2003 年 5 月 27 日上午，孙大午被有关部门控制并羁押，"孙大午案"由此案发。2003 年 11 月 1 日，孙大午带着"非法吸收公众存款罪"的罪名被释放。

孙大午案中，出资人和融入方没有发生过任何一次纠纷，也没有受害人，是典型的民间融资行为，是合法的，本该受到法律的保护，却沦为非法集资犯罪的典型案例。

民间融资受到的歧视主要在于刑罚权限制民间融资的主体和行为。

1. 限制民间融资主体

笔者通过对擅自设立金融机构罪、非法吸收公众存款罪等具体罪名的适用分析刑法对民间融资主体的过度限制。

（1）在市场经济中，融资很重要，理论上企业和个人均可以进行融资。但在实际生活中，融资渠道不仅是中央和地方博弈的焦点①，也是国有企业和民营企业、个人博弈的焦点。正规的法定金融机构能够面向公众进行融资，而对于民间融资，如果设立金融机构进行融资则构成擅自设立金融机构罪。刑法通过设立擅自设立金融机构罪，使得未经国家主管部门批准，擅自设立从事金融业务的非法金融机构和冠以"商业银行"等金融机构名称的金融机构，也包括非法金融机构的筹备组织和名义上没有冠以金融机构名称但实际从事金融业务的机构的行为犯罪化。笔者从中国裁判文书网上检索到擅自设立金融机构罪相关案例6个，涵盖山东、江苏、山西、福建、浙江5省。在这6个案例中，涉案金额最高的山东马某案，涉案金额310.92万元。6个案例中5个是以银行名义实施的，1个是农业种植合作社挂"资金互助合作部"牌子实施。换言之，民间融资不能未经批准设立金融机构，危害到现行金融管理秩序。金融管理秩序成为民间融资与刑罚权之间连通的桥梁，显示了立法者对此类行为的严厉禁止。

（2）吸收公众资金进行融资是最重要的融资方法，正规金融机构之外的企业和个人吸收公众资金则构成非法吸收公众存款罪。社会存在着大量的闲散资金，基于资金追逐利润的本性，会千方百计地流入民间融资活动中。根据中国裁判文书网统计，非法吸收公众存款罪案件数量逐年增长，尤其是2013年之后，案件数量呈井喷式增长，到2021年有所回落。造成2021年数据大幅下降的根本原因是2020年度受新冠肺炎疫情的影响，人民的生产、生活活动受到影响，民间融资犯罪所需要的聚集性行为活动受到了限制，客观上减少了该类犯罪的发生，而这种影响具有外部性和暂时性。2021年4月24日，第八届企业刑事合规高端论坛暨《2019—2020企业家刑事风险分析报告》指出，非法吸收公众存款罪是企业家最易触犯的罪名，且多发于民企融资活动中。之所以以

---

① 参见贺军：《地方政府将为融资权而战》，载于《上海国资》2010年第3期，第17页。

违反金融监管秩序为名打击吸收公众存款的行为，其主要原因在于目前存在的国有金融业垄断：第一，非法吸收存款会使大量资金脱离国有金融机构，导致民营企业、私人和国家进行资金的争夺。第二，非法吸收存款易导致国家对社会资金失去控制，影响宏观调控。第三，非法吸收存款的利率一般会比官方利率高，而放贷行为又会影响现有正规金融机构的放贷业务，严重损害现有正规金融机构的利益。是故，主管部门要使用刑法确保金融秩序，以保护国家所有权和国家管制的权威。① 非法吸收公众存款罪适用涉及银行、证券、保险和互联网金融领域。在条文的体系设置中，非法吸收公众存款罪刑法分则第三章第四节"破坏金融管理秩序罪"。一般认为，本罪意在保护国家金融机构的间接融资行为和对利率的管控，打击非法集资行为，以此维护国家金融秩序。而又由于立法并未准确规定"非法""公众""存款"等关键概念，导致本罪目前相关司法解释和司法实践突破了立法原意和法益所限定的范围，呈现明显扩张的态势。当下更多的直接融资行为，比如合法的民间借贷、企业为了正常的生产经营而采用借款方式筹措资金、金融机构的保本付息的委托理财行为等都在此罪的规制范围之内。

非法吸收公众存款罪近 10 年案件数据统计、变化趋势如图 1-1 所示。

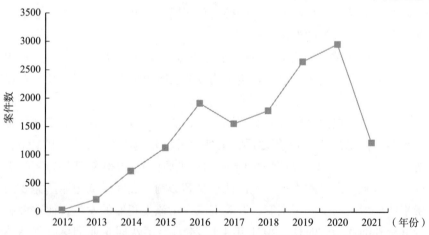

图 1-1　非法吸收公众存款罪近 10 年案件数据统计、变化趋势
资料来源：笔者整理。

---

① 参见《非吸罪是企业家最易触犯的罪名，多发于民企融资活动》，https：//www. the-paper. cn/newsDetail_forward_12372069，访问时间：2021 年 4 月 27 日。

现代金融主体更具包容性①,非法吸收公共存款罪适用范围的扩大化严重打压了民间融资,也消弭了出资人和社会公众的风险意识,片面维护了国家垄断金融主义,有悖于现代经济市场化趋势。2022 年 2 月 24 日发布的《决定》虽然提高了本罪的入罪标准,但仍然是悬在民间融资头上的达摩克利斯之剑。

(3)擅自发行股票、公司、企业债券罪同样是用来限制民间融资主体的罪名。2008 年 1 月 2 日发布的《关于整治非法证券活动有关问题的通知》规定,未经依法核准,擅自发行证券,涉嫌犯罪的,以本罪追究刑事责任。根据 2010 年《解释》第六条规定,未经国家有关主管部门批准,向社会不特定对象发行、以转让股权等方式变相发行股票或者公司、企业债券,或者向特定对象发行、变相发行股票或者公司、企业债券累计超过 200 人的,应当认定为"擅自发行股票、公司、企业债券"。构成犯罪的依本罪处罚。换言之,只有经过依法批准才能发行股票、公司、企业债券。通过发行股票、债券融资是公民和企业的重要融资手段,《证券法》原本施行的审核制门槛过高,要求过严,将一大批有融资需要的企业挡在了证券市场门外,严重压制了融资自由。作为典型的行政犯罪,本罪立罪的前提是国家实行的证券发行审核制度。民间融资之所以触犯擅自发行股票、公司、企业债券罪,其原因在于犯罪人未经批准通过发行股票、公司、企业债券的方式来吸收资金,未审先发,从而触犯本罪。

2. 限制民间融资行为

(1)禁止向公众融资。

2008 年亚洲金融危机之后,因民间融资而引发的集资犯罪案件日渐增多。2010 年 11 月《解释》第一条规定,违反国家金融管理法律规定,向社会公众(包括单位和个人)吸收资金的行为,同时具备"违法性、公开性、利诱性、社会性"四个条件,除刑法另有规定外,即可认定为"非法吸收公众存款或变相吸收公众存款"。同时《解释》根据非法集资的发生领域和行为特点详细列举了 11 种典型的欺诈型非法吸收公众资金行为。2022 年 2 月 24 发布的《决定》又增加了以网络借贷、投资入股、虚拟币交易等非法吸收资金等方式,可以说构建了一个

---

①　参见冯果、袁康:《社会变迁与金融法的时代品格》,载于《当代法学》2014 年第 2 期,第 126 页。

规制民间融资的从行为到结果的全方位、立体化犯罪化网络。只要有具备"非法性、公开性、利诱性、社会性"的行为就构成非法吸收公众存款罪或者集资诈骗罪,从而将所有的未经批准的涉众型民间融资行为犯罪化。集资诈骗罪的行为方式和非法吸收公众存款罪一样,只不过增加了"非法占有目的",本罪的修改固然打击了大部分民间融资犯罪行为,但"秩序法益宽泛化导致规制标准不明"①,也堵死了企业和个人向社会公众进行融资的全部可能渠道。刑罚适用的扩大化使得民间融资被大大压缩。

(2)禁止通过发行股票、债券融资。

擅自发行股票、公司、企业债券罪也是限制民间融资手段的一个罪名。笔者通过中国裁判文书网、人民法院网、法院实地调研等途径共收集到擅自发行股票、公司、企业债券罪案例 10 个。其中,6 个案例是因销售未上市股份公司股权、股票被定罪,而 2 个案例是转让未上市公司股份、股权,2 个是购买商品、比特币成为未上市股份公司股东。司法实践中的具体行为方式包括销售、转让未上市股份公司股权、股票、股份等。擅自发行股票、公司、企业债券罪的发行对象是"股票"和"债券"。从样本统计来看,有相当一部分案例其行为方式是销售"股权"和"股份",而"股票"能否包含"股份"和"股权"是一个值得思考的问题。刑法及司法解释本身并没有对"股票"进行界定,本罪构成要件的模糊造成本罪适用范围的扩大化和控辩双方的分歧。

(3)禁止通过其他方式融资。

非法经营罪作为口袋罪,规定了兜底条款——"其他严重扰乱市场秩序的非法经营行为"②,从而禁止通过其他方式融资。笔者从中国裁判文书网、人民法院网、互联网、实地调研等共收集到全国各地法院作出的非法经营罪(规制民间融资)判决书 53 个,涵盖广东、上海、云南、福建、浙江、江西、江苏等省份,以此为样本进行统计分析(一个案例可能有多种行为方式)(见表 1 - 1)。

---

① 全威巍:《互联网金融刑法规制扩大化的反思与限缩》,载于《河北法学》2021 年第 1 期,第 171 页。

② 参见陈兴良:《非法经营罪范围的扩张及其限制——以行政许可为视角的考察》,载于《法学家》2021 年第 2 期,第 56~57 页。

表 1 - 1　　　　　　　　非法经营罪行为方式及比例统计

非法经营罪行为类型	数量（个）	占比（%）
买卖外汇	38	71.70
POS 机套现	16	30.19
票据贴现	11	20.75
资金拆借、大额转账	2	3.8

　　从统计数据来看，非法经营罪规制民间融资的行为方式主要是禁止买卖外汇、票据贴现、POS 机套现等。

　　根据最高人民法院有关规定，非法买卖外汇 20 万美元以上，违法所得 5 万元人民币以上，即构成非法经营罪。在统计样本中，行为人往往以经营正常企业、公司为掩护买卖外汇赚取利差。从涉案金额看，本罪的涉案金额从几万元到 13 亿元不等。其中涉案金额过亿元的案件有 4 个，最高的达 13 亿多元。非法经营罪规制非法买卖外汇的立罪根据在于我国长期以来实行的外汇管制制度。现有的外汇管理制度明显落后于经济社会发展的需要。学界一般认为，"非法经营外汇"是以盈利目的通过买卖外汇行为本身来获取利益，不能将外汇用于生产、经营性活动也认定为以盈利为目的。[①]

　　《关于办理妨害信用卡管理刑事案件具体应用法律若干问题的解释》第七条规定，违反国家规定，使用销售点终端机具套现，情节严重的，以非法经营罪定罪处罚。在 POS 机套现 16 个案件中，涉案金额均在 100 万元以上，最多的达到 4000 多万元。POS 机有现金或易货额度出纳功能，并能进行非现金结算。POS 机套现行为是犯罪人利用信用卡的现金贷款功能。犯罪人自己申请 POS 机或向别人租用 POS 机，持卡人在 POS 机上刷卡后，可以获得刷卡金额，犯罪人按照套现金额一定比例收取手续费，再扣除向银行缴纳的刷卡费率，从中赚取差价。信用卡取现多为信用额度的 50%，且要支付 0.5% ~ 3% 不等的手续费及万分之五的日息。而个人刷卡套现有最长 56 天的免息期限，对需大量现金又不愿负担利息的人来说，这种选择最划算。司法实践中非法套现的

　　① 参见刘东根、王孟：《非法经营罪中"非法买卖外汇"的理解》，载于《中国人民公安大学学报》（社会科学版）第 130 页。

25

持卡人一般会有两种行为方式：一是"以卡养卡"，持卡人利用手上的多张银行信用卡循环套现从而以"此卡"养"彼卡"；二是把免息套取出来的现金用作急用以缓解现金流。传统观点认为，POS 机套现本质是欺骗银行行为，使金融机构无法把握信用卡的资金用途，也无法了解持卡人的资信状况。实践证明，该种类型犯罪行为主要是为了规避正规金融机构高昂的利息和满足融资需要。

2019 年《关于办理非法放贷刑事案件适用法律若干问题的意见》首次对高利贷行为的行为性质作出刑法上的规定，从而将经营性高利贷行为规定为非法经营罪。

从上述分析可以看出，刑法构建了一个从主体到行为全方位立体限制民间融资的网络。在一个社会可提供的金融资源一定的情况下，民间融资和正规金融机构融资权利的行使之间不可避免地存在着矛盾和冲突，如民间吸收资金的行为和正规金融机构吸收资金的行为存在着冲突；民间放贷行为又和正规金融机构的放贷行为存在着冲突；非正规的发行证券行为和正规证券公司发行证券行为存在着竞争……而在整个社会的金融资源总体紧张的情况下，这种冲突会越明显。从根本上讲，每个主体都有生存、发展和追求美好、富裕生活的愿望，民间主体追求富裕和财产收益的要求日益强烈和明显。因此在有限的社会空间和金融资源环境下，不同主体的融资要求发生重叠和冲突是必然的。"问题在于一方面的有权是否应当成为另一方面的无权？"① 正规金融机构融资是否应当成为对民间融资存在的否定？

不可否认的是，金融垄断对于集中有限的资源提高效率作用巨大，但同时这种垄断对于金融业的长期发展是不利的，尤其是当金融利益集团力量越强大，越有能力影响政府的决策，越能利用各种资源影响公共政策和法律的制定，如要求政府采取更为严格的进入管制措施来维护自己的既得利益。学者们在对全球 125 个国家和地区的数据进行检验和分析后发现，"金融利益集团的力量对金融发展有着显著稳定的负面作用"②。米尔顿·弗里德曼说，毁掉一个行业的最佳方式是给它政府垄断。国有金融机构的垄断一方面造成金融资源配置效率低下，金融业服

---

① 《马克思恩格斯全集》（第 1 卷），人民出版社 1995 年版，第 167 页。
② 江春、许立成：《金融发展的政治经济学——兼论中国国有商业银行改革的逻辑》，引自《2005 中国制度经济学年会精选论文》（第一部分），第 4 页。

务质量低劣，同时阻碍了实体经济和金融业自身的发展。另一方面势必通过对立法机构的影响从而运用法律手段侵犯或剥夺公民的融资机会，形成国有财产权的过度保护和对私人财产权的歧视和限制，禁止民营企业和公民融资就是典型的表现：政府借口私人在自由行使财产权利的时候侵犯国家金融管理秩序和他人财产，把公民的融资财产权利收走，交付给银行行使。①

"公平"是现代文明的核心价值观，要通过合理调整金融市场结构和公平配置金融资源来实现社会公平。② 融资公平包括融资机会公平和融资结果公平。前者是要求社会中的所有融资主体在相同的情况下，获得融资事项的条件或者概率是相等的。保证过程公平和结果公平的前提是机会公平。融资机会公平是指所有的市场经济主体，不论差异性，都能够平等获取资源、参与竞争和享受金融服务，而不被恶意限制。融资机会公平是市场主体分享金融市场福利的起点。目前刑法的规制在打击民间融资犯罪行为的同时也剥夺或者限制了中小企业、民营企业的融资机会，有违社会公平。融资结果公平是指人们在参与完成融资活动后所获得的对待和分配等是公平的。融资结果公平要求金融资源要根据正义、公正的原则进行公平分配，追求的是实质上的公平，强调所有企业有平等的权利和机会获得融资成功，实现金融发展成果共享，金融资源要惠及所有企业和个人，实现金融资源的最大化效用。"产权是社会公平的重要组成部分。制度理论认为，寻求促进社会公平的公共管理者必须公正地保护社会弱势成员的财产权。"③ 而现实是中小企业和民营企业得不到应当有的金融资源，企业的身份性差异和地域性阻隔等影响了结果公平的实现。因此，由于刑法的歧视，民间融资不仅没有得到机会公平，而且也没有得到结果公平，公平竞争权受到严重侵害。

（二）刑法过于主动积极规制民间融资

在新世纪的刑事立法中，出于防控社会风险的目的，刑法的功利性

---

① 参见周其仁：《民间融资合法化的根据》，载于《资本运作》2005 年第 3 期，第 13 页。

② 参见冯果、袁康：《社会变迁与金融法的时代品格》，载于《当代法学》2014 年第 2 期，第 132 页。

③ R. M. Bittick. Social Equity, Property Rights and Public Administrators：A Theoretical Linkage, *Public Integrity*, Vol. 11, Issue2, 2009, P. 121.

冲动日益明显，面对民间融资的繁荣，刑法主动出击，全方位沿着"严厉"的方向前进，既包括入罪范围的扩张，也包括打击程度的严厉。

1. 不断侵占其他部门法领地

经济主体对保障资金链的需求和逐利的天性会使其在市场中不断探索乃至冒险。① 民间融资犯罪行为是典型的法定犯。刑法学的开山鼻祖意大利刑法学家贝卡利亚早在 18 世纪就提出了违法阶梯性概念。他认为各种越轨行为构成了一个阶梯，最高一级是直接毁灭社会的行为，而最低一级就是对于个人所可能犯下的最轻微的非正义行为。在这两极之间，所有侵害公共利益的犯罪行为按从高到低的顺序排列形成了无形的阶梯。西方学者针对这些越轨行为设计了对应的阶梯性社会自卫手段：对于不严重的越轨行为采用民事的或者行政的社会自卫手段，而对于严重的越轨行为则采用最严厉的刑罚手段。在学者看来，刑罚之所以不是所有社会越轨的手段而是社会对某些严重越轨行为的自卫手段，大概因为它是一种不得已的社会之恶而不是最好的手段。② 众所周知，对于任何一类社会越轨行为的处罚，按其严厉性来说分为民事违法、行政违法、刑事犯罪三级，而对民间融资的法律制度明显缺乏行政违法这一级。

民间融资违法行为法律责任的规定有两个特点：一方面比较注重规定民间融资的刑事责任，另一方面却忽略了民间融资违法行为的行政和民事责任。只有笼统的"承担民事责任"的提示，即便规定了某些行为属于非法融资行为，也并没有为其配置相应的行政责任，客观上造成了刑法手段代替行政手段的情形，导致了刑法对民间融资的过度介入。③ 前置立法的缺失导致了规制民间融资的法律手段缺乏梯度，刑法与前置法之间缺少衔接，使得刑法一马当先，积极主动地规制民间融资，违反了刑法谦抑原则下"立罪至后"的法律逻辑。④

---

① 参见莫洪宪、尚勇：《产权保护视角下非法集资行为刑事规制的教义学重塑》，载于《河南财经政法大学学报》2020 年第 2 期，第 96 页。

② 参见［意］贝卡利亚：《论犯罪与刑罚》，黄风译，中国大百科全书出版社 1993 年版，第 65～67 页。

③ 参见王旌亦：《论民间融资的刑法规制》，南京大学硕士学位论文，2015 年，第 16～17 页。

④ 参见胡启忠：《金融刑法立罪逻辑论——以金融刑法修正为例》，载于《中国法学》2009 年第 6 期，第 76 页。

2. 不断扩大犯罪圈

民间融资的涉及罪名经司法解释后打击面过宽[①]，民间融资泛刑罚化明显[②]。

（1）民间融资的罪名立法并没有对犯罪所要求的社会危害性程度作细致的规定，而往往只是规定了"情节严重"或"数额巨大"，留等司法解释或法院审理案件时作具体的规定。但司法解释却明显突破了立法的规定，导致犯罪圈超过了立法规定，造成了打击面过宽。以非法吸收公众存款罪为例，立法本意是禁止通过吸收存款来放贷的犯罪行为，但最高人民法院于2010年11月颁布的《解释》却将其适用范围明显扩大，从而将所有的吸收资金行为收入囊中，演化为"非法吸收公众资金罪"。同时《解释》第三条第二款规定，"个人非法吸收或变相吸收公众存款对象30人以上的"应当追究刑事责任。而在司法适用过程中，司法机关掌握的标准明显超过了这一标准，如吴英案中吴英只向11个人吸收存款却同样被定罪。同时最高司法机关还通过司法解释的方式将这一方式合法化，如2014年3月25日《关于办理非法集资刑事案件适用法律若干问题的意见》第三条规定，"下列情形不属于《最高人民法院关于审理非法集资刑事案件具体应用法律若干问题的解释》第一条第二款规定的'针对特定对象吸收资金'的行为，应当认定为向社会公众吸收资金：（一）在向亲友或者单位内部人员吸收资金的过程中，明知亲友或者单位内部人员向不特定对象吸收资金而予以放任的；（二）以吸收资金为目的，将社会人员吸收为单位内部人员，并向其吸收资金的"。如果说2010年《解释》扩大了非法吸收公众存款罪的适用范围，但毕竟还划定了一个吸收对象不超过"30人"的一个明确标准，明确了罪与非罪的界限，值得肯定的话，那么2014年3月25日《关于办理非法集资刑事案件适用法律若干问题的意见》却连这一个"30人"标准也剔除了，从而通过司法解释的方式再次扩大了犯罪圈。

（2）相关罪名构成要件认定扩大化。"非法占有目的"是集资诈骗

---

① 顾肖荣、陈玲：《必须防范金融刑事立法的过度扩张》，载于《法学》2011年第6期，第35页。

② 参见禹银香：《论民间融资的刑法规制》，兰州大学硕士学位论文，2015年，第7页。

罪与非法吸收公众存款罪的主要区别①，也是集资诈骗罪认定的主要依据。近几年来，集资诈骗罪数量居高不下。笔者从中国裁判文书网搜集到的 2012~2021 年全国中级人民法院一审集资诈骗罪的数据可以看出，10 年来集资诈骗罪数量总体呈上升趋势，2021 年数据大幅下降主要是受新冠肺炎疫情的影响（见图 1-2）。

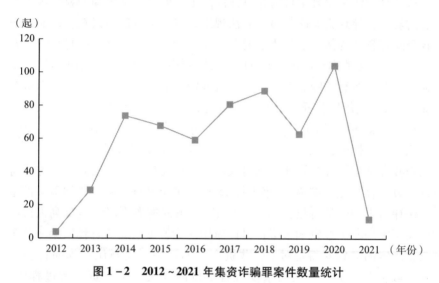

（起）

图 1-2　2012~2021 年集资诈骗罪案件数量统计

资料来源：笔者整理。

从司法实践来看，有些集资人在集资开始之前就有"非法占有目的"，采取虚构公司、虚构项目等手段来集资。而有些集资人是在集资行为进行中或者在集资行为完成之后产生了"非法占有目的"，如吴英案。在吴英案中，控辩双方围绕有无"非法占有目的"以及"何时产生非法占有目的"的问题展开激烈辩论。吴英反复强调自己都是正常经营，没有非法占有目的。如果不被抓，本色集团肯定有利润还掉这些借款。法庭上，控辩双方的辩论焦点始终围绕吴英借钱是集资诈骗还是企业经营的正常借款展开。最后法院审理结果未能很好地区分"非法占有目的"的有无及其"产生时间"，从而引发社会各界的质疑和关注。

---

①　参见贾占旭：《集资诈骗罪"非法占有目的"要件的理论修正与司法检视》，载于《法学论坛》2021 年第 1 期，第 113 页。

在司法实践中，有的集资人在集资中或者集资后有挥霍、非法转移、隐藏、逃避返还等行为，被认定为具有"非法占有目的"，存在着通过事后行为来推定行为人有"非法占有目的"的情况。而根据刑法理论，集资诈骗罪"非法占有目的"的认定应当是在集资行为前或集资行为时，而不是在集资行为完成后。在所有权能的破坏上，《解释》第二条第十款规定了集资款使用不当，即使没有破坏完整意义的所有权，或者主观上没有破坏所有权的目的也可以构成犯罪。如"（一）集资后不用于生产经营活动或者用于生产经营活动与筹集资金规模明显不成比例，致使集资款不能返还的"，是"以非法占有为目的"认定的扩大化，使得集资诈骗罪成为公权任意干涉私域的利器。[①] 该解释只有正向认定机制，无反向的排除机制，从而使得集资诈骗罪的适用出现扩大化、客观归罪的现象。

民间融资犯罪圈的不断扩大反映了应急化、功利化的倾向。作为部门法，刑法不能超出其部门法的范围去解决其他部门法所要解决的问题，不能"越俎代庖"代行其他部门法之责。如果对包括民间融资在内的所有的社会问题都是简单地通过刑法增设新罪，通过司法解释加大打击力度，虽然短期内有一定的震慑效果，但无异于饮鸩止渴，而且影响刑法的规范性和确定性，也造成了对民间融资的过度压制。

（三）打击犯罪缺乏精准度

犯罪构成是区分罪与非罪、此罪与彼罪的唯一标准。表述清楚、界限清晰的犯罪构成对于界定民间融资的犯罪圈至为重要，也是刑罚打击的主要依据。而刑法文本是犯罪构成主要内容的明文表述，金融犯罪是解决金融资金分配和再分配的利益冲突时最危险的方式。[②] 从刑法规定本身来看，相关罪名的罪状表述并不明确，造成刑事打击缺乏精准度。不同的民间融资行为是否构成犯罪、构成何罪以及如何处罚争议颇大。

1. 罪与非罪界限模糊

罪刑法定原则的基本要求是刑法条文的规定要明确，犯罪行为的界

---

① 高艳东：《诈骗罪与集资诈骗罪的规范超越：吴英案的罪与罚》，载于《中外法学》2012 年第 2 期，第 436~437 页。

② ［俄］塔尔汉诺夫：《刑法调整金融刑事责任的概念视角》，李旭译，引自南京师范大学法学院主编：《金融犯罪学术研讨会会议论文集》，2014 年 10 月，第 4 页。

定、种类、构成条件和刑罚处罚的种类、幅度，均事先由法律加以规定，对于刑法分则没有明文规定为犯罪的行为，不得定罪处罚。以明确性观之，民间融资行为的罪与非罪界限并不清晰。如几乎所有的民间融资本质上都是民间借贷，民间借贷是民间融资中最基本的融资方式，也是合法的民间融资行为，在这一基础上衍生和扩展了其他融资方式。目前我国有关民间融资的法律规范散见于《民法》《证券法》《非法金融机构和非法金融业务活动取缔办法》及有关司法解释中。民间融资只要符合意思表示真实等合同成立的基本条件，均受到法律的保护。以民间融资对象的人数不同可将其划分为两种基本类型：一对一和一对多，前者是一对一的借贷，后者是一人向多人借款或一人向多人放款，这种类型具体又可分为向特定对象借款、放款及向不特定的社会公众借款、放款。在一对一或者单个主体及特定范围主体之间进行的民间融资活动，除了资金来源、借贷用途、利率有限制外，一般均合法有效。这些融资行为在实施的过程中没有损害融资双方的利益，也没有扰乱金融管理秩序和危害公共安全，实质上能够满足融资双方的利益诉求，有利于化解公民和企业的融资困难。根据刑法及相关的司法解释，向不特定的社会公众融资及通过合会、标会等民间互助组织进行融资则是非法的，触犯非法吸收公众存款罪。问题在于，一对一的民间借贷是合法的，一对多的涉众型民间融资就是犯罪，前者是合法的而后者却是犯罪，其犯罪化的根据何在？究其本质，后者是多个一对一的民间借贷的集合。从统计样本来看，非法吸收公众存款罪、集资诈骗罪、非法经营罪等控辩双方在"罪与非罪"的问题上存在着较大的分歧。民间融资犯罪圈的模糊势必导致民间融资的过度犯罪化，造成刑法和其他部门法的冲突，明显损害法律体系的统一性和协调性。

2. 此罪与彼罪界限模糊

在刑事司法实践中如何准确区分此罪与彼罪，不但涉及司法公正和效率的问题，更事关稳、准、狠地打击、惩罚犯罪的问题。打击民间融资犯罪行为的过程中，经常使用的罪名是非法吸收公众存款罪和集资诈骗罪。但作为不同的罪名，具有不同的犯罪构成，但却为何经常能在同一个案件里被随意使用和替换？面对公诉机关集资诈骗罪的指控，被告人往往以非法吸收公众存款罪进行辩护。笔者从中国裁判文书网上检索到的某省涉及非法吸收公众存款罪的判决书有 45 份，其中控辩审三方关于罪名认定情况分歧显而易见（见表1-2）。

表1-2　　　　　　控辩审三方罪名认定情况分析统计　　　　单位：件

起诉罪名	辩护罪名	判决罪名
非法吸收公众存款罪37	非法吸收公众存款罪37	非法吸收公众存款罪37
	无罪4	0
集资诈骗罪8	非法吸收公众存款罪5	非法吸收公众存款罪5 集资诈骗罪3
	无罪3	0

同时，在民间融资犯罪案件中，犯罪竞合现象突出。民间融资犯罪案件通常是集资性犯罪案件，但同时也掺杂着洗钱、挪用型犯罪行为，同一个主体实施的融资行为可能既有直接融资行为也有间接融资行为，融资手段既有诚实手段也有欺诈手段等，融资所得的资金可能用于放贷，也有自用的，既有按融资目的使用的，也有挪作他用的等。相关的罪名犯罪构成不合理和司法解释规则不详尽或者模糊，有意或者无意混淆了罪名之间的区别，造成了刑事打击精准度不够。

（四）刑罚过重

（1）由于民间融资犯罪造成损失的巨大和不可挽回，涉案人数众多，为了警示民众和安抚受害人，基于处罚的功利性，刑法为民间融资犯罪普遍配置了较重的刑罚。《刑法修正案（十一）》更是提高了非法吸收公众存款罪的法定最高刑，提升了集资诈骗罪的法定最低刑。

（2）罪名之间刑罚的失衡。刑法对该民间融资犯罪的量刑规定不均衡，集资诈骗罪、非法吸收公众存款罪以及擅自发行股票、公司、企业债券罪法定最高刑分别为无期徒刑、15年有期徒刑、5年有期徒刑，三罪虽然在构成要件、法益侵害性和违法认识性上差异不大，但法定刑却相差很大。导致同样案件不同判决的后果，也给司法工作人员处理此类案件造成巨大的压力。

（3）在刑事司法实践中，对民间融资犯罪行为的具体个案判刑较重，且缓刑适用率极低。如吴英一审被判处死刑，再审被判处死刑，缓期二年执行。笔者以 2017 年中国裁判文书网上的 2234 份基层法院判决书和中级人民法院 34 份一审判决书作为研究载体。从基层法院判决书中随机抽取 10% 为研究样本〔抽取以全国 31 个省（自治区、直辖市）为单位进行，每省份抽 10%，采用四舍五入原则，其中内蒙古、新疆、宁夏各只有 1 份，故全部抽取。总数不足 10 份的省份各抽取 1 份。不含北京市〕，获得研究样本 216 份；从中级人民法院判决书中按 20% 的比例抽取，获得研究样本 6 份。总数为 222 份，能够涵盖、反映非法吸收公众存款罪的司法适用情况。从非法吸收公众存款罪刑罚适用统计情况可以看出，刑罚适用普遍偏重（见表 1 - 3）。

表 1 - 3　　　　　　　　非法吸收公众存款罪刑罚适用统计

主刑适用情况	人数	占比（%）
5 年以上 10 年以下有期徒刑	27	9.85
3 年以上 5 年以下有期徒刑	118	43.07
3 年以下有期徒刑	51	18.61
3 年以下有期徒刑或者拘役，适用缓刑	69	25.18
拘役	6	2.19
免予刑事处罚	3	1.09
合计	274	100.00

笔者从中国裁判文书网、中国法院网及地方法院调研及以网络查询等方式获取到的集资诈骗罪判决书有 385 份。按各省份 20% 的比例从中随机抽取了 81 份判决书（以省份为单位按 20% 抽取，四舍五入计算，不够 1 的地区抽取 1 个，涵盖全国 27 个省份），并以此作为考察的样本进行分析。通过对 81 个集资诈骗罪案件中 96 个被告人刑罚的适用进行分析，被判处十年以上有期徒刑的有 51 人，占 53.13%。五年以上十年以下有期徒刑的是 24 人，占 25%。2 人被判处无期徒刑，占 2.08%。过于依赖自由刑，罚金刑的价值及意义没有得到足够重视（见表 1 - 4）。

表 1-4　　　　　　　　集资诈骗罪刑罚适用统计

刑罚档次	人数	占比（%）
3 年以下有期徒刑、缓刑	12	12.50
5 年以下有期徒刑、拘役	5	5.21
5 年以上 10 年以下有期徒刑	24	25.00
10 年以上有期徒刑	51	53.13
无期徒刑	2	2.08
死刑	2	2.08

　　刑法应当保护法秩序所保护的具有经济价值的利益。[①] 在民间融资犯罪案件处置过程中，对被告人、企业启动刑事司法程序并判处监禁刑，对涉案财产查封、罚没扩大化是各地通行的做法，往往导致原本正常经营的企业倒闭或关门或被司法查封，资金无法返还，也意味着对公民、企业财产权利侵犯的不断扩大化，从而易引发上访等群体性事件。

　　打击和保护是刑法的两大目的。民间融资犯罪的打击目的体现得彻底，但保护目的没有得到体现或体现得并不充分。对于进入刑事诉讼程序的民间融资犯罪行为，司法机关也是一打了之，既不看重刑事制裁对融资人融资权利的遏制，也不考虑如何让融资人恢复经营能力，更忽视对投资者财产权利的保护和其他案外人财产权利的保护。刑法并不注重构建保障公民财产权利的相关机制。

三、民间融资刑法规制困境的原因

　　民间融资的刑法规制本质上是刑法随着民间融资的发展而进行的转型和变迁的过程。自从经济体制改革以来，政府主导制度变迁。社会各界感觉到科学的制度设计对经济社会发展的促进作用，从而创造良性的社会秩序。然而"制度的文本表达和制度的真实实践之间出现了悖论"，其结果自然是无法实现制度目标，民间融资的刑法规制同样如此。刑法规制民间融资陷入的困境不禁令人产生疑问：刑法制度的实践过程到底是什么样的？是什么因素使刑法规制民间融资处于困境？上述问题

---

　　① 参见张明楷：《刑法学》（第六版），法律出版社 2021 年版，第 931 页。

需要学者对其作出理性的分析和解释。

（一）民间融资场域行动者策略选择

笔者认为，探讨民间融资刑法规制问题，必须要清晰民间融资刑事规制过程中行动主体的行动逻辑，要将正式制度、非正式制度以及行动者的利益动机等民间融资刑法规制涉及的各种因素综合在一起才能对刑法制度运行的过程进行全面的解释。因此，笔者采用布迪厄的场域理论来进行研究。

布迪厄场域理论的主要内容是本书分析的工具。[①] 一是场域，是行动者进行社会实践的空间，是各种主体存在的关系网络或构型，受到权力场域和国家元场域的支配。二是资本，是行动者用于斗争和参与实践的工具，包涵经济资本、文化资本、社会资本和符号资本等。资本具有工具和争斗对象的双重属性，其价值由它所处的场域和位置来决定。资本与权力密切相连并能够相互转化。三是惯习。惯习是行动者参与实践的原则和依据，是行动者的性情倾向系统，经历过长期的历史经验沉积而内化，成为行动者的心态结构，稳定且可以置换。四是策略和利益。策略是行动者惯习的外在表现。策略受制于行动者所拥有的资本状况，其互动的结果决定了场域中行动者的关系结构和游戏规则。

笔者将参与刑法制度实践的行动者分为立法者、民间融资者（出资人、融入方）和正规金融机构，涉及的基本概念包括正式制度、非正式制度、民间融资场域、制度实践、局部秩序。民间融资场域就是指这四类行动者的力量关系所构成的网络，每个行动者在其中进行争斗、博弈。制度实践的过程是行动者为实现个人利益而与其他行动者之间互动的过程参与。分析民间融资场域时，要注意到民间融资场域之上的权力场域。国家这个元场域会制定刑法对民间融资施加影响。国家元场域是民间融资场域的一个外在力量，它将打破原有场域形成的力量均衡。其关系结构是这样的：立法者与民间融资者是管理与被管理的关系，出资

---

① 场域理论是社会学的主要理论之一，是关于人类行为的一种概念模式，指人的每一个行动均被行动发生的场域所影响，而场域并非单指物理环境而言，也包括他人的行为以及与此相连的许多因素。场域，是由社会成员按照特定的逻辑要求共同建设的，是社会个体参与社会活动的主要场所，个体在场域中展开竞争，每一个场域中都有统治者和被统治者，而任何统治都隐含着对抗。

人与融入方之间是相互依存又相互斗争的关系，正规金融机构与民间融资者之间是相互竞争的关系。民间融资场域如图 1-3 所示。

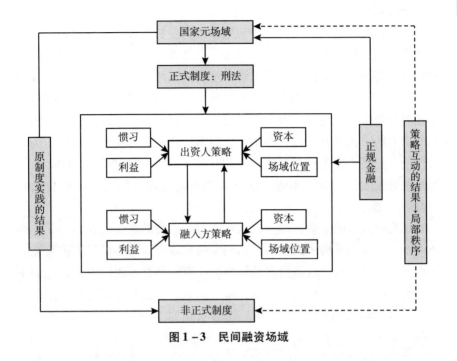

图 1-3 民间融资场域

一是立法者的策略：立法者有立法权，有"制度资本"，在场域中处于较高位置。立法者政治方面希望民间融资繁荣，推动经济发展。希望通过制定法律和法律的实施获得一个理想的民间融资管理秩序，防范和化解民间融资风险，不希望出现民间融资犯罪的情况，引发社会动荡。立法者秉持长期以来的"刑法是刀把子""刑罚万能"的惯习通过刑法对民间融资进行规范。

二是出资人的策略：出资人拥有制度资本、货币资本、社会资本等。出资人一方面作为货币的拥有者，以货币作为资本参与制度博弈。受"放贷取息，天经地义""撑死胆大的，饿死胆小的""只要跑得快，崩盘赶不上我""出事了找政府"的惯习影响。正如牛顿所说，"我能计算天体的运行，但不能计算人的疯狂"[1]。他们希望用货币资本换取

---

① Kenneth R. Gray, Larry A. Frieder, George W. Clark Jr. Financial Bubbles and Business Scandals in History. *International Journal of Public Administration*, Vol. 30, 2007, P. 888.

制度资本和社会资本，经济实力的增强给他们带来政治上和法律的诉求，通过制度的变迁获得更多的利润，从而壮大自身实力。想尽办法扩大社会关系的规模，加强社会关系的强度和密度，建构社会关系网络。出资人凭借其强大的资本力量想对刑事权力施加影响，出事之后希望政府能为其追回损失。采取上访、静坐、自杀等多种诉讼方式来引起政府的重视。将民间融资问题化是出资人重要的策略，从而争取和维护其自身的利益。融资问题政治化也是其最常见的策略选择。因为在场域中处于相对较低位置，使得出资人要借助相对较高位置的资源力量影响国家刑事权力的干预和介入，扩大事件影响力，从而将其权利追求转化为权力行使，提高出资人权利的实现。媒体资本也是重要的外在资本之一，民间融资发生纠纷时，出资人往往运用舆论与媒介的力量维护自己的利益。①

三是融入方的策略：融入方有资金需求。借助庞大的政商关系、企企关系、人人关系构成的网络及高利率的媒体资本等外在资本扩大知名度和宣传力度，从而融得更多的资金。在资本和惯习的作用下，他们用自己的行动参与场域权力的争夺，希望国家能够放开金融管制，削减刑事权力对民间融资的过度限制，能够自由融资，获得更多的利润和收益。

四是正规金融机构策略：和立法者、政府有天然的良好关系，对立法者、执法者有影响力。为了维护垄断地位，借助刑事权力打压民间融资的竞争。正规金融机构出于自身利益和竞争的考量，希望国家加大对民间融资犯罪的打击力度。

从上述分析可以看出，在刑法规制过程中，处于场域不同位置的四类行动者，出于不同的利益衡量，作出了不同的选择。在实践中充分利用自己掌握的资本和资源，进行着刑事权力的争夺，竭尽全力构建有利于自身利益的规则。国家元场域出台的正式制度没有形成理想的"局部场域"。民间融资的刑法制度实践的困境浪费了国家资源，损害了正式制度的公信力，也影响了政治家和政府的执政形象和威望。② 场域理论

---

① 参见包艳：《行动与制度实践——东北 F 市小煤矿场域整顿关闭过程的经验研究》，上海大学博士学位论文，2008 年，第 45 页。
② 参见包艳：《行动与制度实践——东北 F 市小煤矿场域整顿关闭过程的经验研究》，上海大学博士学位论文，2008 年，第 56 页。

为分析民间融资刑法规制提供了一种视角，它内在地要求通过分析民间融资场域的惯习和资本、利益等因素的相互作用和转化，为刑法规制的修改和完善提供参考和借鉴作用。

（二）民间融资刑法规制困境的原因分析

社会秩序的再生产和制度的变迁需要通过行动者的各种策略和实践来实现，并不是机械化的自动产品。[①] 行动者在正式制度的作用下，由惯习推动进行资本运作和策略选择形成局部秩序。民间融资刑法规制的过程是行动者参与和社会建构的结果。同时也解释了两者相背离的原因。由此形成的局部秩序是正式制度再生产的基础。民间融资刑法规制的困境要求对不合理的正式制度及时修改，及时填补正式制度的空白，从而形成一个符合正式制度的局部秩序，上述过程也是民间融资发展倒逼刑法制度变迁的过程。民间融资存在于民间，是社会中相对弱势的个体，对该社会提出的属于社会所有成员共同拥有的对其基本利益的显性或潜在要求，是向社会权威进行的主张，其内容指向利益，是无法获得正规金融资源的单位和个人对维持和改善其生存方式和生存条件的基础性和一般性要求，而不是特权。[②] 目前民间融资的刑法规制秩序是一种缺乏公平的、严苛的秩序，抑制了民间融资的正常发展。究其原因，主要有以下几点：

1. 漠视融资参与主体的利益诉求

考察刑法制度过程中，需要将行动者的利益纳入考量，特别是这种利益可能由政策理念和制度所塑造。[③] 在民间融资的刑法规制中，要充分考虑出资人和融入方的利益，保障其合法权利。长期以来，国家一直在利益层面强调国家利益高于一切，并将国家利益和集体利益混同为公共利益。加之长期以来公民权利意识较为淡薄，缺乏对融资权利的体认和感悟，主体的权利意识并不够，上述因素导致民间融资没有得到立法者和社会公众的普遍认可，更遑论在宪法和法律中加以明确规定，从而

---

① 参见［法］布迪厄、［美］华康德：《实践与反思：反思社会学导引》，李猛、李康译，中央编译出版社1998年版，第184页。
② 参见何志鹏：《权利基本理论：反思与构建》，北京大学出版社2012年版，第28页。
③ 参见崔思凝：《惯习、资本与场域：布迪厄实践理论及其对中国公共政策过程研究的启示》，载于《湖北社会科学》2017年第9期，第26页。

影响了民间融资的刑事规制效果。而当民间融资侵害到民间融资者权利时，往往会采用大规模上访的方式求助于政府解决。近年来，由于民间融资而引发的群体性事件日渐突出，其背后隐藏的是公民日渐觉醒的权利意识。[1] 表面上是要求政府保护其看得见的财产利益，追回被骗的财产，实际上也暗含着要求政府正视并保护其融资权利的诉求。并且由于融资群体的权利不能获得立法者等群体的尊重，合法权利往往受到侵害。

历史和现实已经证明，缺乏对财产权利正当性的肯定与尊重，必然导致生产效率低下，社会财富创造力匮乏，减损劳动者生产与创新热情，会阻碍生产力的发展。刑法的最终目的在于制定规则来指导公民的行为，而不是仅仅为了惩罚而存在。没有节制的动用刑法，会影响刑法的权威，导致刑法对自治的侵蚀。

2. 忽视客观经济规律和惯习的作用

世界上的事物是不断发展变化的，社会实践的发展也是无限的，这就决定了人类的认识永无止境。人们只有在认识和尊重、掌握客观规律的基础上，才能达到认识世界和改造世界的目的。

卢梭曾经说过，"事物之所以美好并符合秩序，乃是由于事物的本性使然而与人的约定无关"[2]。一切权利都如同真理，其根本特征就是客观性和普遍性。[3] 金融的本质是价值流通，民间融资的蓬勃发展有其特定的社会制度背景和客观规律，它不仅决定了民间融资存在的客观必然性，更决定了民间融资的种类和形式，同时也决定了民间融资的未来发展趋势。研究表明，"（小企业包括投资者）普遍厌恶风险，他们更看重稳定性，而不是'冒险'来发展业务"[4]。

作为民间融资这一市民社会的客观经济现象，刑法等公法进行规制时要顺应其经济规律。近现代以来，国家与社会互动频繁。洛克和康德等古典经济学倡导政府放任主义和绝对自由主义。霍布斯—黑格尔的国

---

① 参见夏金梅：《权利意识还是规则意识？——美国学者视阈下中国群体性事件参与者的主体意识评析》，载于《中共天津市委党校学报》2016年第4期，第49页。

② ［法］卢梭：《社会契约论》，何兆武译，商务印书馆1982年版，第48页。

③ 张禹：《公民权利的正当性研究》，人民出版社2017年版，第10页。

④ Alexandra wong, Scott homles, Michael T. Schaper. How do small buisness owner actually make their financial decicions? understanding SME finaccial behavial using a case-based approach. *Small Erterprise Reseach*, Vol. 25, 2018, P. 51。

家优位理论则认为在国家与社会分离的前提下，国家高于市民社会，后者是前者的工具和附庸。马克思指出，不是政治国家决定市民社会，而是市民社会决定政治国家。市民社会构成国家，是国家的现实基础和存在的必要条件。①

随着市场经济的发展和契约关系的普遍化，西方国家由自由市场经济向现代市场经济转变，由个人本位转向社会本位，"服务多的政府"取代"管得少的政府"。随着我国市场经济的发展，社会与国家之间分化加剧。市民社会遵照市场经济的规律，按照民主政治的运作模式进行活动，社会获得自己特殊的品格和权利并逐渐独立；政府根植于市民社会并服务于市民社会，保障社会的发展和壮大，促进社会生产力的发展。同时，以公有制为主体，多种经济成分并存的社会主义市场经济体制决定了现阶段不可能是纯粹的契约社会。"契约自由不可能再是绝对的自由，契约关系不可能成为社会关系的唯一准则。"② 主体要在国家允许的范围内追求经济利益和契约自由；确立权力的公益性原则，排斥化公为私的行为，国家刑罚权要在确定的范围内规范运行，避免主观随意性。国家只有为了维护社会秩序、保障国家安全、维护合法权利不受非法侵害才对社会自治领域和纯粹私人事务进行必要的干预和管理。③社会不能将公共利益与个人利益对立起来，甚至以"公共利益"代替乃至否定社会利益和个人利益。民间融资存在于民间，具有其存在的合理性和客观规律性，而刑法没有完全认识和把握客观的经济规律，在缺乏民间融资刑法前置法规制情况下，主动对民间融资进行规制，如规制范围和手段不当，将对处于市民社会的民间融资形成过度扩张和打压的态势。

3. 正规金融机构对刑事权力的不当浸染

我国正规金融机构数量多，体量庞大，总资产规模从 20 世纪 90 年代的 4 万多亿元发展到目前的 370 万亿元④，对国民经济发展和政治生

41

---

① 参见《马克思恩格斯全集》（第 23 卷），人民出版社 1995 年版，第 102 页。
② 刘旺洪：《国家与社会：法哲学研究范式的批判与重建》，载于《法学研究》2002 年第 6 期，第 32 页。
③ 参见刘同君：《守法伦理的理论逻辑》，山东人民出版社 2005 年版，第 209 页。
④ 《银保监会回应当前出现的一些高风险金融机构：体量很小，整体影响不大》，https：//www.360kuai.com/pc/9ac12f0bc61fc7f50？cota=3&kuai_so=1&sign=360_57c3bbd1&refer_scene=so_1，访问时间：2022 年 10 月 13 日。

活的影响力不容小视，尤其是对元场域中刑事权力的影响毋庸置疑。必须谨慎看待正规金融机构对刑事权力的影响和作用，防范和隔离其对立法权的不当侵蚀，规范刑事权力的使用和运作从而保障民间融资参与主体的合法权益，避免正规金融机构对刑事权力的过度不当影响而导致刑罚不公。

4. 国权刑法观的影响

刑法学界的正统观点认为，刑法的任务是惩罚犯罪和保卫人民，是通过对犯罪人适用刑罚来限制和剥夺权利的法律，这是国权刑法观的典型体现。而李海东先生早在《刑法原理入门》一书中就提出现代社会的刑法应当是民权刑法，要保护国民的利益，刑法的主要目的和任务应当是规范和限制国家刑罚权力的运行，避免其对权利的不当侵犯。刑法在打击私权利犯罪的同时，还要打击公权力肆意侵害私权利、侵犯公民利益的犯罪，这就要求实现从国权刑法观转向民权刑法观。[①] 国权刑法观以保护国家权威、利益和权力为出发点，以限制公民的权利和自由为对象，运用国家刑罚权打击和预防犯罪；而民权主义刑法观是指以保护公民的权利和自由为出发点，以限制国家刑罚权为对象，注重用刑法保护公民权利和自由。传统的国权刑法观指导下的刑事立法对一些本该由民法、经济法和行政法调控的无序、失范行为犯罪化，扩大了刑罚权的范围。国权刑法观使得社会大众心理强化了对刑罚效果和作用的期待，重刑主义思想弥漫，使得刑法成为规制民间融资的利器。

民间融资刑法规制的历史和现实表明，严厉的惩罚从来没有把民间融资犯罪率降到明显的程度。应当承认，在国家权力全面强力干预经济生活的统制经济时代，为了维系统制经济秩序，刑罚被无节制地适用有其正当性和合理性。但随着市场经济日益繁荣和经济制度的国际化，刑法的适用应当节制。传统刑法理论和规范的局限性与民间融资的要求不协调，公民和企业的权利受到限制，无法实现对民间融资犯罪行为的精准打击，也难以为司法人员公正裁判刑事案件提供准确的法律标准，极易造成国家刑罚权的恣意发动和不公平的执法，阻碍经济社会的正常发展。

---

① 参见刘仁文：《从国权刑法迈向民权刑法》，载于《法制日报》2011 年 2 月 16 日。

第二章 民间融资刑法规制的立场

　　财产自由与平等理念一直是人类追求的重要价值和目标，而两者之间不可避免地存在着冲突和矛盾。民间融资的发展历史实际上就是民众在经济方面追求自由和平等的过程。民间融资的刑事法律安排是联贯政治和经济的枢纽，也是联结自由和平等的节点。因为，"犯罪和刑罚即便是在法律中被明确规定，但在其内容缺乏处罚的必要性和合理根据的时候，也是刑罚权的滥用，实质上是对国民的人权侵害"①。对民间融资的交易方而言，强调其行为的正当性并通过法律进行保护是私有权利固有的法律理论和实践问题。但从国家治理层面看，民间融资的刑法规制是政府根据现实和未来需求对是否保护民间融资、保护哪些融资以及以何力度保护民间融资的具有公共政策性质的制度选择问题，也是一个利益衡量的问题。上述问题的解决依赖于刑法对民间融资的准确认识和把握，并以此为基础构建民间融资的刑法规制体系。

第一节　民间融资的权利构造和体系解析

　　"法律根源于物质生活。而人们的物质生活又外在地表现为人们的思想与行为，对于把法律的变化发展规律作为研究对象的法律科学来说，要真正把握法律变化发展的内有力量，就必须深入地探讨人们思想与行为的运动规律。"② 对民间融资的研究同样如此。人们的思想与行为是由其所处的社会关系决定的。民间融资在我国遍地开花，是由现阶

---

　　① ［日］大谷实：《刑法总论》，黎宏译，法律出版社 2003 年版，第 47 页。
　　② ［美］道格拉斯·G. 拜尔、罗伯特·H. 格特纳、兰德尔·C. 皮克：《法律的博弈分析》，严旭阳译，法律出版社 1999 年版，第 1 页。

段我国经济社会发展关系决定的。但鉴于我国各地的民间融资状况千差万别，差异较大，是故民间融资的本质如"雾里看花"。受制于公法与私法二元划分理论的影响，当前对民间融资的研究主要局限于刑法领域内，将其作为一种刑法规制和打击的对象而进行探讨。由于研究视角和领域的局限，较少涉及民间融资作为一种私权利和财产权利，也很少从基本权利保护的角度探讨国家权力对其进行限制的正当性和合理性。"传统的经典理论家的方法论在面对纷繁复杂的社会问题时已经陷入了困境。"① 而一旦确立一套较为理想的能够合理安排我们对于社会观念见解的方法及其分析构架时②，就抓住了问题的关键。基于此，笔者认为，要改变目前研究和探讨领域的单一性，从权利的视角探讨和揭示民间融资的本质属性和其对于经济社会生活的重要意义，进而从根本上考查作为国家权力的刑法与民间融资间的辩证关系，从而明确作为国家权力的刑法在规制民间融资上所承担的义务和限度，达到准确、合理、适度规制的目的。

一、民间融资的权利构造

刑法处罚的是行为。民间融资说到底是一种金融行为。现代行为金融学在行为经济学基础上，从社会学角度分析研究金融活动。通过分析人的心理、行为及情绪对人的金融决策、金融产品的价格及金融市场发展趋势的影响，试图解释一些金融现象。从行为金融学的角度分析，民间融资的行为主体包括出资人和融入方，行为包括融出行为和融入行为。因此要准确把握民间融资的本质，必须要对出资人的行为和融入方的行为进行全面理解和把握。

（一）出资人的行为分析

昂格尔教授认为，每一种形式的社会思想都必须描述和理解历史上前后相继的某些事件是如何发生的，以及为什么发生。③ 就如同关注我

① 参见［美］昂格尔：《现代社会中的法律》，吴玉章、周汉华译，译林出版社2001年版，第7页。

② 参见魏治勋：《市民社会 情境与民间法话语》，引自谢晖、陈金钊主编：《民间法》（第二卷），山东人民出版社2003年版，第1～2页。

③ 参见［美］昂格尔：《现代社会中的法律》，吴玉章、周汉华译，译林出版社2001年版，第19页。

们自身。根据以往的经典社会理论，今天的生活是历史的延续，同时又是新的历史画卷的展开。民间融资产生于市民社会延续千年而不衰。在民间融资中，出资人是通过放出资金而获取投资收益或利息的人或单位。在资本市场，对出资人有多种称呼，"投资人""散户""小白""韭菜"等不一而足。出资人参与民间融资的本意是通过自己资金的投资或者让渡使用权而获取收益或利息。

在当前的法律和社会理论研究中，以"市民社会"为核心范畴的理论研究范式如"国家—社会""国家—社会—经济"等架构展示了学术研究的繁荣，也使理论呈现出多元化。民间融资源出于市民社会，与当代科技相结合展现出顽强的生命力并日益多样化，焕发出新的生机。作为现代社会的一种非正规金融形式，必然具备金融的普遍特征而又具备其特殊性。现代的金融本质就是经营活动的资本化过程。笔者认为，从权利的角度来分析，在民间融资交易中，出资人的出资行为本质上是公民和企业的自然财产权利。

"权利是一个古老的概念，拥有权利意味着人们有资格做什么或者要求什么，以增进自身的福利。"[1]"权利"一词虽然古已有之，但怎样界定和解释"权利"却是法理学上的一个难题。在现代生活中，权利是一个受人尊重而又模糊不清的概念。也有学者建议，应该放弃辩论，法律哲学家应该规定一种在规范基础上最佳的"权利"的含义。[2]权利是现代制度中的核心概念，以至于任何学者都不可能回避并可以通过界定和解释"权利"阐发自己的主张。在人类社会的发展历史上，对于权利有多种不同的解释，大致可以分为伦理的和实证的两种。前者是从伦理的角度来界定，认为权利的基础是精神，以意志为出发点。基于人类意志的自由性，故意志不但是权利的实质，同时也是权利的目标，人基于伦理道德上的理由或精神应该享有权利，且并不以利益本身为出发点。后者从实证角度尤其是实在法的角度来解释权利。从上述分析可以看出，对权利的界定确实是见仁见智，而正确的理解权利概念最为关键的是把握其要素。一般认为，权利是为道德、法律或习俗所认定为正当

45

---

① 陈舜：《权利及其维护——一种交易成本观点》，中国政法大学出版社 1999 年版，第 1 页。

② James G. Dwyer. Clarifying questions about the nature of rights. *An International Journal of Legal and Political Thoug ht*：*Jurisprudence*，Vol. 12，2017，Issue 1，P. 47.

的利益、主张或自由。

以权利的概念和要素作为分析工具，可以揭示出民间融资的本质属性——自然财产权利。从经济学角度讲，现代金融的本质就是经营活动的资本化过程。作为一种"内生性"金融秩序，民间融资活动会日益发展壮大。财产是人类生存和发展的基本条件，财产权是人类的基本权利。换言之，人作为一个独立的个体，为了满足其生存和发展的需要，必须得有一定的财产权，这是基本人权之一。"在任何标题或概念下，财产都暗示着对有价值事物的控制的稳定期望基础"，财产权也被描述为"人们必须对某些对象做某些事情的特定权利"。[①]

"生命、自由和财产不会由于人们制定了法律而不复存在。相反，生命、自由和财产是人们制定法律之前就已经存在的事实"[②]，证明了财产权利对于人的重要性。事实上，每一种财产都有不同的用途和价值，人类通过发挥不同财产的不同用途，才能实现不同财产的价值和价值最大化，从而满足自己生活和生产的需要。而如果限制某些财产的一些用途就可能降低其价值，正如普通商品房和"小产权房"价格相差悬殊的原因在于前者可以上市自由买卖而后者不能买卖或者只能限制在一定范围内交易一样。换言之，限制某些财产的用途和剥夺财物后果是一样的。从财产的用途出发，财产所有人既可以使用自己的财产，也可以将其永久性或者非永久性地转让给他人使用。甚至有的学者将现代所有权分析为 11 个要素，即占有权、使用权、管理权、对物的收益权、对资本、安全权、权利可传递性、条款缺失事件、防止伤害的义务、执行责任和剩余事件等，认为"如果一个系统不承认它们，并且没有规定将它们统一在一个单一的人，我们会得出结论，它不知道所有权的自由概念"[③]。"要保护所有者免受他人对特定资源的干扰，从而为所有者提供利用相关资源的'使用特权'的实际机会。"[④] 民间借贷就是典型。

---

① Anne De Vries – Stotijn, Ilon Van Ham, Kees Bastmeijer. Protection through property：from private to river-held rights. *Wate International*, Vol. 44, 2019, Issue 6 – 7, P. 738.

② [法] 弗雷德里克·马斯夏：《财产、法律与政府》，秋风译，贵州人民出版社 2003 年版，第 66 页。

③ Hagime Sato. The emergence of "morden" ownership rather than property rights. *Journal of Economic Issues*, Vol. 52, 2018, Issue 3, P. 682.

④ Ben Mcfarlane. Property duties, diversity and limits. *King's law Journal*, Vol. 33, 2022, P. 24.

亚当·斯密说，"每个人都不断努力为自己所能支配的资本找到最有利的用途。当然，他所考虑的是自身的利益。但是，他对自身利益的关注自然会，或者说，必然会使他青睐最利于社会的用途。这就像'有一只无形的手'在引导着他去尽力达到一个他并不想要达到的目的"①。如果自然人或企业考量后认为放弃其自有财产（货币）的使用而转让给他人使用能够获得更高收益的话，那么基于自利的本能，他当然会选择后者。而限制或者禁止转让就和剥夺财产权利没有区别，对自然人和企业而言，自然意味着利益的丧失。如果说在传统社会，财产权的自然属性强调的是权利人对自己所拥有的财产占有、使用的话，那么在市场经济中，随着财产权的市场化、商品化日益普遍，财产权利人基于获取更大利益的目的会将其所属财产权进行商业化的役使、利用、让渡和受益，"财产权利人可以对其财产实现各种形式的权利变种"②。亦言之，每个人都可以根据互惠互利的原则，按照自己的意愿自由地把自己的货币提供给别人使用从而获得更高的收益。从经济学角度讲，理性的人有追求自己利益最大化的本能，他会按照财产最优利用的原则从而选择财产的用途，如将其交给他人使用并获得收益，从而获得主体自我利益的最大化，"因为自愿交易具有发现最优使用的功能"③。因此在规范层面，个人的决定应当被尊重和平等对待。因为，随着市场的发展和深化，产权的含义已经从指定物质的使用价值扩展到包含任何事物的交换价值。④

市场经济通过市场配置资源，因此，维护个人财产权利和自由的市场交易体系对建立和维护公平、自由的竞争性市场机制至关重要。微观经济学认为，自由交换能够最充分地利用资源，从而实现资源配置的帕累托最优。⑤ 在经济社会，每个主体的生存和发展都离不开货币资源，

---

① ［英］亚当·斯密：《国富论》，郭大力、王亚南译，上海三联书店2009年版，第98页。

② 彭诚信：《现代权利理论研究》，法律出版社2017年版，第321页。

③ 魏建、周林彬主编：《法经济学》，中国人民大学出版社2008年版，第100页。

④ Hagime Sato. The emergence of "morden" ownership rather than property rights. *Journal of Economic Issues*, Vol. 52, 2018, Issue 3, P. 679.

⑤ 参见［美］保罗·萨缪尔森、威廉·诺德豪斯：《微观经济学》，萧琛主译，人民邮电出版社2012年版，第153页。

货币的取得是需要支付代价的，"财产权利是一种稀缺性资源"①。货币当然更是稀缺性资源，故货币财产的配置遵循稀缺性资源配置的规则。而市场制度下平等竞争所形成的均衡价格能够实现资源的最佳配置。②民间融资是货币的需求者通过支付代价的方式获取其所需要的稀缺性货币，是符合稀缺性资源配置的经济规律的。不同于传统社会的自给自足，在商品社会中，随着社会化大生产的发展和社会分工的细化，生产资料和生活资料的交换成为常态，作为生活资料和生活资料要素的货币、资金的筹集和融通就成为普遍的现象。随着经济社会的发展和人民生活水平的提高，民间集聚了大量的闲散资金，急需投资渠道。经济学理论研究和实证研究都表明，在收入水平较低时，经济主体的金融需求结构处于较低的水平上，追求静态意义的资产安全，而当人们的收入水平达到一定程度后，人们的金融需求会超越资产安全性的要求，转而要求增值、避险相组合的金融服务。③

对出资人来说，以利息（利息往往高于同期的银行存款利率）或者其他形式的收益暂时让渡资金的使用权，显然是市民追求财产权利最大化的方式。随着政治国家与市民社会的二元分立，对财富的追逐和对需要的满足成为每个人行为的动力或激励因素。④"市民社会是在现代世界中形成的，现代世界第一次使理念的一切各得其所。"⑤"君子爱财，取之有道""放款取息"被视为天经地义。"无论所有权人的动机为何，只要基于其自由意志，只要没有侵犯其他所有权人自由行使财产权利，就应该得到承认。而所有权人，才是'什么对自己有利'的最佳裁判者。"⑥"逐利心理"的普遍存在导致人们对民间融资行为有很高的认可度、参与度。经济自由的主要衡量标准是私有产权的安全以及公

---

① 汪军民：《论财产权利配置的法经济学原理》，载于《经济与管理评论》2007年第4期，第93~94页。

② 参见［美］科斯·哈特等：《契约经济学》，李风圣主译，经济科学出版社2003年版，第2页。

③ 吴晓求主编：《现代金融理论探索与中国实践》（第六辑），中国人民大学出版社2006年版，第9页。

④ 参见费孝通：《乡土中国·生育制度》，北京大学出版社1998年版，第75页。

⑤ ［美］黑格尔：《历史哲学》，王造时译，生活·读书·新知三联书店1956年版，第502页。

⑥ ［美］罗斯科·庞德：《法的新路径》，李立丰译，北京大学出版社2016年版，第31页。

司和个人进入竞争市场的机会，高度的经济自由导致经济增长。①

（二）融入方的行为分析

马克思主义经典作家认为，对于主体的权利来说，利益是第一性的，决定着主体的意志选择，推动着主体的活动。离开一定利益追求的主体行为自由，只不过是空气震荡而已。②"当事人对权利的享用，必然要求在经济上实现自己和增殖自己。"③因为人的本性是追求幸福的④，而"个人总是并且也不可能不是从自己本身出发的"⑤。对于民间融资的融入方而言，在目前明显的"金融抑制性"存在的情况下，基于其利益最大化或者其他不得已的理由，以提供利息和其他收益形式的方式获得生产和发展所需要的资金，从而获取更大的利润或者解决其他问题，是符合市场经济条件下货币的供需规律的。基于投资自由和契约自由，民间融资的出资方和融入方以合同形式规定资金的利息、期限等主要内容，各取所需。再加上民间资金具有期限自由、利率自由等比较优势，故相比国有金融机构的资金更具有竞争力，因此，民间融资中的融资权是市场经济条件下公民财产权利正当行使的具体体现。"经济上接纳、社会上歧视、法律上限制"正是民间融资的生存现状。

概括起来说，在历史维度，人类斗争、交往的历史产生融资权利，从古到今民间融资长盛不衰。在价值维度，人类的本能需要产生融资权利：人类社会追求的最大目的就是福利与幸福。无论人类社会如何发展变迁，对人类自身生存条件发展和完善是共同的价值标准，尊重人、向往美好生活是其直接体现。稳定和安全的私有权制度是经济增长的关键条件。⑥

追求、保障和改善生存条件的方式有很多种，融资权利的行使是其中一种重要的方式。权利是主体在谋取和实现利益的过程中产生的，本

49

---

① Jeremy Jackson, Art Carden, Ryan A. Compton. Economic freedom and social capital. *Applied Economics*, Vol. 47, 2015, P. 5855.

② 参见公丕祥：《权利现象的逻辑》，山东人民出版社2002年版，第114～115页。

③ 公丕祥：《权利现象的逻辑》，山东人民出版社2002年版，第15页。

④ 张维迎：《市场的逻辑与中国的变革》，载于《探索与争鸣》2011年第2期，第9页。

⑤ 《马克思恩格斯全集》（第3卷），人民出版社1960年版，第274页。

⑥ Hagime Sato. The emergence of "morden" ownership rather than property rights. *Journal of Economic Issues*, Vol. 52, 2018, Issue 3, P. 676.

质上是人们实现利益的手段，其追求的方向是满足人们的现实需要。[①]
融资权利的行使始终占据着生活的重要组成部分。从条件维度看，资源
决定融资权利。融资权利的产生和发展不仅是历史发展的产物，也不仅
是人的本能需要和主观欲求，还依赖于社会所能提供的相应条件，包括
心理的认同、法律（机制）上的保护、救济和惩罚机制等。权利是社
会交往的概念，存在于社会之中。融资权利在人类社会的早期、中期均
是一种显性存在，并且在法律上体现出来。新中国成立以后，我国长期
实行计划经济体制并通过相应的经济制度安排，民间融资几乎绝迹。改
革开放之后，市场经济快速发展，融资权利成为市民社会普遍的权利诉
求。它与政治资源和经济资源息息相关。由于长期存在的金融抑制性和
二元的金融体制，民营企业和个人极少能够从正规金融机构得到贷款，
只能求助于民间融资，公民和企业收入的增加及正规金融资源的稀缺催
生了融资权利的诉求和繁荣。从交易的角度来看，融资权利永远是社会
市场中的一个永恒变量，融资权利来自社会交往中人们的选择，它的范
围、内容取决于社会总体资源的供应水平、权利主体的本能需求和市场
的开放度。

　　基于上文分析，融资权是公民和企业的自然财产权利，谓之"融资
权"[②]，即公民和企业自由融入资金和融出资金的权利。民间融资中涉
及的主体包括出资人和融入方，出资行为是一种财产权利的行使，融入
资金的行为同样也是一种财产权利的行使。"应有权利是人的价值的载
体或确证方式，是人的主体性的证明；它反映了人的生存和发展的基本
价值需要，是使人成其人的那些权利，因而是同人的'类本质'、人类
意识紧密联系在一起的；它还是人类普遍的正义准则和价值信念的体
现；它也是个体利益的固定化形式。"[③]"贷款不只是生意，如同食物一
样，贷款是一种人权。"[④] 民间融资中融出资金的权利与融入资金的权
利是一对对向性权利。承认主体的融资权是正当的，为社会所允许是为
了让其得到更好的保障和实现，也并不意味着对正规金融机构融资权的

　　① 参见张小罗：《宪法上的基因权利及其保护机制研究》，中国政法大学出版社 2017 年
版，第 80 页。
　　② 参见钟志勇：《自由融资权与刑罚权的冲突及解决》，引自赵秉志主编：《刑法论丛》，
法律出版社 2014 年第 1 卷，第 152 页。
　　③ 公丕祥：《权利现象的逻辑》，山东人民出版社 2002 年版，第 16 页。
　　④ 熊惠平：《"穷人经济学"的权利解读》，浙江大学出版社 2012 年版，第 163 页。

否定，毕竟"拥有创造财富的自由才是国富民强的唯一标准"①。

二、融资权的体系解析

融资权是先于法律规定的权利而存在的，有着自己的权利构成和价值位阶。

（一）融资权的权利构成

市场经济的本质在于自由、平等。公民和企业的融资权利是一个权利束，具体包括：一是融资的自由，如果没有融资的自由，权利主体将无法自主地做出经济决策，也无法从事经济活动和交易；二是与其他个体处于平等的地位。如果没有经济上平等的地位，公民和企业将丧失本属于他的融资机会或者被迫接受不等价交换，所以自由和平等是融资权利的核心。三是应当确保自身的融资权利在整个国家的经济体系中占有一席之地，否则将无法从经济和社会发展中受益，即确保其在经济中的民主参与权，这是确保其融资自由和平等的手段。四是当其个体的生存受到威胁时，他应当从社会或经济共同体中获得融资帮助，从而渡过难关，维持其基本的生存并为将来发展创造条件，即社会保障权。② 融资自由、融资平等、融资民主和融资救济共同构成了融资权利的价值体系和权利体系。

融资权利是基本权利的一个组成部分，属于第二代基本权利，具有给付性质。其主体是公民和企业，国家有保护融资权的义务，促使国家积极作为。就融资权利客体而言，融资权涉及公民或企业对财产、资金自由地占有、使用、收益和处分。就内容而言，它不仅包括了公民或者团体请求国家实施一定给付的积极权利，也包括了公民或者团体预防国家干涉、维系其自由开展和实现的消极权利。

（二）融资权的规范定位

虽然笔者论证了民间融资的融资权利属性和内容，但从成文法规定

51

---

①　张军：《拥有创造财富的自由才是国富民强的唯一标准》，载于《上海企业》2015年第9期，第65页。

②　参见吴越：《经济宪法学导论——转型中国经济权利与权力之博弈》，法律出版社2007年版，第127页。

来看，尤其是从宪法、刑法来看，并没有明确规定融资权利。法律的正义意味着法律"能使生活物资和满足人类对享有某些东西和做某些事情的各种要求的手段，能在最少阻碍和浪费的条件下尽可能地给以满足"①。根据权利理论，权利可以分为自然权利和法定权利。"法定权利是指法律上明确规定公民享有的权利。"② 而法定权利才具有现实性。

"权利是人与人之间的法律承认，而不是人的刻意创设。"③ 在文明社会中，财产主体对特定财产物的直接权利要求往往借助于统治阶级创制法律的实践活动。④ 通过法律，特定的财产关系就取得了法律的形式，从而取得合法性。法律权利是国家通过法律规定的对法律关系主体可以自主决定为或不为某种行为的许可和保障手段。国家保护一切法律权利，当主体的权利受到侵害时，其有权向国家权力机关申诉或请求保护。融资权作为权利的意义在于它是公民和企业基本财产的基本保障，更具有现实意义和人文关怀。⑤ 它要求政府对其提供保障，从而使其从应然的权利转化为实然的权利。⑥ 融资权利的实现离不开宪法的确认和保护，同时，也离不开宪法对国家公权力的限制。

1. 融资权的宪法确认

一般认为，获得财产的经济活动自由是财产权应有之义。而经济活动自由的最重要的内容之一就是运用自己财产的自由。"在更广的意义上，财产权包含了经济活动的自由。无论对于个人发展还是社会繁荣，普遍意义上的经济自由都是重要的。"⑦ 而"古典的财产权体系之所以永葆青春，是因为该体系不包含政府管制的庞大野心，低调，规则具有普适性"⑧。根据公法原理，国家负有保护或保障公民财产的义务。因为私有财产权是一种复合型权利，它在私人与国家之间、私人之间构建

---

① ［美］罗斯科·庞德：《通过法律的社会控制》，沈宗灵译，商务印书馆2009年版，第64页。
② 参见［美］道格拉斯·N. 胡萨克：《刑法哲学》，谢望原等译，中国人民公安大学出版社2003年版，第5页。
③ 熊赖虎：《权利的时间性》，载于《现代法学》2011年第5期，第3页。
④ 公丕祥：《权利现象的逻辑》，山东人民出版社2002年版，第188页。
⑤ 参见熊惠平：《"穷人经济学"的权利解读》，浙江大学出版社2012年版，第162页。
⑥ 参见熊惠平：《"穷人经济学"的权利解读》，浙江大学出版社2012年版，第115页。
⑦ 张千帆：《宪法学导论——原理与运用》，法律出版社2004年版，第486页。
⑧ ［美］理查德·A. 爱泼斯坦：《私有财产、公共行政与法治》，刘连泰译，浙江大学出版社2018年版，第3页。

起双层的社会关系。就前者而言，国家利用法律赋予权利主体以相应的财产所有权，国家负有保护的职责和义务并且不能任意侵犯和干涉，从而划定了公权力的疆界并防止其肆意滥用；后者则意味着财产权利人可以自由地根据市场机制行使其财产权利，从而排除了一切非权利人的侵犯资格。从公法权利的角度讲，出资人的出资行为是公法权利。

近代宪法的"三大自由"是经济自由、精神自由和人身自由，而经济自由又是核心的核心，被称为"人权中的人权"①。权利从哪里来？人类历史上从来都不存在一成不变的权利，权利是一个本质范畴，也是一个历史范畴，"是一个不断被觉识、被发现、被建构、被创造、被规定、被增生由此而不断变化发展的过程"②。这个问题很重要，因为权利的来源决定了权利的地位和内容。主体的应有权利只有经过国家意志才能上升为法律规定的权利并成为人的实际权利。缺乏法律的制度化、规范化，应有权利就不能转化为实有权利，进而就会妨碍应有权利自身的实现和人的价值的实现。但是"权利是个人所持有的政治王牌"③。因此，学界一般认为，基本权利系统是开放的系统，"基本权利"具有"天赋人权"的特点，是与生俱来的，是实际上施加于国家的一种责任，客观上框定着国家公权力的边界，因而要通过宪法等法律加以固定。但如果仅仅局限于宪法的规定，则表明其只是某个时期"公民"创造的基本权利，"天赋"的性质将不复存在。因此，基本权利的界定要通过宪法等法律实证化，但又必须呈现出开放性的系统结构，从而与其"天赋"相衔接，且同时避免前人对后人的专制。④ 同时也是为了确保宪法的稳定性，"权利永远不能超出社会的经济结构以及由经济结构所制约的社会的文化"⑤。由于立法者的认识能力及多数民主决策机制等因素的影响，宪法不可能抽象出该时代所有的"基本权利"。正因为如此，要保持基本权利的开放性，从而使宪法文本能够承载时代的变化

---

① 参见［日］杉原泰雄：《宪法的历史——比较宪法学新论》，吕昶译，社会科学文献出版社2000年版，第26~27页。

② 张禹：《公民权利的正当性研究》，人民出版社2017年版，第89页。

③ ［美］艾伦·德肖维茨：《你的权利从哪里来？》，黄煜文译，北京大学出版社2014年版，第33页。

④ 参见［美］艾伦·德肖维茨：《你的权利从哪里来？》黄煜文译，北京大学出版社2014年版，第173页。

⑤ 《马克思恩格斯全集》（第19卷），人民出版社1963年版，第65页。

给其带来的张力，确保其稳定性。

如何塑造个体的经济自由和经济权利不仅是宪法与宪政的起点和归宿，也是基本经济制度的核心和关键。安全的私有产权和竞争性市场导致经济增长，因为它们是诺斯所称的"开放获取"经济秩序的要素。[①] 判断一个国家的宪法处于何种发展阶段，最重要的标准是看宪法赋予了个体多少经济自由和权利。在较为自由的市场经济国家，宪法赋予个体广泛的经济自由和权利。如德国《基本法》第 12 条明确规定了个体享有职业自由与营业自由这两类最核心的经济权利。个体的经济自由在多大程度得到宪法的确认，同时又制约着宪法对经济秩序下其他经济制度的选择和安排。[②] 要"保护私有财产权免受政府权力的影响"[③]。从融资权利的发生来看，民间融资发生于民间。我国宪法规定，"公民合法的私有财产不受侵犯"，意味着对公有财产和私有财产平等保护，改变了"国家财产特殊保护"的宪法保护指导思想，2016 年《中共中央　国务院关于完善产权保护制度依法保护产权的意见》公布，指出"坚持平等保护，健全以公平为核心原则的产权保护制度"。在宪法指导思想和国家层面对非公有制经济认识已经发生变化的情况下，要避免"政府俘获现象"对立法领域的影响，即避免国家公权力被正规金融垄断资本俘获并运用法律为其服务。[④] 民间融资对经济社会发展的巨大贡献是其在意识形态领域和法律上被平等对待的前提和基础。作为遵循这一规律的结果，国家要进行重大战略调整和顶层设计，改变长期以来民间融资法律规定的模糊和混乱局面，在宪法"公民基本权利和义务"章节中规定，应明确"融资权"是基本权利之一，从而给民商事法律、刑法的规制提供明确的法理依据。应当在《宪法》"公民的基本权利和义务"中规定融资权，具体条文可以表述为："第 X 条　中华人民共和国公民和企业享有

---

①　Jeremy Jackson, Art Carden, Ryan A. Compton. Economic freedom and social capital. *Applied Economics*, Vol. 47, 2015, P. 5854.

②　参见吴越：《经济宪法学导论——转型时期中国经济权利与权力之博弈》，法律出版社 2007 年版，第 8～9 页。

③　Jan G. Laitos, Donald N. Zillman. Protection from Government Action Affecting Private Property Rights in Natural Resources in the United States. *Journal of Energy & Natural Resources Law*, Vol. 5, 2015, P. 58.

④　政府俘获现象是制度经济学的理论，其核心内容是指公权力被私用，即运用公权力来制定有利于自身的国家法律、政策和规章，从而维护某些特权阶层的利益，导致公权力被俘获和政府管制失灵。

融资权利，国家通过各种途径保障公民和企业融资权利的实现。"

当代社会，从保障基本人权的角度来说，融资权利既是公法权利也是私法权利，对其保障具有人文关怀价值。

2. 融资权的刑法确认

民间融资权利通过宪法确认后，还需要从刑法制度的层面落实。

关于刑法法益的形成，日本学者关哲夫提出，某种生活利益要成为刑法法益要通过三重承认：一是"个人的承认"；二是社会的承认；三是"法的承认"。[①] 中国学者提出，刑法法益既来自经验事实，又来自宪法的指引，尤其是刑法相对独立的规范选择和立法建构。[②] 刑法法益的确定，是立法者基于一定的评价标准从社会经验事实中所作的选择和建构。因此，占据社会主导地位的人类生活利益和价值才能成为刑法调整和保护的法益。

宪法是一个国家的根本大法，宪法对经济的规定只能是原则性和纲领性的。宪法的基本价值要在部门法中分配展开和规范实现，在前置部门法中规定法律权利和法律义务，在刑法中则以法律责任的设定为内容，以假定和制裁为形式。由于经济生活的广泛性、复杂性和动态性，虽然宪法对融资权利进行了规定，但不能够满足经济和生活对法律的需要，必须具有与之相配套的相应法律规范确保其运行和实现。

在宪法已经规定具体融资权利的情况下，个体的经济权利包括融资权利的实现取决于政府在多大程度上放松对经济的管制，在多大程度上让位于个体的经济权利，否则就会出现宪法赋予权利而其他法律限制甚至剥夺权利的情况。尤其是在目前经济转型时期，如何确保宪法确认的融资权利得到实现，不仅关系到市场经济大背景下政府与个人的经济权利义务关系，也关系到民间融资的生存和发展。

包括融资权利在内的经济权利对于公民而言非常重要，也是其他权利的基础。根据马克思的观点，经济基础决定上层建筑，公民经济权利的实现制约着人身权利、政治权利、社会权利和其他权利并成为其后

---

① 参见［日］关哲夫：《法益概念与多元的保护法益论》，王充译，载于《吉林大学社会科学学报》2006 年第 3 期，第 56 页。

② 参见田宏杰：《刑法法益：现代刑法的正当根基和规制边界》，载于《法商研究》2020 年第 6 期，第 77~78 页。

盾。没有经济权利作为支撑的公民权、政治权利等都无法实现。[①] 弱势群体和利益集团之所以在实现其公民权利方面存在差异，关键不在于宪法规定的差别，而在于前者经济权利的无法实现或者难以实现，因为前者掌握的经济资源和机会缺失，而后者则掌握着经济资源并垄断着经济机会。要使宪法规定的经济权利真正得到落实，就要打破政府对个体经济自由的过度限制，通过法律还原市场条件下主体的经济自主权和经济机会平等权。

刑法法益应当在刑法前置法中确立和得以保护，这是其为刑事法益的必备前提，否则则是刑法的规范越位，同时又是刑法对宪法价值秩序和比例原则的背离；同样，未被前置法规范纳入保护调整视野的法益也无进行刑事保护的必要性和可能性，这是刑法谦抑性的应然含义。因此，对于融资权利而言，除了在宪法规定以外，也要在民商事法律、行政法中进行规范，否则难以进入刑法规制的视野。因为，毕竟"在全球权利变革中，法院往往被具体化为社会转型过程中的核心角色"[②]。

"权利意志论认为刑法不赋予个人权利。"[③] 但融资权对于现代社会公民和企业的意义与影响不容小觑。在宪法确认融资权利，刑法前置法中规定融资权利的情况下，刑法作为最后保障法，也要在刑法中确定"融资权"这一概念，构建民间融资刑法规制的法理基础，才能为民间融资制度的讨论提供权利来源，并在此基础上展开。建议将刑法总则第二条"刑法的任务"修改为："中华人民共和国刑法的任务，是用刑罚同一切犯罪行为作斗争，以保卫国家安全，……保护单位和公民的人身权利、民主权利、融资权利和其他权利，……保障社会主义建设事业的顺利进行。"融资权的刑法确认意味着刑法要在承认、尊重和保护民间融资的基本立场下形成并完善适于民间融资的刑法规制机制，并且不能以各种名义限制和剥夺。

---

① 参见吴越：《经济宪法学导论——转型中国经济权利与权力之博弈》，法律出版社 2007 年版，第 125 页。

② Malcolm Landford. The impact of public interest litigation-the case of socio-ecomomic rights. *Australia Journal of Human Rights*, Vol. 27, 2021, P. 505.

③ Elias Moser. Rights in Criminal Law in the Light of a Will Theory. *Criminal Justice Ethics*, Vol. 38, 2019, P. 76.

第二节　民间融资刑法规制的正当性

民间融资不仅有坚实的法律基础，更有存在的事实基础，具有合理性和必然性，刑法对民间融资规制具有正当性。

一、民间融资存在的合理性和必然性

（一）民间融资存在的历史必然性

"以古为鉴可知兴衰"，人类社会早期的借贷活动表现为实物借贷，中国古代粮食借贷极为盛行，其出现就是为了满足一种以不改变所有权为条件的财富调剂的需要。随着生产的发展，货币应运而生，借贷活动遂以货币作为中介，最早的借贷活动也就出现了并渐渐增多，而实物借贷活动则逐渐式微。

《周礼》有"听称责以傅别"的记载。到春秋战国时期，以抵押、质押为基础的债权债务关系就已经产生，《管子》等古籍中记载的"称贷之家"就是指放贷者、放债者，包括王公贵族、商贾豪绅等；而借款者、举债者多为市井农民，通常利息很高，有"倍称之息"。[1] 据史料记载，孟尝君在自己的封邑薛地放债取息。西汉景帝末年，规定放债的最高利息是20%并收取利息税，对违反规定者要处罚。说明中国古代民间借贷是自由的，但是借贷利息受到管制。

唐朝商业和对外贸易都很发达，出现了邸店、柜坊、寄附铺和商办的堂、店、行、号、院等各种经营高利贷和私人信用的机构，提供借贷、抵押借贷、存款或保管便利。唐朝放款大致分为信用放款和抵押放款，对利率有限制，禁止复利。唐朝的有息借贷有标准契约（张善举钱契）。

另外一种民间融资的典型——典当在我国也有着悠久的历史。典当最早记载于《后汉书》，表明我国东汉时已经出现典当，是典当行为产

---

① 魏源：《中国农村民间借贷市场研究》，经济管理出版社2013年版，第49页。

生最早的国家之一。当铺则产生于南北朝时期。起初典当一度局限于寺院经济，从唐朝起，典当行有僧办、民办和官办性质之分。民营典当行的特点之一是当本很低、当期很短，一般由地主或商人经营。宋朝也有官办典当行，称抵当库、抵库。金代广设官办典当行，并颁布典当法规。元世祖出资设立公典，称"广惠库"，放贷收息。元末明初，民办典当行兴起。

自明中叶起，典当行发展迅速。商人投资经营典当行并且成为典当业的主力，有显著的地区专业色彩，其中徽州当商分布范围遍及全国。进入清代后，从皇家到民间均涉足典当业。近代以来，许多典当行还从事兑换、发行信用货币等业务，一些典当行享有发行之权。①

在民国时期的农村，互助形式的农村信用合作社会就已经存在。其向农户放贷时的利息比高利贷要低。从 20 世纪 30 年代开始，各地出现了"保""村"为单位建立的以"互助互济"为目的的农村信用合作社，同时各类钱庄、票号大行其道。我国近代对银行的监管经历了从特许制到核准制的变迁过程，"直到 1908 年清政府《银行通行则例》的颁布，才真正确立了银行市场准入的核准制"②。"一战"前后，银行尤其是中小银行设立非常迅速，国民政府时期，"钱庄一度成为各地商业金融组织的主体"③，进入现代，民间借贷除了直接货币资金借贷外，还有有价证券融资、票据贴现融资等衍生形式。

（二）民间融资存在的现实必然性

关于民间融资的存在原因，国外理论主要有金融抑制说、信息不对称说及溢出效应等理论。这些理论从不同的角度解读民间融资的存在原因，有一定的合理性。考察我国民间融资的存在机理，可以从理论逻辑、历史逻辑和现实逻辑三个层面进行分析。

（1）在理论逻辑层面，金融抑制理论很好地解释了民间融资存在的内因。美国经济学家罗纳德·I. 麦金农和肖提出了金融发展和经济发展间的辩证关系理论。他们在对全球 40 多个发展中国家的资本市场的发展史进行考察后，在其著作《经济发展中的货币和资本》一书中提

---

① 《典当行》，http://baike.sogou.com/v4966205.htm，访问时间：2014 年 9 月 10 日。
② 刘平：《近代中国银行监管制度研究》，复旦大学出版社 2008 年版，第 141 页。
③ 刘平：《近代中国银行监管制度研究》，复旦大学出版社 2008 年版，第 111 页。

出了金融抑制理论。他们认为每个发展中国家的货币政策和财政政策影响和制约着资本市场，政府干预金融活动过多压制了金融体系发展，而后者又阻碍了经济的发展，从而造成两者的恶性循环，形成金融抑制，民间融资由此得以产生和发展。由于金融机构长期以来奉行的低利率管制政策，对于大量的民间企业和中小型企业来说，难以从正规金融机构获得发展所需要的资金；同时低利率使得民间资金的储蓄意愿减弱，而利率又具有配置资金的功能，它使资金在不同的市场部门和企业之间流动①，因此大量资金自然会流向非正式的信贷市场，从而造成民间融资市场的繁荣。金融抑制理论很好地解释了我国当前民间融资的繁荣现状。如在经济较发达的江浙一带，民间融资极为繁荣。2021年，温州的民间融资需求大幅提升，2月的大额融资（500万元以上）占比达47.15%，融资交易2440笔、金额达11.18亿元。②

　　我国长期实行金融垄断，金融资源由政府控制分配，金融资源更多地分配给国有企业；正规金融机构高度集中贷款权限。融资的重点区域是城市，融资服务对象一般为大项目、大企业，而不是分散的农村、农民、小生产者或小企业。一些乡镇尤其是边远地区的林区、矿区、渔区、牧区等地众多的民众无法享受金融服务。③存在着广泛的信贷配给现象。④农村金融市场空缺只能通过民间借贷的方式来弥补；同时金融机构对民营企业的贷款条件极为苛刻，再加上民营企业规模小、抗风险能力弱、自身的治理机构不规范、信息机制不透明，使得其既难以进入资本市场直接融资，又难以从银行直接贷款，形成事实上的金融排斥。⑤而民间融资利率调整灵活、借贷手续简便、资金流动快速，成为民营企业融资的"救命稻草"。民间融资的存在，契合了小微企业、中

---

　　①　参见〔美〕大卫·S.基德韦尔等：《货币，金融市场与金融机构》，李建军等译，机械工业出版社2009年版，第56页。

　　②　《温州民间借贷大额融资大幅提升》，http：//news.dhtv.cn/202103/00109724.html，访问时间：2022年4月19日。

　　③　参见姚明龙：《民营资本的金融突围——浙商投资村镇银行与小额贷款公司研究》，浙江大学出版社2011年版，第7页。

　　④　信贷配给是指在固定利率条件下，面对超额的资金需求，银行因无法或不愿提高利率，而提出一些非利率的贷款条件，使部分资金需求者退出银行借款市场，以消除超额需求而达到平衡。

　　⑤　参见胡国晖、王婧：《金融排斥与普惠金融体系构建：理论与中国实践》，中国金融出版社2015年版，第21页。

小民营企业的融资需求。

（2）在历史逻辑层面，考察世界各国近三四百年经济和金融的发展历史可以发现，各国的融资结构变迁均呈现出重心从间接金融向直接融资转移的态势。但各国在处理融资结构战略上，存在着两种不同的发展类型——自然演变型和政府干预型。前者指政府当局对间接融资和直接融资的变化格局不过多地推进或抵制的情形；后者指政府当局通过对金融部门的大力干预来加速或抑制该进程发展的情形。世界上绝大多数国家都属于自然演变型，以美国、英国等发达国家为典型，少数国家属于政府干预型，日本和韩国分别是发达国家和新兴工业国的代表。① 在我国市场经济体制建立、发展的过程中，融资结构必然会经历由间接融资向直接融资的变迁过程，"融资结构从间接融资主导转向直接融资主导的演变是金融机构追求利润最大化过程中根据经济个体对金融功能的扩展和提升要求进行调整在宏观层面的反映"②。而我国目前的民间融资发展情况正是这一历史进程的体现，同时也适应了当前我国经济发展的趋势。正规金融和非正规金融构成了一个国家的金融体系。前者包括银行、国有大型金融企业等，后者则以民间融资等为体现。民间融资的繁荣是融资结构变迁的必然现象。"温州模式"一直依赖于民间融资并成功运行，而政府创办的金融中介机构却并没有取得多大的成功。③ 从长期看，我国融资结构战略是从间接融资主导转向直接融资主导，短期内我国适合采用自然演变型的融资结构发展战略。客观经济规律决定在正规金融机构之外还要有民间融资，政府在融资结构变迁的进程中要顺势而为，要考虑我国的经济发展起点、经济金融环境以及民族特质和历史社会背景等方面的多种因素。

（3）在现实逻辑层面，民间融资也是社会变迁的结果。随着经济的发展，金融社会化和社会金融化的特征日益明显。金融化通常是指金融业在经济活动总量中的主导地位不断增强、财务总监在公司管理中的主导地位不断增强，以及金融资产在总资产中的主导地位不断增强，意

---

① 劳平：《融资结构的变迁研究》，中山大学出版社 2004 年版，第 12~23 页。

② 劳平：《融资结构的变迁研究》，中山大学出版社 2004 年版，第 15 页。

③ W. Travis Selmier II. Social capital and folk lending in China's hottest financial market. *Economic and Political Studies*, Vol. 6, 2018, P. 69.

味着金融化是社会转型过程的重要组成部分。[1] 金融化也可能体现"资本市场金融体系对银行金融体系的日益主导地位"[2]。"金融社会化是一个金融机构和社会成员共同形成的有助于经济社会发展的金融环境和金融行为的过程。"[3] 一方面，金融成为资源配置的重要方式，渗透到社会生活的各个方面，社会各类主体对金融有现实的需求，金融成为其获取资源的重要渠道与途径，应该面向普通大众提供便捷的金融服务；融资不再只是正规金融机构和少数富人的专利，成为市民社会生活的基本需求，而成为一种全体成员共同参与的常态社会生活，追求财产性收益不再是银行、金融机构的垄断权利，而是像春风一样进入"寻常百姓家"。"追求财产性收益"的欲望使民众要求更多的投资和理财渠道，金融社会化有广泛的群众基础。另一方面，我国社会金融化程度逐步增强，相较传统农耕社会的自给自足，现代社会金融资产规模占比不断扩大，金融活动渗透到社会的每一个角落。

市场经济下，企业和个人将追求经济利益作为首要目标。受经济利益的驱动，民间集聚了大量的闲散资金，急需投资渠道。经济学理论研究和实证研究都表明，在收入水平较低时，经济主体的金融需求结构处于较低的水平上，追求静态意义的资产安全，而当人们的收入水平达到一定程度后，人们的金融需求会超越资产安全性的要求，转而要求增值、避险相组合的金融服务。[4] 我国现阶段居民的投资倾向正从无风险组合向有风险组合转化，人们关注投资的选择权和资本的流动性，这也是资本市场不断发展的内在动力。正规股票、基金投资门槛较高，需要较强的专业知识，一些群众难以达到要求。居民往往持有"投机暴富"的心理，受民间融资高额利息的诱惑，将民间融资视为发财暴富的捷径，将自有资金甚至筹措资金投向民间融资领域，以获取高额利润，从而造成民间融资的繁荣。

因此，民间融资作为一种"内生性"金融秩序，是一种"人之行

---

[1] Christopher Hartwell. The Coevolution of Finance and Property Rights：Evidence from Transition Economies. *Journal of Economic Issues*，Vol 51，2017，P. 74.

[2] Christopher Hartwell，The Coevolution of Finance and Property Rights：Evidence from Transition Economies，*Journal of Economic Issues*，Vol 51，2017，P. 75.

[3] 邹立行：《金融社会化和社会金融化》，载于《科学决策》2011 年第 3 期，第 14 页。

[4] 吴晓求主编：《现代金融理论探索与中国实践》（第六辑），中国人民大学出版社 2006 年版，第 9 页。

动而非人之设计"的秩序，是自我生成的并非人们刻意设计的秩序，是"历经数代人的实验和尝试而达致的并包含着超过了任何个人所能拥有的丰富知识的社会制度，在某种程度上具有着一种理性不及的性质"①。民间融资自古就有并延续至今，证明了存在的客观必然性。也证明了人不仅是追求目的的动物，而且是一种遵循规则的动物，民间融资是行动者在处理外在环境与内在需要时做出的一种"最为合理"的选择。②

二、民间融资刑法规制的必要性和适度性

融资权是人们的根本利益所在，应该受到保障。但这种权利并不是要否定一切外在的限制。"任何一项权利既是绝对的，又是相对的。"③权利必然伴随着限制，这是一对相辅相成的命题，从来就没有无限制的权利，在任何历史阶段，权利都是伴随着这样或那样的限制，不受限制的权利在法律上从来都不存在。民间融资的权利属性存在的必然性决定了其在自由发展的同时，也要接受法律的规制。刑法作为最后法和保障法，自然要对民间融资进行规制。

（一）民间融资刑法规制的必要性

马克思主义认为，作为上层建筑的法律是植根于经济基础并服务于经济基础的。考察刑法的发展历史可以看出，基于维护社会生存条件的需要产生了刑法，而维护社会的生存条件也是推动刑法发展的动力和追求的永恒价值。刑法以限制或剥夺公民的人身权利和财产权利等作为刑罚的手段。④ 刑法的必要性毋庸置疑，但并不意味着刑法的正义性。作为一种客观存在的行为，民间融资为什么要进入刑法规制的视野？换言之，刑法基于什么样的正当理由对民间融资进行规制？这是在讨论民间融资问题时必须考虑的问题。

---

① ［英］弗里德利希·冯·哈耶克：《法律、立法与自由》（第一卷），中国大百科全书出版社 2000 年版，第 23 页。

② 参见［英］弗里德利希·冯·哈耶克：《法律、立法与自由》（第一卷），中国大百科全书出版社 2000 年版，第 72～75 页。

③ 彭诚信：《现代权利理念研究》，法律出版社 2017 年版，第 324 页。

④ ［英］鲍桑葵：《关于国家的哲学理论》，汪淑钧译，商务印书馆 1995 年版，第 95 页。

1. 理论视角

财产自由与平等理念之间不可避免地存在着冲突和矛盾。古希腊著名哲学家柏拉图在其代表性著作《法律篇》中阐述了财产权思想。他主张，借贷不要利息，"追求金钱应必须限制在美德的范围内"①。从柏拉图的思想可以看到，融资要受到一定的限制。作为柏拉图的学生，亚里士多德认为为了公共利益要对私有财产进行限制，从而调和公众利益和私人利益的冲突，主张私有财产必须要有利于城邦的全体利益，否则必须对其进行限制。当人类历史进入资本主义社会之后，随着工商业的发展和权利意识的觉醒，社会物质财富极大丰富，财产权的保护和限制成为思想家们重点关注的问题。英国著名哲学家洛克在其《政府论》中用自然法理论为私有财产的正当性进行辩护。洛克主张，财产权不能滥用，否则应回归全体人共有。②为了人类共同的利益要对个人财产权进行限制，从本质上体现了个人自由和社会自由的统一。法国著名启蒙思想家卢梭在其著作《社会契约论》《论人类不平等的起源和基础》中阐述了对私有财产限制的必要性。卢梭认为，私有财产权是人类不平等的起源和苦难的根源，因此为了人人平等有必要对财产权进行限制。

20世纪伟大的哲学家罗尔斯认为，正义是社会制度的首要价值和评价社会制度的首要原则。正义包含两个原则，即每个人基本权利平等、基本原则优先和差别原则。差别原则又分为机会均等原则和差别最小原则，即每个人拥有同等天资和能力追求成功，同时要尽可能缩小差距，以达致社会分配领域的最大公平，其实就隐含了对财产权的限制。民众在财产方面可以有差别，但追求财产的机会和过程应当是均等的，否则就是不正义的。③美国当代著名哲学家诺齐克更关注财产的流转细节即财产获得、转让过程的正义。他主张财产的获得要通过劳动才符合正义原则，财产转让过程要合法，如果前两者不正义则需要进行"矫正"。如果财产权的取得和转让过程是正义的，即使结果不正义法律也不应当限制。反之，如果财产权的取得和转让过程不正义，则需要对财

---

① ［古希腊］柏拉图：《法律篇》，张智仁、何勤华译，上海人民出版社2001年版，第150页。

② 参见［美］利奥·施特劳斯：《自然权利与历史》，彭刚译，三联书店2003年版，第241~242页。

③ 参见王宁：《罗尔斯正义原则的合理性研究》，河南财经政法大学硕士学位论文，2023年，第29~47页。

产权的结果进行限制。换言之，国家要对私有财产权进行最低限度的干预。①

法社会学家从个人利益和社会利益的冲突与协调角度论证了对财产权进行限制的正当性。耶林认为，私法和公法都要保护个人利益。② 为了维持人类共同组成的社会的正常生活，要对私权利进行必要的限制。庞德认为，法律要确定、承认和保障各种利益进而实现社会控制，要用法律对财产权使用和契约自由进行限制。③ 法经济学的代表人物科斯认为，为了追求成本最小而社会财富和效益最大化要对财产权利进行限制，法律应当确定财产权的归属和界限。④

2. 现实考量

对民间融资行为进行刑法规制，至少具有以下四方面的意义。

（1）维护国家经济安全，降低金融风险。

国家安全是一个国家至高的利益，经济安全是国家安全的重要组成部分。当今世界各国无不重视经济安全。民间金融是一个国家经济金融体系的重要组成部分，金融安全是国家的底线。事实证明，民间融资极易引发一个地区乃至一个国家经济不稳定：首先，民间融资对国家金融货币信贷政策有副作用。因为民间融资的"民间性"、相当一部分资金需求呈现出隐性化，难以准确反映整个社会的资金供给和需求状况，使得政府货币监管部门无法获得全面、准确的市场信息，从而影响宏观决策的准确性；同时，由于民间融资在正规金融管理系统之外，难免出现与正规金融背道而驰的情况，削弱宏观调控的政策效应。其次，不容否认的是，民间融资影响"正规"储蓄存款市场。民间融资的"高利率"对民众极具诱惑性，减少了正规金融机构的资金来源，也造成了正规金融机构间的竞争。最后，金融创新滋生了过度的冒险行为⑤，民间融资

---

① 参见李亚倩：《诺齐克权利正义思想研究》，河北经贸大学硕士学位论文，2024 年，第 21~22 页。

② 参见［德］鲁德夫·冯·耶林：《权利斗争论》，潘汉典译，商务印书馆 2019 年版，第 68 页。

③ 参见［美］罗斯科·庞德：《法的新路径》，李立丰译，北京大学出版社 2018 年版，第 13 页。

④ 参见［美］罗纳德·H. 科斯：《企业、市场与法律》，盛洪、陈郁译校，格致出版社、上海三联书店、上海人民出版社 2014 年版，第 8 页。

⑤ Hugo van Driel. Financial fraud, scandals, and regulation: A conceptual framework and literature review. *Business History*, Vol 61, 2019, P. 1281.

的高利率包含着高风险因素，资本的逐利性会野蛮生长，影响地方金融生态环境，破坏社会稳定与政治安全。通过刑法的有效管理和控制民间融资，能够降低金融风险，避免系统性风险的产生和扩散，从而有利于维护国家经济安全。

（2）资本市场健康发展的要求。

经济学意义上的均衡意味着资本市场效益最大化，资本得到有效的配置。研究我国当前的资本市场可以发现存在着严重的结构失衡：国有资本处于垄断地位，民间资本长期处于被压抑的状态，资本市场结构的失衡严重降低了整个资本市场的效率。同时，金融机构的自由竞争容易发展为高度的垄断，从而影响生产效率和消费者福利，并且也将产生经济和政治上的不利影响。另外，金融机构的恶性竞争将导致整个金融体系的不稳定，进而危及整个经济体系的稳定。要创造公平的市场环境，提高资源的配置效率，使民间融资能够与国有资本并驾齐驱，必须有法律跟进。因为法律规制具有强制性和保障性的双重特点，这对于促进资本市场的健康发展是极为重要的。

（3）维护公共利益的需要。

公共利益对于一个国家、一个社会的发展和繁荣至关重要。公共利益是由治理社会的统治者负责促进和实现的涉及公共秩序、社会安宁、物质福利等方面的利益。社会秩序、社会安宁利益是公共利益的重要组成。① 金融体系对整个社会经济来说具有明显的公共产品特征，一个稳定、公开而有效的金融体系所带来的利益能为社会公众所共享，从而促进社会与经济的稳定发展，实现社会整体福利的增长。民间资本的逐利性决定了其在没有规制的情况下，会片面追求高额利润而不顾公共利益的损失，严重影响社会经济秩序的稳定。法律一方面要对私人权利提供适当的保障，从而使民间融资获得快速发展；同时，也要适当规范民间融资的方式和渠道。同时要注意，法律在规范民间融资时，不应为社会整体利益而忽视甚至剥夺投资者个人利益，尤其要注意法律所坚持的公共利益是实质的公共利益，"而不是少数统治者自身的利益的形式上的公共利益"②，通过刑法规范金融市场参与者的市场行为，有效打击各

---

① 参见［意］阿奎那：《阿奎那政治著作选》，马清槐译，商务印书馆 1982 年版，第 87～89 页。

② 曹刚：《法律的道德批判》，江西人民出版社 2001 年版，第 94 页。

种非法交易，包括非法投机、金融欺诈与其他金融犯罪活动，维护良好的金融秩序，避免资本累积产生严重的两极分化，维护社会公共利益。

（4）保护公民合法财产的必然选择。

民间融资犯罪指向的对象一般为货币，表现出强烈的资源性。行为人主要是为了获得财产性利益。民间融资活动往往处于政府的有效监管之外，具有典型的资本逐利性及负面效应。市场上的融资手段又五花八门，难免会出现诈骗、传销等以非法手段聚敛钱财的情况，而大规模的民间融资容易引发群体性事件，从而造成对公民个人财产利益的侵犯。研究表明，数字普惠金融对非法集资有积极影响。[①] 而刑法作为最后手段，理应对此行为进行有效规制，保护公众权利人尤其是投资者的合法利益，从而使民众做出法律所要求和期望的行为，最终实现法律所设定的效果和理想的法律秩序。

（二）民间融资刑法规制的适度性

民间融资的刑法规制意味着一种选择性的建构行为，而制度选择与社会结构之间存在着张力；受制于现有的刑事政策和刑事司法成本，民间融资的刑事规制要体现政策平衡，平衡好民间融资与正规金融、融资人和出资人之间的紧张关系。刑法在规制民间融资时应当坚持平等原则和谦抑原则。

1. 平等原则

平等原则意味着刑法对民间融资要与正规金融机构一样平等对待和保护。法律体现实践的需求，"商品经济必然要求和产生权利平等这一法治的前提"[②]。权利是一种手段，社会依此控制和协调人类的相互依赖性，解决人们的利益分配问题。人们的财产权利决定了人们的自由程度及实现程度。由于权利安排对经济运行和效果有影响，选择权利就是选择利益。[③] 如前所述，民间融资本质上是一种融资权利，应当受到平等保护，"只有在充分尊重个人选择自由的基础上达到的国家利益、公

---

① Jennifer T Lai，Jing Xie，Shiyun Cao，Hao Zhang. Digital financial inclusion and illegal fundraising in China. *Applied Economics*，Vol. 54，2022，P. 5575.

② 齐延平：《人权与法治》，山东人民出版社 2003 年版，第 213 页。

③ ［美］A. 爱伦·斯密德：《财产，权力和公共选择》，黄祖辉等译，上海三联出版社、上海人民出版社 2006 年版，第 7 页。

共利益，才能得到公众的认可"①。在我国现阶段，存在着国家、集体、个人等不同的市场经济主体和经济成分。由我国公有制为主体的经济制度所决定，实现国有资产的保值增值是发展社会主义市场经济的根本任务，但"君子爱财，取之有道"，这个任务的实现不能以损害甚至剥夺其他合法权利尤其是公民的融资权利为代价。刑法要调整长期以来根深蒂固的对民间融资和正规金融机构不能平等对待和保护的落后观念。

在我国，公私财产平等保护问题一直存在争论。如持否定论的学者认为，公有制的地位理当高于私有制，公有制的体现是公有财产，公有财产即国家财产的地位当然高于集体财产和个人财产，因此，要先保护国家和集体的财产权利，才能保护公民个人的财产权利。这种认识，混淆了财产所有制的经济地位与财产所有制的法律地位之间的区别。在法律领域，"具体的财产所有权不能等同于抽象的所有制"②，不同性质的财产权利具有平等的法律地位。

（1）主体平等。

这里的平等既指立法过程的平等，也指刑法面前人人平等。

在民间融资的立法过程中，要尊重民间融资主体的地位，尊重其话语权，吸纳民间融资主体参与到法律的制定和实施过程中，从而保证立法的科学性和民主性。

不可否认的是，长期以来刑法对民间融资的规制是有所侧重的。这表现在一方面法律对国有资本予以重点保护，对民间融资进行全面压制。表现为鼓励投资的理念在经济生活中并没有得到落实；公民投资渠道少，正常的投资权利被行政管制和剥夺；严格限制、阻碍民间资本集中和活动；阻碍民间资本通过资本市场直接融资；对民间融资及其利率严格控制等方面。③民间资本并没有取得和国有资本相同的法律地位。另一方面，根据"抑强扶弱"的一般社会正义观念打压强势的资金融入方，侧重保护弱势的资金融出方。应该承认，在民间融资活动中，最初出资方通常是弱势群体，资金融入方处于强者的地位。但是，目前民

---

① ［奥］路德维希·冯·米塞斯：《货币、方法与市场过程》，戴中玉等译，新星出版社2007年版，第230页。

② 贾军：《财产权平等——平等及平等权的实现》，载于《甘肃政法成人教育学院学报》2007年第5期，第20～21页。

③ 参见雷新勇：《民间融资的法律压制及其消解举措》，载于《法律适用》2012年第9期，第62～63页。

间融资活动中强弱双方地位已经出现了转化。现在应该说民间融资中出资方的结构相当复杂，既有普通职工、离退休工人等弱势群体，也有拥有着雄厚资金实力的"资金掮客"。例如在"吴英案"中，林卫平向吴英放债金额达到 47241 万元，显然像林卫平这样的出资人已经不再是弱势群体了，而是专业的"资金掮客"。在市场经济条件下，"投资有风险，入市需谨慎""风险自负"是公认的市场法则，高回报必须承担高风险，不管出资方资金实力如何，如果无视出资方的责任，以"保姆"的姿态对其片面进行保护，无论如何有悖平等保护的法理和金融法律体系的内在逻辑，长此以往，必然使融资方的合法利益遭到侵害，也不利于培养民众的投资风险意识。

刑法也要与时俱进，改变长期以来的单边保护主义，遏制利益集团的垄断地位，否则无异于鼓励融资者的投机和冒险。[1] 尊重和保障正规金融机构和民间融资的平等权利，尽可能扩大金融自由[2]，充分保障民间融资进入相关领域或者市场的权利，从而维持市场竞争的权利结构。

遵循市场经济的规律，对民间融资中的资金融入方和融出方进行双向、平等保护和规制。人类抗制犯罪的历史表明，刑事政策面向主体的侧重点是有所不同的，刑事立法中犯罪人和犯罪被害人的实体和程序性权利增减也会发生变化。民间融资的刑法规制是在抗制犯罪、维护社会秩序的宏观背景下对犯罪人和犯罪被害人之间的利益衡平。两者之间存在着动态和相互关联的惯习，后者并非绝对意义上的弱者。

（2）行为平等。

刑法对民间融资要一视同仁，让其与正规金融拥有同等的机会和分享资源的权利，保障融资行为自由，"权利限制的根本限度是不能剥夺任何一方的权利"[3]。坚持竞争中性原则[4]，国有金融机构和民间融资平

---

[1] 参见周洛华：《金融的哲学》，西南财经大学出版社 2014 年版，第 37 页。

[2] 参见王利宾：《民间融资风险治理机制研究——以法律经济学为分析视角》，载于《河南社会科学》2019 年第 9 期，第 45 页。

[3] 邹晓玫：《权利冲突的网络演化及其系统性解决机制》，南开大学出版社 2014 年版，第 81 页。

[4] 竞争中性原则就是要求政府部门要平等对待各类市场主体，消除对不同所有制企业设置的不合理限制。

等竞争①，在配置资源上一视同仁②。同时，对融资权利的限制一定是互惠的，自己的融资权受到限制，也从他人融资权受限中获益，没有人因此受到损失③，实现"自己活也让别人活"。理论上，只有公共利益才能为限制融资权利提供正当理由，为维护正规垄断金融管理秩序而对民间融资权利进行限制不具有正当性和合理性。

2. 谦抑原则

出于防控社会风险的目的，刑法的功利性、冲动性日益明显。同时，刑法规范很容易被制定但却很少会被废除，导致犯罪圈不断扩大，以至于"任何一位研究当代刑法规范的学者，都可能被无所不及的规范以及刑法规范所认可的可罚的行为数量众多所震惊"④。而"刑法在根本上与其说是一种特别法，还不如说是其他一切法律的制裁力量"⑤。如果对包括民间融资在内的所有社会问题都是简单地通过刑法和司法解释加大打击力度，虽然短期内有一定的震慑效果，但并不长久。市场的交易规则被破坏，公共政策的公平、公正性受到质疑，进而影响政府的公信力。而刑罚的双刃性决定了刑法必须具备正义性和谦抑性。"在大多数情况下，对尚没有达到最严重程度的违法行为的一忍再忍，不对其动用刑罚而只进行非刑事处罚，体现了社会的良善性，也是遏制刑法之恶害的需要。"⑥ 民间融资的刑法规制说到底是公法干预私权利的问题，要谨守谦抑原则，保持审慎和克制的态度，包括罪之谦抑和刑之谦抑。

（1）罪之谦抑。

民间融资犯罪圈的持续扩大，逐步挤压民法、行政法发挥的空间，与刑法谦抑性原则相违背。⑦ 要秉持"消极自由"的制度取向，尽可能

---

① 参见贾可卿：《论竞争中性的两面性》，载于《北京联合大学学报》（人文社会科学版）2021 年第 4 期，第 56 页。

② 参见中国总会计师编辑部：《以竞争中立性原则为导向推动各种所有制企业共同发展》，载于《中国总会计师》2019 年第 3 期，第 43 页。

③ ［美］参见理查德·A. 爱泼斯坦：《私有财产、公共行政与法治》，刘连泰译，浙江大学出版社 2018 年版，第 3 页。

④ ［美］道格拉斯·N. 胡萨克：《刑法哲学》，谢望原等译，中国人民公安大学出版社 2004 年版，第 2 页。

⑤ ［法］卢梭：《社会契约论》，何兆武译，商务印书馆 1982 年版，第 63 页。

⑥ 刘远：《金融欺诈犯罪立法原理与完善》，法律出版社 2010 年版，第 29 页。

⑦ 参见卢建平、刘传稿：《法治语境下犯罪化的未来趋势》，载于《政治与法律》2017 年第 4 期，第 38 页。

减小民间融资的犯罪圈，使犯罪圈之外的民间融资行为合法化。"容忍"资本市场的风险因素，肯定资本市场的竞争和优胜劣汰的价值观，符合市场经济规律的行为即便对现行经济体制造成了一定冲击和伤害，刑法应当对其保持必要的宽容，不宜急功近利地将其犯罪化，妥当确定民间融资行为的刑法管控边界。在尊重市场经济规律的前提下，坚持自治和法治相结合，体认民间融资金融活动的风险性和周期性特点①，及时推进立法上的"犯罪化"与"非犯罪化"。对于民间融资中存在的危害行为，在犯罪化之前，要进行充分的论证和谨慎的权衡。对于某些已经规定为犯罪的行为，随着社会宽容度的提高，如果其行为客观上本来就没有多大的法益侵害性和物质损害，而社会心理普遍对其予以认可的话，立法者应当及时将其非犯罪化。② 对于游走于法律边缘或者利用法律空子而在犯罪化认定上存在疑问的行为，应当做出罪化处理。

同时，刑法限制不得忽视意思自治。要充分尊重融资人和出资人的意愿，对融资权利的限制不能影响生存和保障。③ 意思自治或契约自由是私法运行的基本原则，对融资权利的限制首先得尊重契约自由。契约自由是财产权人自由使用、收益和处分其财产的基本原则。"当一项正当利益被确定为权利时，同时也给社会上任何其他人、团队、政府组织乃至国家设定了一项普遍的义务，即对权利予以尊重和非经正当程序不得干涉的义务。"④ 绝对禁止民间融资自由是不恰当的，因为这违背了市场经济的本质，侵犯了自然人或法人享有的融资权利。在承认和保护融资权利的基础上，坚持"二次违法性"法理，首先运用民商法、行政法对民间融资进行规范，刑罚权只能作为最后一道屏障。

（2）刑之谦抑。

在整个法律体系中，刑法是最后法，是统治社会的最后一道防线，只有当行为达到相当严重危害程度、采用其他部门法无效时才动用刑法进行规制。

刑罚适用会导致对当事人的自由、尊严和财产权利的限制和剥夺。

---

① 袁林等：《民间融资刑法规制完善研究》，法律出版社 2016 年版，第 147 页。

② 参见张智辉：《刑法理性论》，北京大学出版社 2006 年版，第 94 页。

③ 汪进元：《基本权利的保护范围——构成、限制及其合宪性》，法律出版社 2013 年版，第 236 页。

④ 彭诚信：《现代权利理念研究》，法律出版社 2017 年版，第 324 页。

从保障融资权利的角度出发，对于某些民间融资犯罪行为施以刑罚，要克制和节俭，注重刑罚的轻缓化，优先考虑适用较轻的刑罚种类和较低的刑罚，从而尽可能减少刑罚的负面作用。刑罚权发动要考虑以下三点：一是刑罚的动用具有迫切性，刑罚权的发动是否有迫切性与国家治理社会的方式及其采取的政策紧密相关。在法治社会，要综合利用不同的社会调控方式保护不同的社会关系，只能针对少数严重危害社会的行为动用刑罚权，而不能滥用。二是发动刑罚权是否可能。在刑法明文规定犯罪和刑罚的情况下自然存在着刑罚权发动的可能性。三是刑罚的发动是否有效果。刑罚权的发动要耗费资源，因此刑罚权的考量必须将其可能产生的正面效果和负面效果考虑进去，尽量在节约社会资源的前提下获得社会效益的最大化。犯罪圈划定的过大，一方面导致公民承担的义务增加，被限制的自由领域越多。另一方面可能导致的结果是适用刑罚的人数过多，不仅需要耗费大量的社会资源，也会造成社会不稳定因素的增加，影响刑罚的人权保障功能。因此刑罚应当尽量轻缓，这也是社会文明进步的标志。

第三节　民间融资刑法规制的逻辑起点

权利理论探讨中一个重要的问题是，权利的合法性并不具有必然性。[①] 权利存在着应有和实有的区分，因此要深入把握权利在权利体系中的主导地位，从而实现应有权利。在现代社会，鉴于私权利与公权力的碰撞、公权力对私人领域的侵犯依旧是客观存在的问题，现代法治国家无不为财产权利的法律保护寻求答案。在当代中国，权利观念深入人心，法学是权利之学，法律的应然功能是对人民自由和权利的保护，"法典就是人民自由的圣经"[②]。尤其是伴随着国权刑法观到民法刑法观的转化，公法私法化、私法公法化的趋势日益明显，刑法的价值应当在于对无辜者的保护和对破坏刑法所保护法益者的依法惩处，从而最大限度保障公民的合法权利。融资权作为公民的私权利显然也应当是刑法要

---

① 参见公丕祥：《权利现象的逻辑》，山东人民出版社 2002 年版，第 3 页。

② ［德］卡尔·马克思：《第六届莱茵省议会的辩论（第三篇论文）：关于林木盗窃法的辩论》，引自《马克思恩格斯全集》（第 1 卷），人民出版社 1995 年版，第 176 页。

确认和保障的对象之一，但如何协调作为私权利的融资权和作为公权力的刑罚权的关系是值得研究的问题。换言之，在运用刑法对民间融资进行规制时，是单纯的为了社会秩序而进行限制还是为了促进民间融资而非禁锢民间融资。① 如果是前者，则刑罚权居于主体地位；如果是后者，是为了使融资权得到更充分的行使，则势必要以融资权利为主导构建相应的体系。

一、刑罚权与融资权利关系之辨正

"刑罚权属于国家权力的范畴"②，是国家运用刑罚惩治犯罪的权力。因此，刑罚权从哪里来？刑罚权的目的是什么？如何处理刑罚权与融资权利的关系？这是探讨刑法与民间融资关系时必然要考虑的问题。

（一）刑罚权的起源

纵观刑罚发展历史，从自然主义国家观、神权国家观、社会共同体国家观，到社会契约论国家观、功利主义国家观……都有论述。其中影响最大的是社会契约论。社会契约论认为，国家起源于契约，惩罚权来自约定或者说来自人定法。霍布斯提出了自然法、自然权利的基本原则，认为国家是人们为了保护生命权而建立的，其目的在于自我保全。③ 洛克认为，社会成员放弃了自然权利，也将各自放弃的惩罚权力交由国家来行使。④ 在卢梭看来，社会契约的核心是权利的转让且是毫无保留的。⑤ 贝卡里亚则认为国家的刑罚权起源是社会契约论，同时也认为刑罚权是有限的。⑥ 每个人都希望留给自己的自由多些，交给公共

① 参见王利宾：《论民间融资刑法规制的基本立场》，载《学术研究》2019 年第 6 期，第 82 页。
② 陈兴良：《论刑罚权及其限制》，载于《中外法学》1994 年第 1 期，第 39 页。
③ 参见［英］霍布斯：《利维坦》，黎思复、黎廷弼译，商务印书馆1985 年版，第 97 页。
④ 参见［英］洛克：《政府论》（下篇），叶启芳、瞿菊农译，商务印书馆 2017 年版，第 138～139 页。
⑤ 参见［法］卢梭：《社会契约论》，何兆武译，商务印书馆 2003 年版，第 38～39 页。
⑥ 参见［意］贝卡里亚：《论犯罪与刑罚》，黄风译，北京大学出版社 2008 年版，第 9 页。

保存的自由少些，没有理由要求人们为了公共利益捐赠自己所有的自由。费尔巴哈认为，民事契约和国家权力都是为了保障公民自由和权利。① 康德坚信，自由的国家公民自由地制定契约②，正义的社会以权利为基础，大家经由协商制定一个契约并成立国家，国家享有最高权力。即使国家滥用权力，公民也必须服从国家制定的法律，所谓"恶法亦法"。上述理论尽管各有千秋，但都表明众人愿意缔约建立国家并形成国家主权。显然，包括刑罚权在内的国家权力源于公民权利的让渡。

（二）刑罚权的目的

国家设立刑罚权的目的是什么？亚里士多德认为国家的目的是确保公民幸福地生活。③ 阿奎那强调国家目的就是谋求人的"公共幸福"。④ 虽然国家享有了人民让渡的权利，但是国家权力不是绝对自主的。契约政治理论家们认为，国家和政府要保障人民的自然权利。洛克认为，人们联合组成国家的重大目的是保护财产。⑤ 而保护财产并不是国家的唯一目的。孟德斯鸠在权力制衡理论基础上论述了国家的目的是保障公民权利与自由。⑥ 卢梭认为，国家与刑罚的目的是保障公民的自由。守法即自由，法律是人们的公意，包含了所有人的意志。⑦ 公民转让权利的目的在于要求国家保障自己人身与财产安全，获得的权利保障是公民转让的权利的对价。贝卡里亚一针见血地指出，刑罚是保护公民权利之必然存在。⑧ 费尔巴哈认为国家的任务在于保障社会权利，并依据民意贯

---

① 参见徐久生：《费尔巴哈的刑法思想——费氏眼中的刑法与社会》，载于《北方法学》2013 年第 5 期，第 92 页。

② 参见［德］康德：《历史理性批判文集》，何兆武译，商务印书馆 1990 年版，第 190 页。

③ 参见［古希腊］亚里士多德：《政治学》，颜一、秦典华译，中国人民大学出版社 2003 年版，第 88 页。

④ 参见吕世伦、程波：《转向"人法"的桥梁——托马斯·阿奎那法律思想的合理成份》，载于《法制与社会发展》2007 年第 3 期，第 89 页。

⑤ 参见［英］洛克：《政府论》，瞿菊农、叶启芳译，商务印书馆 2020 年版，第 49 页。

⑥ 参见［法］孟德斯鸠：《论法的精神》（上卷），许明龙译，商务印书馆 2009 年版，第 184 页。

⑦ 参见［法］卢梭：《社会契约论》，何兆武译，商务印书馆 2003 年版，第 19 ~ 21 页。

⑧ 参见［意］贝卡里亚：《论犯罪与刑罚》，黄风译，北京大学出版社 2008 年版，第 13 ~ 14 页。

彻和实现国家目的。① 总而言之，保障公民自由权利是国家权力的目的，也是包括刑罚权在内的国家权力正当性的唯一依据。

刑罚权属于国家权力的重要组成部分，而且"刑罚权力被认为是国家权力最重要和最明显的表现"②，其目的同样如此，要确保公民人身与财产的安全，确保公民的自由和权利。通过刑罚，可以管控一个更好的社会，促进个人的利益被认为与尊重他人的相同利益是一致的。③ 国家对于侵犯公民权利的行为都要根据法律处以刑罚。作为个体的人，有自由、平等的权利，个人权利是国家权力的正当来源，也是国家权力包括刑罚权的目的。

（三）刑罚权与融资权利关系之辨正

长期以来，中国的改革历程由公权力主导，社会资源的自由流动和公民的经济权利与自由多是由公权力让渡而形成。公权力干预经济的直接影响就是经济发展的不平衡、经济结构不合理及可持续发展匮乏等。④ 既然刑罚权源于公民权利，其目的在于保护公民公权的行使，就刑罚权利与融资权利的关系而言，融资权利应当处于主导地位。融资权利是一种公民和企业应当享有的基本权利，而不是特权。⑤ 因此，在对民间融资进行规制时，势必要以权利即融资权利为主导构建相应的刑法规制体系。

二、限制刑罚权的必要性

刑罚是社会为防卫自身的生存条件而对罪犯的一种制裁。国家行使刑罚权固然从根本上保护了社会的整体利益，但是以牺牲某些公民个人

---

① 参见徐久生：《费尔巴哈的刑法思想——费氏眼中的刑法与社会》，载于《北方法学》2013 年第 5 期，第 92 页。

② George P. fletcher. Political theory and criminal law. *Criminal Justice Ethics*，Vol. 25，2006，P. 18.

③ 参见［英］威廉姆·威尔逊：《刑法理论的核心问题》，谢望原、罗烂、王波译，中国人民大学出版社 2015 年版，第 355 页。

④ 参见赵玉洁、李海青：《经济发展的动力转变：从权力主导走向公民经济权利驱动——对四十年经济改革的一种审视》，载于《天津社会科学》2018 年第 4 期，第 24 ~ 25 页。

⑤ 参见张维迎：《从吴英案审视市场的基础》，载于《中国企业家》2012 年第 4 期，第 35 页。

的自由为代价的，因而，刑罚权的行使应当限制在绝对必要的范围之内。刑罚权和公民权利两者犹如"鸟之两翼"，两者的量不可能是无限的。理想的状态是：刑罚权与公民自由应处于平衡状态，两者各得其所，刑法应当保持均衡，寻求两边利益的最大化，用最少、最低的刑罚换得社会稳定，从而保证公民权利最大化。是故，要对刑罚权进行限制。

（一）权力的扩张天性

权力的本质是邪恶的。孟德斯鸠说，一切有权力的人都容易滥用权力。要防止滥用权力，必须对其进行限制。权力的扩张是惯性使然，权力一旦被创设出来，便会以自己的方式存在，并具备自我扩张的特性。权力的根本要素是强制，以强制主要特征的权力，对人的自由和权利可能构成强大的威胁。博登海默认为，"权力在社会关系中代表着能动而易变的原则，在权力未受到控制时，可以将它比作自由流动、高涨的能量，而其结果往往具有破坏性"[①]。理论和现实都昭示，人们创设权力的本意是更好地维护人的自由，但权力一旦形成，便不可能像人们所设想的那样，完全为人的自由的目的运行。

刑罚权乃是国家对犯罪人予以刑事制裁的国家权力，天然具备扩张的性质，存在着膨胀、滥用的危险。刑罚发展的历史实际上就是刑罚扩张的历史。尽管刑法自产生之日起就一直努力约束刑罚权，但由于人治的缺陷以及"法有限，而情无穷"的刑罚思想导致刑罚泛滥。古今中外的事实一再证明：滥用之刑、过分之刑和昂贵之刑比比皆是。刑罚权是国家权力的重要组成部分，刑罚权的行使是"双刃剑"，作为一种特殊的国家权力，既能打击犯罪、保证人权，但同时也是侵犯权利最厉害的元凶。权力的正当目的与权力的滥用是一个硬币的两面，而刑法的现代化要求非刑罚化与轻刑化，刑罚权的扩张显然有悖于时代潮流，且危害巨大。因此，由权力存在的终极目的决定，为了保护自由和权利，必须对刑罚权力进行限制。

（二）人性的固有缺陷

人性具有骄傲与谦卑的情感，而人又具有天生的追求骄傲的本能。

[①]　［美］E. 博登海默：《法理学：法律哲学与法律方法》，邓正来译，中国政法大学出版社 2004 年版，第 373 页。

75

根据休谟的研究，财产权是能够带来骄傲的最直接、最常见的因素。权力与财产权并没有直接的关系，但是却是获得财产权的能力的最重要的决定因素。简言之，权力大，获得财产权的能力强，反之则弱。可以说，权力直接等同于获得财产权和能力。因此，由人性所决定，人对于权力的追求是基于人性的原始冲动，导致人类对于权力的追求是没有止境的。"动物只要能够生存和生殖就感到满足，而人类还希望扩展。在这方面，人们的欲望仅限于想象力所认为可能实现的范围。"① 人类对于财产权的追求是本能，而权力几乎可以等同于获得财产权的能力，权力大的人往往财产权利大，权力小的人则财产权利小甚至无权利，所以位高权重的人常常利用权力为自己攫取巨额财富。

基于人类的本性使然，所以人类对于权力的获取和行使是无止境的，当然包括对于刑罚权的获取和使用。刑罚权包括立法机关的制刑权、检察机关的求刑权、审判机关的量刑权和执行机关的行刑权。行为主体掌握了立法机关的制刑权，可以利用制刑权通过刑事立法规定不利于自己财产利益的行为为犯罪从而进行打压。同样，掌握求刑权、量刑权和行刑权亦能达到相同的目的。概言之，行为主体可以利用所掌握的刑罚权来为自己获取财产和利益。研究表明，"金融化程度的提高很可能会使政治权力集中在金融部门精英手中，从而对一般财产权造成更广泛的损害，……他们能够影响立法并制定有利于金融部门的政策，而牺牲所有人的财产权"②。因此，"要保证个人享有实实在在的自由，则必须限制国家的刑罚权"③，以防止其越界和滥用。

三、以融资权利限制刑罚权力

基于刑罚权与权利两者的关系，考虑到权力的扩张天性和人性固有的缺陷，因此要对刑罚权进行限制。那么如何限制刑罚权的发动及适用，从而防止和避免个人合法权利受到刑罚权的过多限制与剥夺呢？

---

① 〔英〕伯特兰·罗素：《权力论》，吴友三译，商务印书馆1991年版，第2页。

② Christopher Hartwell. The Coevolution of Finance and Property Rights：Evidence from Transition Economies. *Journal of Economic Issues*，Vol. 51，2017，P. 81.

③ 姜敏：《"危害原则"的法哲学意义及对中国刑法犯罪化趋势的警喻》，载于《环球法律评论》2017年第1期，第115页。

（一）限制刑罚权力的模式选择

纵观人类社会权利和权力的发展史，发挥作用的权力限制模式可以归纳为四种：以权力限制权力模式、以权利限制权力模式、以法律限制权力模式和以道德限制权力模式四种。四种模式相互配合、不可替代。以权利限制权力从消极的方面看是为权力行使划定行使的禁区，即不得随意侵害权利；从积极的方面看是为权力的行使指引方向，即为了权利的实现服务。① 西方法律制度的发展历史表明，公法规范在提取政治经验的同时，还不时引入私法领域的公理作为公法规范设定的参考模式。商品经济发展下的公法也渗透着私法。其中私法领域有三个方面的精神一直渗透到公法的深层，即所有权绝对、契约自由和规则至上。"所有权绝对"为公法提供了理性的价值取向——"权利本位"。财产所有权作为私法的核心、出发点和归宿，渗透到了公法领域并演化出权利本位、主权在民和权力限制等公法原则。"契约自由"为公法提供了"自由"的精神，商品交换不能没有自由的契约行为，契约既是西方私法的缩影，又是西方公法的精神所在，如权力与权利的关系都是以"契约"关系来建立和维系；私法上的"规则至上"为公法提供了"法治"原则的精髓。②

根据"主权在民"理论，权利是权力的本源，国家权力源于公民权利的让渡。权力和权利共存于法律中。显然，权利优先于权力，权利是目的，权力是手段。法律以确认权利、保障权利为目的，以授予权力、规范权力和限制权力为己任。正如马克思所说，"法律不是压制自由的手段"③。"恰恰相反，法律是肯定的、明确的、普遍的规范，在这些规范中自由的存在具有普遍的、理论的、不取决于个别人的任性的性质。"④ 也正是在这个意义上，马克思认为，"法典就是人民自由的圣经"⑤。根据传统的公法、私法划分原理，刑法作为调整国家权力与公民权利之间的法律，因调整对象和方法的特点，一直被视为公法，被视为国家机器的重要组成部分。随着社会的发展和人类文明程度的提高，

---

① 后向东：《权力限制哲学——权力限制模式及其作用机制研究》，中国法制出版社2018年版，第11页。

② 参见孙笑侠：《法的现象与观念》，山东人民出版社2003年版，第16～17页。

③④⑤ 《马克思恩格斯全集》（第1卷），人民出版社1965年版，第71页。

77

限制、减少国家权力对公民权利的干涉，是现代法治国家的共同选择。刑罚权能否得到有效的制约是衡量一个国家法治程度的重要标志。如前所述，"限制权利的目的不是废除或绝对地限制主体权利，而是为了保护和扩大权利"①。根据权利与权力的理论，刑法在规制民间融资时要以权利来规制刑罚权的行使，借鉴私法的精神和原则构建符合民间融资发展实际的刑法规范，从而保障融资权利的运行。

（二）以融资权利限制刑罚权力

马克思认为，"人们奋斗所争取的一切，都同他们的利益有关"②。而利益的获得依赖于权利的行使。在市场经济中，要尊重每个人平等的权利。③ 公民权利的获取与享有，不仅取决于公民个体的能力与行动，也依赖政府权力所提供的保障。政府权力的运行可能滥用，从而可能侵犯公民的权利。传统的社会管理坚持"国家本位"，在权利和权力的对抗中，公民权利的保障往往被置于最后，通常会压缩个人的自由，甚至是牺牲个人权利。因为，有时"国家利益并不是满足全体居民需要的利益，而是该国家中居于统治地位的阶级利益，是一种阶级利益的特殊表现形式"④。而缺少个体自由的经济本来就是非正义的。在现代法治国家，权利是法律规定的，并且规定不同的救济措施，既能保障公民行使权利，又能有效地限制国家的权力，从而准确界分公民权利和国家权力。政府负有保护公民权利的义务。正是因为权利是有用的，因此必须持续建构新的权利，权利是获得自由与公平的过程而非目的本身。⑤

融资权利的行使从根本上讲不仅需要对其自身性质和定位有准确的把握，也需要将其放在国家权力与公民权利的关系中进行全面的考察。德国著名法学家 G. 耶林内克在其著作《主观的公权体系》中提出，人民对于国家所处的法律地位分为四种，分别是服从国家的关系、对国家权力的排斥或者拒绝关系（公民处于消极地位享有自由权）、对国家的

---

① 公丕祥：《权利现象的逻辑》，山东人民出版社 2002 年版，第 21 页。
② 《马克思恩格斯全集》（第 1 卷），人民出版社 1965 年版，第 82 页。
③ 参见张维迎：《关于市场的两种不同范式》，载于《中国中小企业》2018 年第 5 期，第 63 页。
④ 金彭年：《社会公共利益保护制度研究》，浙江大学出版社 2015 年版，第 3 页。
⑤ 参见［美］艾伦·德肖维茨：《你的权利从哪里来?》，黄煜文译，北京大学出版社 2014 年版，第 199 页。

请求关系（公民享有受益权和请求权）、对国家活动的参与权。简而言之，耶林内克认为基本权利分为消极地位的自由权、积极地位的受益权和能动地位的参政权。[①] 本书引入耶林内克的基本权利体系理论并尝试展开论述。根据耶林内克的理论，基本权利的划分对于民间融资权利的刑法权能主要是消极地位的自由权和积极地位的受益权（因为参政权与本书的讨论无甚关联），这也正是本书的关注对象。私有财产权具有保护公民自由的权能和要求国家积极作为从而促进其基本权利实现的功能，即"防御权能"和"受益权能"。因此本书的讨论采取了融资权利的功能视角，认为应当从融资权利的功能视角谈及刑法的规制问题，即从刑法的对立面——相对人的角度，从而将刑罚权力置于权利之下，获得融资权利保护的理论进路。

消极防御权能和积极受益权能作为融资权利的两项基本功能，一方面要求刑事法律不作加害行为，使其财产权益受益；另一方面要求刑事法律通过一定的积极作为促进乃至直接实现其财产权利，即要求政府履行相应的职责才能实现该权利。其首要的是针对公权力主体的充分权能。换言之，要求国家公权力主体承担相应的义务。同时要求国家建立和维护各种可能和有效的制度以保障融资权利的顺利实现。

（1）就防御权能而言，指权利主体应当享有的要求其他主体不得侵害其权利的不作为义务的能力。它是权利普遍具有的一项权能，"表现为社会主体在一定社会条件的作用下所形成的直接社会权利要求"[②]。其指向的主体是除权利主体以外的个人、单位、社会组织和国家机关，但最基本的指向是国家的公权力。随着经济的发展和金融的活跃，民间融资形式和种类会越来越多，融资权利的运行无法脱离刑法的规制而实现。在私法自治、刑法私法化的背景下，要求国家对融资权利的行为尽可能减少犯罪化，从而最大限度地保障融资权利的行使。就国家权力而言，对融资权利最具有威胁和侵害作用的是刑罚权，刑罚权力负有不侵犯融资权利的消极义务，目前主要是融资权利的非犯罪化，通过对民间融资罪名适用等进行考察，论证取消或者限缩其适用范围来实现非犯罪化的可能性和方案。简而言之，融资权利的防御权能的实现要求规范和

[①] 参见［德］耶林内克：《公权论》，引自徐显明：《人权的体系与分类》，载于《政治评论》（2002年卷），中国政法大学出版社2002年版，第10页。

[②] 公丕祥：《权利现象的逻辑》，山东人民出版社2002年版，第23页。

限制国家刑罚权对民间融资权利的不当干预。

（2）融资权利抵抗权能的行使对象是不当犯罪化。马克思在关于林木盗窃法的辩论中曾发出呐喊：为什么法律会沦为私人利益的工具？表明其清醒地意识到了法律被滥用的现象，并从黑格尔的理性国家观出发，强调国家在通过法律安排权利结构时，应当给主体以运用自己权利的现实可能性。在定罪量刑问题上，国家应当持特别慎重的态度。"对于国家立法者来说，不能轻率地否定公民的权能要求，更不能随意地抹煞罪与非罪的界限而把不能算作犯罪的行为列入犯罪的领域。"① 刑法"是规定对实施何种行为科以何种刑罚的法律"②，刑法对某种行为规定为犯罪要有充分而正当的理由，否则就是刑罚权的滥用。民间融资行为犯罪化同样如此。要最大限度地减少和消除民间融资不当犯罪化的情况。

（3）救济、受益权能是指权利主体在其权利受到不法侵害时能够得到救济的能力，包括要求相关主体制止侵害、补救自由和弥补损失等。就权利的救济主体而言，有私人救济和公力救济之分。在所有的救济主体当中，国家是最强有力的救济主体，因而救济、受益权能最基本的指向同样是国家公权力，因为只有国家最具有强力给权利主体以强有力的救济。在刑法的层面，融资权利受益权能、请求权能要求国家积极履行义务，为主体融资权利的实现提供一定服务和给付。主要是运用刑法对侵害融资权利的行为进行严厉制裁，融资权利的受益权能主要针对刑法的应当犯罪化，具体表现为国家对各种侵害公民、企业融资权利行为的犯罪化，从而使融资权利主体能够从融资权利的行使中受益，保障融资权利的正常行使。受益权能的行使有利于维护社会公正，但同时也可能导致政府权力的扩张和集中，从而危及个人自由，并且也导致公民对政府的过度依赖，因此要通过法律制度健全规范受益权能的行使，避免国家权力的扩张。

第四节　民间融资刑法规制的路径选择

借助布迪厄场域—惯习分析范式，本书论证了民间融资主体参与场

---

① 公丕祥：《权利现象的逻辑》，山东人民出版社 2002 年版，第 167 页。

② ［日］西原春夫：《刑法的根基与哲学》，顾肖荣等译，法律出版社 2004 年版，第 3 页。

域的基本命题，试图用一种"立体"的方法和视角为我国民间融资刑事制度建构提供理论基础。规范化的构建刑法规定，要指向和回应实践诉求。

对于民间融资的刑法规制，学者们提出不同的观点。如有的学者提出增设非法集资罪、修改完善非法吸收公众存款罪等立案追诉标准①，有的学者提出增设欺诈集资罪②。还有的学者认为，民间融资存在因信息不对称而引发的道德风险和强力介入引发的经济风险、社会风险乃至政治风险③，要出台民间融资的法律规范，实现对民间融资的全领域覆盖。遵循博弈理论，改变目前对民间融资过度、积极干预的局面，缓解民间融资与刑罚权之间存在的紧张关系。④ 笔者认为，前述观点有一定的合理性，但都忽视了民间融资的权利属性这一本质属性，因而在此基础上提出的观点不可能全面和准确，也无法取得明显的实践效果。民间融资的刑法规制，本质上是民间融资行为犯罪化的问题。犯罪化立法是刑法中最重要的内容。所谓犯罪化是指通过刑事立法手段，将本来不属于犯罪的行为规定为犯罪而成为刑事制裁的对象。而行为的犯罪化与否直接决定着行为人是否进入刑法制裁的视野，因而必须为其提供正当化根据。无论是大陆法系的法益侵害理论，还是英美法系的伤害原则和中国刑法中的社会危害性原则，都是重要的犯罪化理论根据，并且指导着相应国家的犯罪化立法。民间融资行为的犯罪化首先要解决犯罪化根据这一重要问题。⑤

一、民间融资法益侵害性的解读

刑法变革是抽象的概念分析。⑥ 法益理论是刑法学的核心理论。作

---

① 参见李晓强：《集资型犯罪研究》，山东大学博士学位论文，2012 年，第 156 ~ 157 页。

② 参见刘鑫：《论民间融资的刑法规制研究》，华东政法大学博士学位论文，2012 年，第 3 页。

③④ 参见王利宾：《民间融资风险治理机制研究——以法律经济学为分析视角》，载于《河南社会科学》2019 年第 9 期，第 43 页。

⑤ 参见缪爱丽：《刑罚权的运行机制研究》，中国社会科学出版社 2019 年版，第 79 ~ 81 页。

⑥ Roger A. Shiner. Crime and criminal law reform a theory of the legislative response. *Critical Review of International Social and Political Philosophy*, Vol. 12, 2009, P. 63.

为一个舶来品，法益理论自被张明楷老师引入我国后便受到刑法理论界的推崇。刑法的任务与目的是保护法益，在刑事立法与司法实践中都需要进行法益衡量。"国家的最终目的本来是调整国民之间的利害得失和保障国民的利益，因而制止侵犯和危害国民利益的犯罪是国家的重要行政任务之一。"[①] 张明楷教授指出，就刑事立法而言，制定一个刑法规范，或者增设一个新罪，一定是为了保护某种法益。在必须用刑罚手段保护某种法益时，应当进一步判断，以刑罚保护某种法益是否会造成对其他法益的侵害以及造成的侵害程度如何，这其实就是一种法益衡量。[②] 刑法理论的核心命题——法益侵害性理论认为，将某行为规定为犯罪的重要原因在于行为具有法益侵害性。有法益侵害才可能构成犯罪，无法益侵害则不构成犯罪。因此，进入刑法规制视野的应当是具有法益侵害性的民间融资行为。而传统刑法中关于民间融资的法益侵害性认识是扭曲的。

（一）民间融资的法益侵害性判断

对法律制度认识是建立在大众人群的心理基础上的。当社会物质条件发生变化时，心理感受也随着发生改变，而随着社会心理的改变，法律制度也必然要发生变化。[③] 传统刑法理论认为，民间融资主要侵犯了国家的金融管理秩序。这一判断是如何得出的呢？

法益侵害性是一定的主体依据客观事实进行的一种价值判断，是指某一特定的主体判断特定的客体有无价值、有什么价值、有多大价值的过程。由于这种判断必定与主体的价值观直接发生关系，所以称为价值判断。价值判断由价值主体、价值标准和价值客体三个构成要素组成。

首先，社会上存在不同的主体，有不同的个人、单位或者利益集团抑或立法者。应当承认，不同社会、不同制度、不同阶层中的人对于同样的行为的价值取向是不同的，甚至是截然相反的。价值主体之所以能

---

① ［日］西原春夫：《刑法的根基与哲学》，顾肖荣等译，法律出版社2004年版，第44页。

② 张明楷：《利弊得失：特殊情境下的法益衡量》，https://www.360kuai.com/pc/90e60186a1ed7f036? cota =3&kuai_so =1&sign =360_57c3bbd1&refer_scene = so_1，访问时间：2020年9月11日。

③ 参见夏扬：《法律如何长成——制度进化的独立品格与自觉理性》，法律出版社2016年版，第26~27页。

成为主体，原因在于它有内在的价值需要，因而能对判断的客体即价值客体的价值属性做出感受和判断，并且能够根据其对自身的重要性协调自身和客体的关系，包括认识、适应、改造和利用它。由于价值准则和价值尺度的不同，使得相同的行为在此时可能是犯罪而在彼时可能是合法行为，尤其是社会中存在的不同的利益集团对同一行为的认识可能完全不同，犯罪的界定尤其如此。法律的本质决定了犯罪是统治阶级意志的产物，一种行为被界定为犯罪，最外在的决定者当然是国家，或者说是代表国家意志的立法者。但问题在于，国家并不是孤立的个体，国家是群体的集合，国家的价值观从根本上必然还原为一定群体的价值观，立法者将某一行为认定为犯罪行为并通过刑法加以禁止从根本上说是代表社会中的一定的群体进行的价值判断。换言之，社会主流文化群体的价值观经过其代表——立法者将其利益诉求体现在刑法中。①

其次，价值判断的标准就是客体对主体的有用性的大小或者有无。价值判断的标准和价值选择因人而异，每个人都有自己的标准，不同主体的价值感受各异，而这些感受又依附于特定的情景。评价主体的需要和利益具有一定的利己性，普遍存在着过于追求自己的利益而否定他人的利益的情况。

最后，价值判断的客体是价值判断所针对的对象，可能是人，也可能是物、现象或者行为。就刑法法益性判断而言，价值判断的客体是行为。

价值判断主要在于评判客体对于主体的有用性和效益性，即事先必须能够对主体某方面的需要有用或能够满足主体的某个或某些欲望。相对于其他评价，刑法的规范评价具有评价主体的权威性、评价标准的公开性、评价形式的法定性、评价结论的强制性等特点。不同于杀人、抢劫等自然犯，民间融资犯罪本质上是一种金融活动。而金融犯罪行为法益侵害性的判断是利益集团相互争斗而边界又模糊不清和影响因素复杂多变的过程。尤其是随着民间融资快速发展，金融风险相伴而生，从金融风险中获取收益是行为人的必然选择，而金融风险又是滋生金融犯罪的土壤。因此在金融风险与金融收益并存的情况下，金融犯罪的法益侵害性的判断就更为复杂和困难。利益集团尤其是对金融知识了解的精英群体则对金融违法行为作出"不利"评价。对于大众而言，普通的自

---

① 参见胡启忠：《经济刑法立法与经济犯罪处罚》，法律出版社2010年版，第38~39页。

然犯的法益侵害性的判断并不难。而相对于民间融资而言，基于经济人的立场，具有有限理性和机会主义两种特质，尤其是面对民间融资带来的巨大高利诱惑，加上人性的贪婪，大众在评价其法益侵害性时往往将金融风险和金融收益并存的金融违法行为评价为"好"的行为，而忽略了其中的风险。

由于金融违法行为的复杂性和特殊性，其价值判断的主体理应为占社会多数的主流文化群体。而在实际判断的过程中，其评价主体是国家的立法者。国家立法者不具备所谓的专业"金融"知识，使得立法者很易受到相关利益群体的影响，尤其很容易受到金融利益集团的影响并进而影响立法行为。换言之，特定利益集团可以通过自己强大的影响力获得立法收益。因为"国家的特点和活动在很大程度上是由社会中群体之间的权力关系所决定的"[①]。我国目前正处于经济转型期，金融企业具有国家垄断性从而成为特定的利益集团，因而造成了法益侵害性判断主体的偏离。正规金融利益集团的偏好又直接影响了社会主流文化的判断，从而使得法益侵害性的判断主体、价值标准存在变异，进而成为金融利益团体的判断。正规金融利益集团通过俘获立法者从而使法益侵害性的认定发生了根本性改变进而实现自身的利益，而这种判断与一般民众的判断相去甚远，并脱离了国民利益。传统刑法理论认为，民间融资侵犯了国家的金融管理秩序和公私财产的所有权。前者主要是正规垄断金融机构的利益；后者主要是集资群众、集资单位的财产所有权。在具体的民间融资案件中，率先发难的往往是当地的金融机构，不是集资群众。以"孙大午案"为例，"犯罪行为"的暴露源于当地的金融机构认为其分流了银行等金融机构的储蓄，损害了国家金融秩序。而所谓的"受害群众"却并不以为意，也不认为自己是受害人。在"吴英案"中，资金的融出方也对司法机关的介入持观望态度，不愿出面登记债权。资金的融出方和资金的融入方并不认为自己有损害，也并没有损害第三方的利益，但却被贴上"犯罪"的标签。

（二）法益侵害性的合理矫正

应当承认，刑法中的法益侵害性判断从来都不是中性无色的、纯粹的东西，而是带有鲜明的阶级内涵，正如马克思所言，"犯罪——孤立的个人反对统治关系的斗争"①。日本刑法学者大塚仁也认为，"刑法上规定的行为有政治色彩，国家把某些行为定为犯罪的行为原本就具有政治色彩"②。我国刑法学者也认为，刑法的阶级本质决定了立法者在犯罪化时，不可能只从行为的客观危害角度考虑，还要顾及维护统治的需要，从阶级利益出发进行评价。③ 这就意味着无论某种行为在客观上是否真的危害到统治阶级利益，只要统治阶级认为它具有一定的法益侵害性，它就会被规定为犯罪。④ 因而社会危害性被"笼统地解读为对统治阶级既定的统治关系或者确认的统治秩序的损害，以至于社会危害性的标准在犯罪的认定中往往演变成为了游离于法律规定之外的飘忽不定的甚至纯粹根据统治者个人好恶而定的政治评价标准"⑤。犯罪圈的划定，其实反映了立法者对于现实物质生活条件、历史文化传统和社会发展所需要的利害权衡和优先考虑。现阶段民间融资法益侵害性的判断不是从社会属性和经济属性作出的判断，忽略了民间融资行为产生的客观规律和发挥的积极作用。

法律制度是维持社会关系正常运转的调节器。社会关系变动了，法律也必然发生变化。法律制度的发展与经济发展水平密切相关，同时也受到政治形态、文化传统等因素的影响。在制定法律制度的过程中，经济因素起决定性作用。对法益侵害性的判断同样如此。法益侵害性的判断是一个发展的、历史的判断过程。"犯罪生成是社会事实与法律规定的整合。"⑥ 根据传统刑法理论，犯罪本质上具有社会危害性，在阶级社会里，对于社会危害性的理解，当然既要从政治属性和阶级属性出发，也要兼顾社会属性和经济属性，因而有学者提出，"从终极意义上讲，行为的社会危害性最终体现为对社会生产力的阻碍或破坏"⑦。要

①　《马克思恩格斯全集》（第 3 卷），人民出版社 1960 年版，第 379 页。
②　［日］大塚仁：《犯罪论的基本问题》，冯军译，中国政法大学出版社 1993 年版，第 3 页。
③　参见张远煌：《犯罪理念之确立——犯罪概念的刑法学与犯罪学比较分析》，载于《中国法学》1999 年第 3 期，第 130～131 页。
④　参见张智辉：《刑法理性论》，北京大学出版社 2006 年版，第 34 页。
⑤　梁根林：《刑法法网的扩张——犯罪化及其立法原理》，法律出版社 2005 年版，第 8 页。
⑥　许发民：《刑法的社会学分析》，法律出版社 2003 年版，第 157 页。
⑦　许发民：《刑法的社会学分析》，法律出版社 2003 年版，第 99 页。

以生产力标准评判行为的社会危害性的有无及大小，笔者认为，行为的政治属性、阶级属性和社会属性、经济属性实际上很难兼顾，以生产力标准作为评判标准与国际通行的法益侵害性的认定标准是不同的，应当以通行的法益侵害性标准作为民间融资犯罪行为的认定标准，全面评价民间融资的正负功能。

1. 民间融资的正面功能

（1）有利于实现金融资源的优化配置，促进经济增长。

当前我国民间融资活动主要有公民、企业间的民间直接借贷以及典当融资、民间票据贴现融资、私募基金类融资、通过借贷网络平台进行的融资等众多形式，呈现出手续灵活、地方性、内生性、自发性、草根性等特点，融资主体多元化、资金来源多元化、用途多元化。民间融资的存在实现了资金从闲置者向需要方的转移，解决了正规金融无法覆盖、不愿覆盖的区域，对正规金融构成了有益的补充，解决了中小企业、农村和边远地区的融资需要。古典经济学家提出，资本规模的扩大有助于促进经济增长。现代学者认为，投资量可以支持经济快速增长，"内生经济增长模型"即"罗默模型"理论 A 模型阐明了金融因素对于经济增长路径选择的影响，反映了经济增长率取决于资本边际生产率 A、储蓄率 S、储蓄向投资转化的比率 θ 及折旧率 δ。经济增长率同资本边际生产率、储蓄率、储蓄向投资转化的比率呈正相关[1]，民间金融资源的有效配置和开发有利于提高经济增长率，而民间融资繁荣的江浙一带经济增长率比较高也印证了这一点。反之，中西部地区民间融资无论规模还是数量都较少也影响了经济增长率的提高。

"罗默模型"理论 A 模型如下式所示。

$$\frac{\Delta Y_{t+1}}{Y_{t+1}} = AS\theta - \delta$$

（2）拓宽了公民的投资渠道，增加了公民的财产性收入。

财产性收入是居民收入的重要组成部分，是衡量居民富裕程度的指标之一。党的十八大报告明确提出要增加居民的财产性收入。随着经济的发展，我国居民收入日益增加，广大城乡居民手中拥有大量的闲置资金，居民迫切需要广泛的投资渠道。民间融资形式灵活、门槛低等特点

---

① 参见牛荣：《陕西省农户借贷行为研究》，中国金融出版社 2015 年版，第 21 页。

迎合了部分居民的投资需要，增加了居民的财产性收入。

（3）有利于分散金融风险。

我国金融领域实行政府管制。"管制是由国家等公共机构通过制定和实施一套具有权威性的法律规则来调整可能造成负面影响的社会行为。"① 经验表明，"如果市场不是完全可竞争的，掠夺行为可能存在"②。被管制利益集团通过多种手段和某些特殊活动来影响政府管制立法与政策的形成和运行并参与相关利益的分配，被授予风险管制权的国家立法机关可能在管制过程中偏离原本应当坚持的公共利益和立法目标，与被管制者形成利益共同体，为被管制者提供保护的同时也分享利益。立法者长期以来存在的非理性偏好问题和有限理性加剧了这一点③，基于防范和化解金融风险的考量而对民间融资进行过度打压。

历史和现实都表明，资本市场既具有优化资源配置的功能，也具有使风险流动的功能。④ 正规金融机构存在着"累积"的风险。2008 年金融危机初起时，美国联邦监管部门认定房利美、房地美等金融机构经营出现问题，但因其规模过大，政府害怕其倒闭，因而出手拯救，但是拯救"规模过大以至于不能倒闭"公司的行为却违背了市场原则；而如果任由大金融机构倒闭，则易引发更大的金融风险，后来监管部门允许雷曼兄弟公司倒闭，引发金融海啸席卷整个市场和经济，实践证明"大而不倒"金融机构的金融风险使决策层和监管层"骑虎难下"，其隐藏的风险对整个社会和经济的影响都是巨大的，而建立规范有序的多元化融资机制能化解和分散银行风险，因为资本市场能通过其"流动"性从而降低、分散风险。

---

① 杨炳霖：《回应性管制——以安全生产为例的管制法和社会学研究》，知识产权出版社 2012 年版，第 8 页。

② John. S. dodgson, Y. Katsoulacos. Competition, contestability and predation: The economics of competition in deregulated bus markets. *Transportation Planning and Technology*, Vol. 15, 1991, P. 263.

③ 有限理性的概念最初是阿罗提出的，是指介于完全理性和非完全理性之间的在一定限制下的理性。有限理性是为抓住问题的本质而简化决策变量的条件下表现出来的理性行为。阿罗认为有限理性就是人的行为"即是有意识地理性的，但这种理性又是有限的"。详见 https://baike.so.com/doc/5982341 - 6195306.html，访问时间：2024 年 9 月 12 日。

④ Wight B. Crane. *The Global Financial System: A Functional Perspective*. New York: Harvard Business School Press, 1995, pp. 65 - 66。

同时民间融资还有社会关系投资的功能和促进社会信用意识提高的作用。

2. 民间融资的负面功能

民间融资由于其民间性和自发性，同时在其发展过程中缺乏相应的有效金融监管，也不可避免地产生负面作用。

（1）影响国家宏观调控的效果。

由于民间融资的内生性、隐蔽性，使得相当一部分资金需求呈现出隐性化，政府货币监管部门无法获得全面、准确的市场信息，从而影响宏观决策的准确性，抵消国家信贷政策。

（2）加重企业负担，造成国家税利流失。

民间融资虽然短时间内可解决企业发展的"燃眉之急"，但高昂的利息也成为中小企业发展的沉重负担，成为民间融资饱受诟病的"罪魁祸首"。同时，民间融资具有"隐蔽性"，出于风险和资金安全的考虑，融资者大都不申报、不登记，客观上也减少了国家的税收来源。

（3）容易引发赌博、上访、聚众冲击国家机关等群体性事件，影响社会稳定。

民间融资由于自发形成，往往具有隐秘性，再加上长期以来不为金融监管当局认可，资金极易脱离实体经济，进入赌场等"无本万利"的领域，引发大量的赌博、黑社会犯罪等。当因民间融资资金链断裂引发民营企业主"跑路"时，收不回集资款的集资群众往往选择以上访的方式寻求救济，将泄愤的目标对准当地公、检、法和政府机关，从而引发聚众冲击国家机关等群体性事件，严重影响当地社会稳定。事实表明，涉众型非法集资犯罪追赃维稳任务艰巨。

通过比较不同历史阶段中国民间融资发展的历史背景、制度政策、作用等可以看到，民间融资在中国市场经济中尤其是改革开放以来发挥了重要的作用。在影响民间融资发展的众多因素中，制度环境尤其是刑事法律制度作用巨大，而影响其制度环境的关键因素是民间融资的合法性地位。长期以来，民间融资的法律制度环境沿着"民间融资贡献—意识形态突破—法律地位上升"的路径变迁。每次民间融资制度环境的改善，无不以党和政府在意识形态上的突破和对民间融资的肯定为前提。在当代中国，民间融资发挥了重大的作用，解决了政府难以解决的社会问题，民间融资不可替代的社会贡献是其意识形态领域突破进而法律地位上升并取得合法性的重要基础，更是其法益侵害性判断的重要基准。

根据布迪厄的场域理论，民间融资的刑法规制包含了民间融资参与者、正规金融机构、司法机关、立法者等主体之间的互动，充满着各种力量，核心是刑罚权力的竞争和争夺。在这样的场域斗争中，正当化原则的竞争尤为重要。立法者和正规金融机构处于支配地位，力主维护现有格局，处于被支配地位的民间融资者则竭力改变场域中的力量格局。对民间融资的认识应当在意识形态方面、法律方面有新的突破，并对民间融资法益侵害性进行正确解读，而刑法规制的对象只能是具有法益侵害性的民间融资行为。

二、法益理论下民间融资犯罪行为类型化

要在价值判断的基础上对民间融资行为做类型化划分。法益以主体为标准分为国家法益、社会法益和个人法益三类。国家法益有明显的政治性，社会法益因为是任何社会所必备的，因而表面呈现出"中立"的色彩，但同时其范围和实现与否与社会的法治文明程度息息相关，必定在国家法益和个人法益之间摇摆。个人利益并不仅仅是个人之主体性的表现，它本身与社会相交叉并构成社会利益的一部分，个人利益与集体利益、普遍利益的矛盾不可能由某一种利益单方面扩大或取代，只能由客观社会发展条件来解决。[①]"把妨碍国家利益或社会利益的不良行为作为刑罚规制的对象，应当以国民的欲求为基础，而不是以国家或社会的欲求为基础。"[②] 换言之，妨碍国家利益的不良行为最终会与妨害国民利益联系在一起，才能运用刑罚进行制裁。

在法益理论下，刑法规制的对象应当是侵害国家法益、社会法益、个人法益三者之一或者兼而有之的民间融资行为。在金融管理本位下，现行刑法将民间融资犯罪分为破坏金融管理秩序类犯罪与融资诈骗罪（集资诈骗罪），此种分类背离了法益的分类机能，而且抹杀了民间融资的权利属性。有学者早就提出"金融诈骗犯罪"属于"破坏金融交

---

① 谢鹏程：《基本法律价值》，山东人民出版社 2000 年版，第 13～14 页。

② ［日］西原春夫：《刑法的根基与哲学》，顾肖荣等译，法律出版社 2004 年版，第104 页。

易秩序罪"。① 其核心论点认为侵犯金融管理秩序犯罪行为是金融管理本位的产物，而金融交易秩序是金融市场的关键，故破坏金融交易秩序犯罪是金融犯罪的核心，所以金融犯罪应当分为破坏金融交易秩序罪与破坏金融管理秩序罪的模式，但没有提供具体的分类方法。又有学者认为金融市场规则可以分为交易规则与管理规则，并由此形成市场交易秩序和市场管理秩序。② 交易秩序强调交易平等主体之间的双向互动关系；管理秩序则强调管理者与被管理者之间的不对等性，行为在违背交易秩序的同时违背了管理秩序。但是存在没有违反交易规则但管理规则遭到破坏的情形，故将金融犯罪分为破坏金融交易秩序罪与破坏金融管理秩序罪。这两种分类都是从市场角度进行的区分。笔者以为，民间融资属于金融活动，金融是交易本位的，从事民间融资交易的是出借人和融入方，两者地位一般是平等的，从交易双方的角度出发，可能存在交易一方对另一方的侵害。故民间融资犯罪所侵犯的法益既可能是现行金融融通秩序即金融管理秩序，也可能是侵害交易相对方的财产权利，打击民间融资犯罪即为保护民间金融市场秩序。因此，民间融资犯罪应当分为侵害金融管理秩序罪与侵害交易相对方财产权利罪。

三、民间融资刑法规制的具体路径

民间融资的犯罪化界限问题长期以来是个比较模糊的问题。有学者提出不妨另辟蹊径，以适当的方式规定"什么样的行为不属于犯罪"的方式出罪，从而给民间融资开辟合法化空间。③ 还有学者提出将非法集资分为诈骗型集资、投资型集资和生产型集资进行规制。④ 上述建议有一定的道理，但并没有从根本上和全面地解决民间融资的犯罪化界限问题。

笔者以为，应当在尊重和承认民间融资权利的基础上，落实融资自

---

① 参见刘远：《金融欺诈犯罪的概念及其应用》，引自赵秉志主编：《刑法论丛》第 13 卷，法律出版社 2008 年版，第 384～397 页。

② 参见刘远：《金融欺诈犯罪立法原理与完善》，法律出版社 2010 年版，第 10～11 页。

③ 毛玲玲：《金融犯罪的实证研究——金融领域的刑法规范与司法制度反思》，法律出版社 2014 年版，第 88 页。

④ 参见叶良芳：《总体国家安全观视域下非法集资的刑法治理检视》，载于《政治与法律》2022 年第 2 期，第 56 页。

由、融资平等、融资民主，保障融资权利的充分行使；准确解读民间融资的法益侵害性并创立新的刑法规制路径使其在法治的轨道运行。民间融资犯罪行为存在着诸多表现形式，但对刑事犯罪和刑事处罚有意义的是类型化的民间融资犯罪行为。民间融资犯罪行为的类型化，是指对于民间融资领域犯罪行为，根据融资行为的特征进行整合归入不同的类型，由刑法运用相应的罪名进行规制。类型化的过程是对民间融资犯罪行为进行归纳与演绎的过程。

将法益保护作为犯罪行为判断的工具，其具体的判断法则为：一是没有法益侵害的行为不能进行刑法评价。根据法益侵害说，犯罪的本质是具有法益侵害的行为。对于民间融资行为的入罪，必须是侵犯了刑法所保护的利益，如果民间融资行为没有侵害刑法保护的利益，则不是犯罪，不能用刑法进行评价。二是脱离刑法规范的行为，即使有法益侵害，也不能做有罪判断。现代社会纷繁复杂，随着社会和科技的发展，风险日益增加。相对于传统社会而言，造成法益侵害的行为日益增多。根据罪刑法定原则，有法益侵害的行为并不必然是犯罪，只有刑法明文规定是犯罪的，才有可能进入刑法规制的视野，正所谓在刑法范围之外的行为即使法益侵害性再大，也不构成犯罪。因而在确定民间融资刑法规制立场时，必须以民间融资行为的法益侵害性为核心，结合以下四个不同的评价层次，进行具体的讨论。

（一）区分民间融资犯罪行为与民间融资伴生犯罪行为的刑法评价

利用法益的区分功能，可以将民间融资的刑法规制分为民间融资犯罪行为与民间融资伴生犯罪行为的刑法评价。前者由民间融资自身行为构成，后者是在民间融资过程中产生的犯罪行为。在具体讨论民间融资刑法规制时要明确区分民间融资犯罪行为和民间融资伴生犯罪行为的刑法评价。民间融资行为虽然是影响行为社会危害性的因素，但是，从法益侵害应当限定在由实行行为直接引起的法益损害结果或者法益损害危险的角度看，民间融资伴生犯罪行为的法益危害性，并非民间融资行为自身固有的法益侵害性。因此，在讨论民间融资行为是否侵害法益，侵害何种法益之际，必须区分开民间融资犯罪行为和民间融资伴生犯罪行为的刑法评价之不同。

民间融资双方都很容易因民间融资衍生出各种各样的犯罪，例如民间融资的出借人为了让借款者还款常常采取跟踪、骚扰、威胁、恐吓，严重的情况还可能触及非法拘禁、敲诈勒索、故意伤害等违法犯罪行为，这样的情况在现实生活中并不鲜见。对民间融资持否定论的观点认为，民间融资容易衍生出暴力犯罪、涉黑犯罪等各种各样的犯罪，从而具有法益侵害性。虽然民间融资行为容易衍生其他犯罪，但是这些行为不属于其行为的本质特征，不能将这一内容直接作为民间融资行为是否入罪的评价根据。考虑某一行为是否应受刑法规制关键在于围绕着行为本身的法益侵害性是否达到动用刑法的严重程度进行判断，因此不能将两者混在一起，更不能直接以后者的法益侵害性否定民间融资行为的正当性和合理性，应当对两者进行独立的刑法评价。

（二）区分侵害交易相对方财产权利的民间融资行为与侵害金融管理秩序的民间融资行为的刑法评价

　　刑法打击的对象是民间融资犯罪行为。人的行为是有目的和原因的，不当行为的核心或基本类型将指引人的行为通向罪恶。基于法益侵害性的犯罪区分功能和处罚的妥当性，采用适度抽象的刑法类型化思维可以将刑法上的民间融资犯罪行为进行区分，并设置不同的刑法规制方案，概括为侵害金融管理秩序犯罪和侵害交易相对方财产权利犯罪两类。前者直接侵害国家金融管理制度，没有对交易相对人财产的侵犯。而侵害交易相对方财产权利犯罪是对融资交易相对方财产权利的侵犯。金融管理秩序的维护主要依靠行政法律法规，而财产权利的维护主要依靠民商事法律规范。因此，可以将民间融资犯罪区分为侵害金融管理秩序犯罪和侵害交易相对方财产权利犯罪两类，两者的规制路径是不同的。

　　侵害金融管理秩序的民间融资行为入罪应当遵循法定犯的入罪路径——立罪至后①，只有违反刑法前置法即金融法的规定，具有行政违法性的民间融资行为才有可能具有刑事违法性，从而进入刑法规制的视野。如果没有违反金融法的规定，则不能运用刑法进行规制，并且要进行轻罪化、免罪化、轻刑化和非刑罚处遇。侵害交易相对方财产权利的民间融资犯罪行为是实害犯或结果犯，其危害性大，具有连锁反应并易

---

　　① 参见胡启龙：《金融刑法立罪逻辑论——以金融刑法修正为例》，载于《中国法学》2009年第6期，第76页。

引起社会秩序震荡。①

（三）区分侵害单一法益的民间融资行为与侵害复合法益的民间融资行为的刑法评价

前者指只侵害单一法益的民间融资犯罪行为，如前者所述的侵害交易相对方财产权利的行为和侵害金融管理秩序的民间融资犯罪行为。后者是指在民间融资过程中实施的侵害多重法益的行为，即既侵害交易相对方财产权利又侵害金融管理秩序的民间融资行为。

（四）区分欺诈型民间融资行为与非欺诈型民间融资行为的刑法评价

笔者认为，在融资过程中采用欺诈的手段，如不提供真实、全面、准确的信息即扭曲的信息同样会使相对人产生错误认识，也对资金安全和信用安全造成了侵害。在侵害金融管理秩序的民间融资犯罪中，根据融资的手段是否具有欺诈性，对侵害金融管理秩序的融资行为进行区分，分为欺诈型民间融资行为和非欺诈型民间融资行为，并区别对待。

民间融资刑法规制分类如图 2－1 所示。

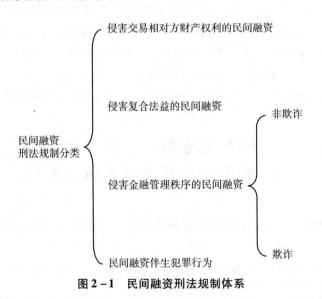

图 2－1　民间融资刑法规制体系

① 参见王利宾：《论民间融资刑法规制的基本立场》，载于《学术研究》2019 年第 6 期，第 86 页。

第三章 侵害交易相对方财产权利的民间融资行为的刑法规制

　　财产是人们生产生活的基本条件和保障。获得、保护和扩大财产权利要靠法律来保证。没有制度和法律的保证，财产权利就是一句空话。西方学者认为欺诈有四个决定因素，即"经济环境、治理和控制、个人特征和监管"[1]，强调法律治理和控制的重要性。社会主义国家保护公民和企业个人的合法财产权利，体现了社会的公平和正义。而刑法是保护公民合法财产权利的重要内容，应当是为法益保护服务的。[2] 罗克辛教授也认为，法益是社会整体制度范围之内的一种现实或者目标设定，它对个人及其自由发展或者制度本身均有助益。[3] 尽管在本质上，民间融资是公民的融资权利，国家一般不应干涉，但任何权利的行使都要遵循一个基本的原则，即不损害他人的合法利益。如果这种私人权利损害他人合法利益，具有严重的法益侵害性，刑法作为调整社会关系、维护社会秩序的最后手段，理应对此行为进行有效规制，实现对犯罪行为的精准打击。

第一节 侵害交易相对方财产权利的民间融资行为刑法规制的正当性

　　民间融资具有资本的逐利性和盲目性，其融资手段让人眼花缭乱，

---

　　① Hugo van Driel. Financial fraud, scandals, and regulation: A conceptual framework and literature review. *Business History*, Vol. 61, 2019, P. 1267.

　　② ［德］雅各布斯:《刑法保护什么:法益还是规范适用?》，王世洲译，载于《比较法研究》2004 年第 1 期，第 96 页。

　　③ ［德］克劳斯·罗克辛:《德国刑法学总论》(第 1 卷)，王世洲译，法律出版社 2005 年版，第 15 页。

而民间融资的野蛮扩张往往处于政府的有效监管之外，因此难免会出现以诈骗、庞氏骗局等非法手段聚敛钱财的情况，严重侵害群众的财产权利，影响社会稳定发展，需要刑法进行规制。

一、侵害了交易相对方的财产权利

在民间融资中，最常见的法益侵害行为就是侵害交易相对方财产权利的融资行为。如犯罪分子利用群众想通过种、养殖发家致富的心理，以高额回报为诱饵，通过夸大、虚假宣传种、养殖经营状况等方式骗取钱财，如唐亚南集资诈骗案。[1] 新兴的互联网络平台采用庞氏骗局模式，给上万投资者造成了巨大的经济损失，损害了投资人的合法权益，比较典型的案例如 2015 年"e 租宝"事件；有的犯罪分子以委托理财的方式，利用老百姓追求资产收益和投资的心理，以高额回报或者分红为诱饵向公众吸收资金，为兑现承诺"拆东墙补西墙"，最终资金链断裂"跑路"，造成投资者财产损失；还有的出资人幻想集中资金优势获取更高的投资收益，但实际上嫌疑人为了获取高额利润，往往改变约定的资金用途或者将其投入高风险的投资领域，出现血本无归的情况。随着中国社会的老龄化，广大老年人对现有资产"保本升值"的需求也逐渐提升。不法分子以提供"养老服务"的名义，以高额回报为诱饵，采取办理贵宾卡、会员卡等方式，或者以销售"老年产品""理财产品""保健产品"名义向老年人进行虚假或者引人误解的商业宣传，骗取老年人养老钱和血汗钱。民间融资提供了更多的融资渠道，具有普惠金融的性质，但是也为不法分子提供了犯罪的空间，刑法既要保护融资权利的正常行使，更要避免融资权利行使对交易相对方财产权利的侵害，从而使民众依法行使融资权利，实现社会公正。

把握民间融资的法益侵害性，要正确区分民间融资正常业务经营过程中的风险损失和刑法意义上的损害。[2] 民间融资作为一种金融活动，风险和收益并存。正常金融活动造成的损失不是刑法意义上的损害，其

---

① 《最高人民法院发布四起集资诈骗犯罪典型案例》，https://www.falv119.net/xing-shianli/shenpanzhidaoanli/n984.html，访问时间：2022 年 7 月 10 日。

② 参见乔青、张绍谦：《刑法谦抑理论下金融犯罪圈的界定》，载于《湖南科技大学学报》（社会科学版）2019 年第 4 期，第 104 页。

行为不能认定为刑法上的犯罪行为。纳入刑事法规制视野的应当是行为人在自己主观故意支配下实施的金融行为，或是使自己获得了不正当的利益并导致其他融资参与主体利益损失的民间融资行为。

二、刑法前置法不足以有效规制

私有财产是国民经济的重要组成部分，现代国家强调保护私有财产权，"财产权是保证每一个经济主体追求自利最大化的基础"①。私有财产权受到保护是公民的基本权利，也是法治社会的必然要求。

民间融资侵害的最重要的法益是市场经济环境下融资参与主体的财产权利。法律对侵害交易相对方财产权利犯罪行为的规制路径是"民商法规范→行政法规范→刑法规范。"

民法典明确规定保护所有权，在民事、交易活动中坚持平等、意思自治、公平原则、诚实信用原则等原则。侵害交易相对方财产权利的民间融资犯罪行为应当是首先违反了民商法规范，才能进入刑法的评价视野。民商法规范强调私力救济，基于融资双方的合意而进行的融资行为，如果一方没有寻求司法机关的干预，则公权力不宜主动干预。没有违反民商法规范的不能进入刑法规制的视野。

缺乏调整民间融资的行政法规，《治安管理处罚法》只规定了与社会秩序有关的问题。如果民间融资行为并没有违反行政法律法规或者前置法里并没有规定，则无论如何也不能进入刑法评价的视野。

因此，只有刑法前置法不足以有效规制的民间融资行为才能进入刑法规制的视野。

第二节　侵害交易相对方财产权利的民间融资行为的刑法评价

在民间融资中，侵害交易相对方财产利益行为主要表现为以非法占有为目的的侵犯对方的财产权利，如一对一的民间融资、一对多的民间融资、多对多的民间融资等形式。在一对一的民间融资中，如果融入方具有非法占有目的而进行融资，有诈骗罪、敲诈勒索罪等罪名进行规制，

① 王方玉：《人权视野下的经济权利研究》，北京大学出版社2015年版，第148页。

并无争议。容易引起争议的就是一对多、多对多的民间融资形式，因为跨越了私法的界限而进入金融监管的视野，并且认为对现行金融管理秩序造成侵害，对于此种侵害交易相对方财产权利的民间融资行为适用的罪名主要是集资诈骗罪，且容易引发群体性事件，如 2018 年众多互联网金融平台"爆雷"导致 60 多万人被骗 700 多亿元。[①]

一、集资诈骗罪的适用限缩

一对多、多对多的民间融资形式，其本质上是多个一对一的民间融资形式的集合。对于其中存在的侵害交易相对方财产权利的行为一般适用集资诈骗罪。学界一般认为，集资诈骗罪侵害的法益包括公私财产所有权和国家金融管理秩序。笔者以为，对于此类行为侵害的法益有探讨的必要。

毫无疑问，此类行为侵犯了公私财产所有权，问题在于是否侵害了金融管理秩序？不合理的金融管理秩序不应当是刑法保护的法益。如果说集资诈骗罪有侵害金融管理秩序的话，也是侵害的正规金融机构固有的吸收公众存款的融资权利，而作为融资权利，公民和企业同样都应当享有，不应当为正规金融机构独享。这一不合理的金融管理秩序不应当成为刑法所保护的法益，自然也不存在是集资诈骗罪侵犯的法益之说；日本在"二战"后经济刑法保护的重点也不是抽象的经济秩序。我国也有学者提出此类行为侵犯的法益在序位上存在着先后，即公私财产所有权优先于国家金融管理秩序。[②] 因此，基于民间融资的权利属性，一对多、多对多的民间融资行为如果是交易双方真实合法的意思表示，应当是合法行为，刑法不应当干预。如果其中存在侵害交易相对方财产权利的行为刑法才有规制的必要。故而将适用的主要罪名——集资诈骗罪放在本章讨论。在司法实践中，集资诈骗罪的适用出现了构成要件模糊、司法解释扩大化、刑罚过重等问题，严重抑制了民间融资权利的正常行使。因此，对本罪的构成要件进行准确界定，限缩其适用范围就成

---

① 《P2P 平台"爆雷" 60 多万人被骗 700 多亿　揭集资诈骗内幕》，https：//finance. si-na. com. cn/chanjing/cyxw/2019 – 02 –21/doc – ihrfqzka7709063. shtml，2019 年 2 月 21 日，访问时间：2022 年 7 月 7 日。

② 李赪：《集资诈骗罪的保护法益探析》，载于《中州学刊》2015 年第 2 期，第 70 页。

为当务之急。

（一）集资诈骗罪构成要件的解释

1. 正面准确解释"以非法占有为目的"

鉴于司法解释在认定"非法占有目的"的方法上体现的种种弊端，学界也对该问题进行了积极的探索，提出了如"三点一线法""主客观结合法""综合排除法""九种联系法""反推标准法"等观点。[①] 根据我国刑法理论及司法实践，集资诈骗罪的"非法占有目的"应当解释为"排除所有权并长久占有"，也就是说，刑法上的"非法占有"意味着行为人不仅侵犯他人的占有权，而且意在通过侵犯他人的占有权进而实现侵犯他人的所有权，要防止把没有破坏所有权和并非带有永久占有目的的行为犯罪化，避免集资诈骗罪适用的扩大化。

（1）就"非法占有目的"产生的时间而言，应当严格遵循故意犯罪和犯罪既遂状态的标准，以犯罪故意产生的时间为认定的标准，将实施犯罪前产生的故意、犯罪中产生的故意和犯罪后产生的故意区别对待，严格限定"非法占有目的"只存在于犯罪前和犯罪中。"事中非法占有"是指在行为人实施非法集资诈骗行为取得他人财物的过程中产生"非法占有目的"。"事后的非法占有目的"是否构成集资诈骗罪？笔者认为，根据行为与责任同时存在的原则和主客观相统一原理，行为的主观罪过和目的必须与行为同时存在，行为人只对在有责任能力的状态下所实施的行为及其结果承担责任。因此在认定"非法占有目的"的时候，不能将行为人事后产生的"非法占有目的"追溯到行为人当时的行为，进而认定构成集资诈骗罪。同时也要坚决摒弃唯结果论——客观认定模式，对于没有将资金挥霍或者并没有用于非法犯罪活动的行为人，虽然暂时没有返还资金，但应当作无罪化处理。

（2）非法占有目的的认定增加"反推"机制。[②] 要警惕过度运用司法推定扩大"以非法占有为目的"的范围。应当查明集资的基础事实

---

① 参见胡启忠：《集资诈骗罪"非法占有目的"认定标准的局限与完善》，载于《法治研究》2015 年第 5 期，第 92 页。

② 胡启忠：《集资诈骗罪"非法占有"目的认定标准的局限与完善》，载于《法治研究》2015 年第 5 期，第 88～90 页。

的客观性和真实性从而认定犯罪目的，如果基础事实是客观真实，并且没有其他相反事实加以反驳和否定，那么根据基础事实和推定事由之间采用合乎常情、常理和常识的推断方法进行论证，司法推定只能作为补充手段而不能作为主要手段。当前的司法实践注重从正面推定犯罪事实，而忽视了对非罪事实的推定，司法实践中确实存在着资金"无法返还"或"拒不返还"但行为人仍可能不具有"非法占有"目的的事实，如为正常生产经营的需要向相对固定的人员筹集资金，因客观困难（亏损或资金周转困难）而未能及时兑付的应作为民间借贷处理，而不能认定为犯罪。因此，既要兼顾从正面推定构成要件的存在，同时辅之以证伪手段的合理使用，如允许行为人提出反证和出罪基础事实的论证。

"非法占有目的"的认定需要正推与反推相结合，肯定性推定意在指控，否定性推定意在辩护。正推以具有盖然性的结论为根据进行推论，大概率是正确的，但推论出的案件事实可能被某些相反的例外情况证伪，推论的结果不可能100%达到"排除合理怀疑"的证明标准，反推则可以弥补正推本身的不足。是故，正推和反推相结合保证"非法占有目的"认定的准确性。另外，从刑事诉讼角度讲，这也利于保护被告人的辩护权利，实现控辩平衡。正推有利于控方，反推对被告人有利，应当赋予被告人反推的权利。应明确集资款"无法返还"的原因，如司法解释中增加非预见事件、不可抗力、因遭遇人身安全威胁携款逃匿而暂时不能返还欠款、因将集资款投入生产而无法收回成本与因经营不善而破产导致款项无法返还的可能性等情形，将其排除在"非法占有目的"之外。应当在行为人将集资款用于个人消费或挥霍的比例达到其集资总额的1/2时，才可能考虑认定具有"非法占有目的"。

（3）需要辨清"非法占有目的"和"故意"的关系，两者都是犯罪构成要件的主观方面。我国刑法有些财产犯罪的条文明确规定"故意"和"非法占有为目的"是主观构成要件，而有些罪名只规定了"故意"，却没有另行规定"非法占有为目的"。关于两者的关系有三种观点：第一种观点认为，"非法占有目的"是独立于"故意"的主观超过要素，是犯罪的主观构成要件。第二种观点认为，"故意"包括了"非法占有目的"。第三种观点把"非法占有目的"分为两部分，一部分是"故意"包含了的可以客观化的"非法目的",此"非法目的"不属于犯罪构成要件的条件;另一部分是不可客观化的"非法占有目的",也是"故意"包含不了的,此种"非法占有目的"是犯罪构成要件之一。① 笔者同意第一种观点,基于集资诈骗罪的罪状表述,"以非法占有为目的"独立于犯罪故意且属于主观的超过要素。集资诈骗罪是目的犯,该罪的成立要求行为具有特定的目的,即行为人对犯罪目的一直持希望态度,特定的犯罪目的一直指引着行为人的意志心理,从而支配行为导致犯罪结果的发生。换言之,行为人不仅要有对符合客观构成要件的事实的明确认识,还要具备特别犯罪目的,这也符合我国刑法学界的通识,因此,集资诈骗罪构成要件的主观方面包含"故意"和"非法占有目的"。

2. "诈骗"的认定

集资诈骗罪的另一关键问题是"诈骗"的认定。应当说,集资诈骗罪本质上是诈骗。何谓"诈骗方法"?学界有"指向说"、"占有说"②、"交付说"、"损失说"等不同的观点。根据我国刑法学界的通识,"诈骗方法"就是虚构事实,隐瞒真相,根据《最高人民法院审理诈骗案件具体应用法律的若干问题的解释》第三条第二款规定,"诈骗方法"是指行为人采取虚构集资用途,以虚假的证明文件和高回报率为诱饵,骗取集资款的手段。张明楷教授认为,诈骗过程是"行为人使用欺骗行为—对方(受骗方)产生错误认识—对方基于错误认识处分财产—行为人或第三人取得财产—被害人遭受财产损失"③。刘远教授认为,诈骗方法是行为人以非法获利为目的,用虚构事实或隐瞒真相的方法,使被害人陷于认识错误或持续陷于认识错误,因而自动地向行为人或其指定的第三人付出一定的利益,触犯刑法并应当负刑事责任的行为。④ 诈骗犯罪是结果犯,行为人如果实施了诈骗行为,也获取了他人的财物,但他人不是基于错误认识而交付财物的,不能认为是诈骗罪既遂。在民间融资过程中,应当审慎地认定"诈骗"的要素:一是看融

① 参见杨晓培:《财产犯罪中非法占有目的之必要》,载于《江西社会科学》2015年第12期,第157~158页。

② 参见金凯主编:《侵犯财产罪新论》,知识出版社1988年版,第229页。

③ 张明楷主编:《刑法学》,法律出版社2007年版,第735页。

④ 刘远:《金融诈骗罪研究》,中国人民大学博士学位论文,1999年,第19页。

资人有无实施诈骗行为，二是看出资人有无陷入错误的认识而自愿交付财物，即看出资人对于某一事项"不知"或"误解"，如果两者都不存在或者仅具备一点，则不能认定集资诈骗罪的存在。如果出资人和融资人都对借款风险和回报有明确的认识，借款人的高息是为自身渡过难关，而出资人也不是基于错误的认识而交付财物，往往是在经过仔细的风险和收益计算之后认为能够收回本息，因此难言存在有意的"骗"和无意的"被骗"，故而不能认定为"诈骗"。① 毕竟生活领域和投资、投机领域的法对"诈骗"的标准是不一样的，对于一般大众生活领域内的利益是受到刑法的严格保护的，对于"欺诈"的容忍度最低。而金融活动尤其是投资或投机本身就是风险行为，总是多多少少伴随着欺诈，自然"诈骗"的认定标准要高于生活，因此对于投资者而言，没人会将在炒股过程中受到的正常损失认为是诈骗。这意味着，对于一个民间融资行为来说，从形式上看具备了民事合同的外壳，但实质上并不符合民事行为的构成要件，融入方和出资人之间根本就没有形成所谓的"合意"时，才构成刑法中的"诈骗"。反之，如果融资行为中存在虚假或过度夸张的信息，如融资人意图通过高额利润为诱饵，骗取对方钱财，只要出借人明知却仍然愿意与之达成"合意"，就不能认定为"诈骗"。因为在此种情况下出借人是自愿选择承担由合同带来的风险，融资合同是双方真实的意思表示，不成立"诈骗"。② 要明确：举债本身不是骗局，投资失败不构成诈骗；投资回报高不构成诈骗；借新钱还旧债也不是诈骗。③ 民间融资中的"诈骗"特征是融资人故意、反复、长期、系统地向出资人谎报其经营所得和还款来源。其关键点包括：一是融资人的还款究竟来自正常经营的利润，还是新的借债，即"借新还旧"。二是出资人在作出出借决定时，究竟是明确地清楚、了解融资人的财务运作模式，还是受到故意的蒙骗。④ 关键在于融资双方的信息对称与否。若出资者能够获得集资者及融资的相关准确、完整信息，从而参与融资，则不能认定为诈骗。因此，《解释》中第四条规定就有探讨

① 叶良芳：《从吴英案看集资诈骗罪的司法认定》，引自刘宪权主编：《刑法学研究》（第9卷），上海人民出版社2012年版，第22～23页。

② 张珵：《民间集资行为异化为集资诈骗罪的分析研究》，载于《中国刑事法杂志》2013年第12期，第56页。

③ 薛兆丰：《经济学通识》，北京大学出版社2015年第2版，第332～333页。

④ 参见薛兆丰：《经济学通识》，北京大学出版社2015年第2版，第335页。

的必要：

（1）"集资后不用于生产经营活动或者用于生产经营活动与筹集资金规模明显不成比例，致使集资款不能返还的。"市场经济活动是瞬息万变的，行为人如果在集资后市场行情发生了变化，并未将集资款投入预定的生产经营活动，或者客观上有目前不适宜进行经营活动但为避免更大损失（因为要支付利息），集资者不得已将集资款借给他人，而他人却肆意挥霍或者携款潜逃，客观上导致集资者无法偿还，上述两种情形推定集资者具有"非法占有目的"构成集资诈骗罪是"事后故意"理论的典型体现，是客观归罪。

（2）"肆意挥霍集资款，致使集资款不能返还的。"应当承认，"肆意挥霍集资款"确实是"以非法占有为目的"的典型表现，在一定程度上能够证明行为人不想归还钱款，但不能一概而论。如集资人用集资款进行消费型投资，此举是为了在此投资中获得较高的收益，并具有偿还能力，则不能认定为"以非法占有为目的"。还有的集资人只是将集资款的一小部分用于挥霍，而大部分用于生产经营，同时具备偿还能力，则也不能认定为"以非法占有为目的"；也不排除有些人将大部分集资款用于挥霍，同时剩余的小部分集资款仍然具有还本付息的能力，也不宜认为"以非法占有为目的"。因此，此款应当通过司法解释进一步量化"肆意挥霍"的程度，并强调集资人失去了还款能力才能认定为"以非法占有为目的"。①

（3）"携带集资款逃匿的。"现实生活中确实存在集资后为非法占有而携带集资款逃跑的情况，但要具体分析：如有的集资人在正常生产经营失败后无法偿还集资款为求自保而携带较少的集资款逃跑的，不宜认定为"以非法占有为目的"。再如数人共同集资中，个别集资人为保全集资款而携带逃跑的，也不宜认定为诈骗，对此应当结合其他情况综合分析。

（4）行为人"将集资款用于违法犯罪活动的"，不能推定行为人具有非法占有的目的。"违法犯罪活动"包含的范围很广泛，既包括民事违法行为，也包括行政违法行为和刑事犯罪活动，其范围如何界定？如果集资人将集资款用于民事违法活动而并不违反刑法规定的情况就推定

---

① 参见卢勤忠：《非法集资犯罪刑法理论与实务》，上海人民出版社 2014 年版，第 130 ~ 131 页。

其具有"非法占有目的"显然不合适，有扩大犯罪圈之嫌。另外，如果集资人将集资款用于生产经营活动并想通过此种方式来获得高额利润回报出资人，但在生产经营过程中从事了违法犯罪活动，事后也能将集资款归还，也不宜将此种情况认定为"以非法占有为目的"。如借款人向出资人许诺高息，谎称将集资款用于生产高新技术产品，但实际上却用于生产假冒伪劣产品，行为人通过生产销售假冒伪劣产品而获利，如约将集资款本息归还，行为人生产销售假冒伪劣产品的行为自然是违法犯罪活动，但从集资的角度而言，难以认定其具备"非法占有"的目的。行为人只是"非法占用"而非"非法占有"，显然两者不能混同。

（5）"隐匿、销毁账目，或者搞假破产、假倒闭，逃避返还资金的"确实是常见的"以非法占有为目的"的典型表现，但也要注意并不能一概而论，在具体案件认定中还要注意此种行为和逃避返还资金的关联性。

（6）"其他可以认定非法占有目的的情形"是笼统性规定，过于抽象，应当细化具体的情形。应当增加规定："一是高价购买低价转让，随意处置集资款项的；二是背负巨额债务，在已经无法经营的情况下继续非法集资的；三是丧失集资款归还能力后，为拆补资金而继续非法集资的。"①

（二）增加阻却责任事由

违法性认识是指行为人对于自己的行为是违反刑法的认识。我国学界一般认为"不知法不免责"，现行刑法中也没有关于违法性认识的明文规定。但德国的立法和实务认为，责任的本质在于意志形成中的可谴责性，如果行为人没有违法性认识可能性，那么犯罪就不能成立。考察民间融资犯罪审判实践，有的辩护律师提出"缺乏违法性认识"的辩护意见，但大多数判决书中根本不予回应或者给予反驳，甚至有的判决书直接推定行为人具有违法性认识，个别判决书将其作为"从轻、减轻

---

① 参见 2015 年河南省高级人民法院、河南省人民检察院、河南省公安厅发布的《关于办理非法集资刑事案件适用法律若干问题的指导意见》的规定。

处理"的理由。① 2017 年最高人民检察院发布的《关于办理涉互联网金融犯罪案件有关问题座谈会纪要》基本排除了"违法性认识缺乏"的适用空间。但笔者以为，缺乏违法性认识应当成为阻却责任的事由。

民间融资在我国延续千年，民众早已习以为常，对于民间融资的相关法律法规认识更难以周全。我国现阶段"非法性"判断的标准和主体在不断发展变化：全国人大及常委会、国务院、有关金融监管部门，最高人民法院、最高人民检察院（以下简称"两高"）、公安部等频繁发布的法律、行政法规、司法解释、部门规章、实施细则、办法等规范性文件都是民间融资行为是否违法及犯罪的重要判断依据。由于标准多、更新快，要想让所有民众都及时了解、掌握是不现实的，认知行为违法的复杂难度加大。"在个人的知法负担大大加重的情况下，如果仍允许为维护秩序而由个人承担不知法的全部风险，未免苛刻。"② 当行为人不具有违法性认识时，自然无法以法规范指引自己的行为，也就不存在不违法的可能性。当行为人不具有违法性认识，民间融资又不可避免时，应当阻却责任③，从而避免民间融资的过度犯罪化。

（三）增设出罪路径

鉴于民间融资的权利属性，建议增加"能够按期归还的无罪"出罪路径。

在司法实践中，经常出现"法益恢复行为"，民间融资犯罪同样如此。保护法益是我国刑法的任务之一。虽然犯罪人实施犯罪行为破坏了法益，被处以刑罚，但如果行为人采取一定的方式修复受损的法益，使其恢复如初，刑罚就丧失了基础。因为犯罪人对受损的法益进行了修复，其规范违反性程度降低，可以进行轻刑化甚至出罪。在我国刑法及相关的司法解释中，逃税罪、拒不支付劳动报酬罪、挪用公款罪等存在类似的规定。如逃税罪规定，纳税人……税务机关下达追缴通知后，补缴应纳税款，缴纳滞纳金，已受行政处罚。（恢复性行为）不予追究刑

---

① 参见李兰英、傅以：《网络金融犯罪中违法性认识错误可避免的司法判断》，载于《南京大学学报》（哲学·人文科学·社会科学版）2021 年第 5 期，第 84 页。

② 劳东燕：《风险社会中的刑法：社会转型与刑法理论的变迁》，北京大学出版社 2015 年版，第 405~406 页。

③ 参见陈家林、姚畅：《违法性认识理论的本土化构建》，载于《湖北社会科学》2021 年第 12 期，第 132 页。

事责任（轻刑化）。

（1）从法益的救济来看：犯罪对被害人的法益造成了损害和剥夺。犯罪行为既遂后，仍处于刑法的保护范畴，而受传统的"先刑后民"思维的影响，怠于对被害人受损法益的保护和恢复。尤其是在犯罪人得到刑罚处罚后，很多犯罪人会觉得既然已经受到刑事处罚，则无论如何也不想把已经得到的财产返还给被害人；如果是被害人的财产被第三人善意取得，也不能进行追缴，所以对被害人财产权利保障不利。如果设置这样一个出罪条款，则可以激发犯罪人积极返还、补偿受害人所受到的财产权利损害，对破坏法益的修复很有益处，避免被害人受到"第二次伤害"。

（2）如果行为人实施法益恢复行为，从造成的结果看是"赎罪"，因此阻却了实质的违法并对行为人予以出罪。传统观点通常将犯罪分为既遂之前的行为和既遂之后的行为。既遂之前的行为对定罪和量刑有决定性作用，既遂之后的行为只对量刑有影响，将其与犯罪割裂进行考量，从而忽略了法益恢复行为对定罪量刑的影响。笔者以为，应当将民间融资类犯罪行为作为一个整体看待，既要看到其行为造成的危害，还要看到行为人的法益恢复行为。

（四）提高入罪标准

基于现在民间融资犯罪扩大化的现状，涉案集资金额巨大，《刑法》原来规定的入罪标准显然低了，要提高本罪入罪的标准。现有的追诉标准是：诈骗数额在 10 万元以上的，应当认定为"数额较大"；数额在 100 万元以上的，应当认定为"数额巨大"。这一规定将原来的标准进行了调整和细化，有一定的合理性。但笔者认为还不够。应当将集资诈骗罪的入罪标准提高 1 倍。其原因在于这一标准是 2010 年制定的，那时我国人均可支配收入为 19109 元[①]，而 2023 年全国居民人均可支配收入为 39218 元，翻了一番。相应的集资诈骗罪的入罪标准也应当调整，由原来的 10 万元调整为 20 万元，即个人进行集资诈骗，数额在 20 万元以上的，单位进行集资诈骗，数额在 200 万元以上的，应当认定为"数额较大"，并相应调整"数额巨大""数额特别巨大"的入罪标准。

[①]《2010 年中国城镇居民全年人均可支配收入 19109 元》，https://www.xiexiebang.com/a8/201905134/7348779ef250142b.html，访问时间：2024 年 9 月 14 日。

（五）重视被害人的过错

在刑事责任的评价上，往往忽略被害人因素，也往往忽视对犯罪整体行为和发生原因的全面分析。研究表明，"金融知识可以提供更好地区分真实信息和欺诈信息的技能，使个人更加关注欺诈风险，减少他们对欺诈性好得令人难以置信的骗局的相对无知，并使他们能够更有效地发现欺诈罪"[①]。事实上，"自愿被害人"的存在对涉众型犯罪的发生和发展起了至关重要的作用，如吴英案中的林卫平等人。因此在对集资诈骗犯罪人量刑时，既要从加害人即融入方角度考察其主客观方面，又要从被害人即出资人方面考察其与加害人即资金融入方的相互关系，因为在道德评价上，法定犯中的被害人往往是灰色或者处于模糊地带[②]，因此，只有关注被害人在犯罪中的作用才能更好地揭示犯罪。

被害人信条学认为，如果被害人由于对其法益的蔑视行为而造成社会危害，那么被害人是有责任的，被禁止实施这种有损社会危害的行为，即当被害人具有自我保护可能性却怠于保护自己，而造成损害结果的情况下，国家没有必要进行处罚。在评价体系不法成立与否的判断上既要审查行为人行为的应罚性，还需要考虑被害人在刑法上的应保护性和需保护性。关键看被害人是否具有自我保护可能性。[③] 罗克辛教授主张满足两个条件则无责：一是损害必须是被害人意识到的风险实现的结果；二是被害人对于风险具有同等的认知，可排除对行为人的归责。[④]

在大陆法系国家，被害人过错影响定罪的根据理论分为责任分担说和谴责性降低说两种观点。前者认为，犯罪行为部分是由被害人过错引起，则针对自己的过错应承担部分责任，从而得以减轻犯罪人的刑事责任。[⑤] 责任分担说从客观方面探寻被害人过错影响定罪的根据，是合理

---

① Christian Engels, Kamlesh Kumar, Dennis Philip. Financial Literacy and Fraud Detection. *The Europe Finance Magazine*, Vol. 26, 2020, P. 421.

② 参见宣刚：《刑事政策场域下的犯罪被害人研究》，南京师范大学博士学位论文，2015年，第113页。

③ 参见王焕婷、卢勤忠：《试析合决型被害人自陷风险的刑法归责》，引自赵秉志主编：《刑法论丛》，法律出版社2017年第3卷，第311页。

④ 参见王焕婷、卢勤忠：《试析合决型被害人自陷风险的刑法归责》，引自赵秉志主编：《刑法论丛》，法律出版社2017年第3卷，第320页。

⑤ 参见黄瑛琦：《被害人行为导入定罪机制研究》，法律出版社2011年版，第27页。

的。但存在着不考虑过错程度和未明确区分"责任"等缺陷。谴责性降低说认为，被害人的过错引起了犯罪人的犯罪意图，从而使得犯罪人的应谴责性降低，犯罪行为造成的社会危害减小，因而就减轻了犯罪人的刑事责任。谴责性降低说是从主观方面说明被害人过错减轻犯罪人刑事责任的根据，从而降低犯罪人的可谴责性，能够使被害人过错理论自治地融入刑法体系，具有合理性。笔者认为，两者皆有合理性，但同时都是片面的。如果将两者结合，则能从主观和客观方面揭示被害人的过错对定罪的影响，为减轻犯罪人的刑事责任提供主观和客观的理论依据。在英美法系国家，早在 19 世纪，英国当局和媒体就将个别欺诈案件主要归因于投资者的贪婪和天真，认为这些受害者不值得保护。[①] "人们可能会被不法顾问承诺的不可能的投资回报所诱惑，或者在风险评估中出错，欺诈者可能特别容易被这个市场吸引。"[②]

任何一个融资犯罪行为的发生，除了犯罪人的贪婪心理之外，出资人和融入方信息的不对称也是一个主要原因。双方信息不对称常见的理由在于融入方采用了"虚构事实、隐瞒真相"的手段。而笔者认为，不能忽略出资人的过错。因为，基于理性人的命题，出资人应当认识到自己实施行为的风险性，具有通常意义上的风险承担能力，并且应当意识到风险行为附带的结果。行为人所可能遭受的利益损害及判断风险现实化程度的能力依赖于被害人做出行为决策时的客观环境。正如考夫曼所说，"必须与生活事实进入一种关系，它们必须符合事物"[③]。任何一个人在做出相应的决策之时，会尽可能地收集对其决定具有重要性的信息，如果一个人没有这样做或者没有达到"信息充分性"的程度，则是对自我保护义务的违反，是应该自我负责的。"金融欺诈而言，这包括基于过度的内部信任的决策，以及取代尽职调查的普遍轻信。"[④] 而如果一个人信息欠缺的原因在于自己有能力收集和评价信息而没有做

---

① Hugo van Driel. Financial fraud, scandals, and regulation: A conceptual framework and literature review. *Business History*, Vol. 61, 2019, pp. 1271 – 1272.

② Johannes Hagen. Financial fraud and individual investment behavior. *Journal of Economic Behavior & Organization*, Vol. 203, 2022, pp. 593 – 594.

③ ［德］亚图·考夫曼：《类推与"事物本质"——兼论类型理论》，吴从周译，台湾学林文化事业有限公司 1999 年版，第 32 页。

④ Paul Manning. Exploiting the social fabric of networks: a social capital analysis of historical financial frauds. *Management & Organizational History*, Vol. 13, 2018, P. 211.

到，则应当由其自己对由此产生的结果——"信息欠缺"负责。纵观民间融资犯罪行为，出资人往往出于贪利心理，在出资之前要么不会去全面、系统地收集相关信息，要么选择性忽略出资的风险，没有审慎地考察融入方情况而盲目地做出决策，主要是由"信息欠缺"导致的行为，按照上述理论，此种信息欠缺及其后果应当主要由行为人自己负责。"（投资者）患有各种行为偏差，例如注意力不集中、现状偏差和拖延症，这可能使他们更容易受到欺诈。"① 甚至有的出资人对融入方的行为完全知情，但仍会主动找到融入方要求出借资金，融入方根本不需要采用虚构事实、隐瞒真相的方式就会借到很多钱。"集资诈骗罪出资人具有被害与加害性的双重身份特征。"② 明示的自甘风险属于被害人允诺的情形，允诺阻却违法为各国公认。③《防范和处置非法集资条例》第二十五条规定，因参与非法集资受到的损失，由集资参与人自行承担，也体现了上述精神。因此，要区分不同的被害人。

（1）在涉众型民间融资犯罪案件中，若"受害人"明知资金融入方的行为是非法的，但却抱着侥幸心理，或者为获得高额非法利益而遭受损失的，不是真正的实体意义上的被害人，只能作为证人参与诉讼活动。有些出资人基于贪利和投机心理，明知道存在着诈骗，但寄希望于政府为其买单或者出面挽救损失，有些出资人长期、反复、多次参与集资活动，梦想自己不成为最后的"接盘侠"。实际上是一种寻租行为，是利用他人的犯罪行为谋取形式合法却实质非法的个人利益，其实质不再是"被骗"，而是"自愿被害"，是利用法律的漏洞和政府的爱民行为实现个人利益的最大化，不是真正的被害人，此种情况可以排除集资诈骗罪的适用。④

（2）若"受害人"主观上确实不明知资金融入方行为具有非法性，为获取高额回报等利益而遭受侵害，才能以被害人的身份参与

---

① Johannes Hagen. Financial fraud and individual investment behavior. *Journal of Economic Behavior & Organization*, Vol. 203, 2022, pp. 593 - 594.

② 马晓萌：《集资诈骗罪中出资人风险分配研究》，华东政法大学硕士学位论文，2020年，第15页。

③ 参见徐彰：《民间借贷问题研究——以民刑交叉为视角》，东南大学博士学位论文，2016年，第101页。

④ 参见刘伟：《集资型金融犯罪刑法规制完善问题研究》，法律出版社2022年版，第82~83页。

诉讼。①

（3）设置成自诉案件。从刑法的谦抑性出发，一种行为的犯罪化，必须是在实证研究的基础上，在经过试错得出其他控制手段无效之后，才可以上升为犯罪。不能没有经过其他控制手段的试验或者因为行政管理太难或不具有利益为理由犯罪化。如意大利《刑法典》第 641 条规定，隐瞒自己的无支付能力状态，缔结契约并且意图不予履行的，如果该债契约未得到履行，经被害人告诉，处以 2 年以下有期徒刑或者 516 欧元以下罚金。在处罚之前对债契约的履行使犯罪消灭。很明显意大利刑法将诈骗罪的犯罪案件归入自诉案件，赋予被害人自诉的权利。葡萄牙刑法典第 217 条规定，"出于为自己或者第三人获取非法得利的目的，以诡计方法使他人对某些事实产生错误认识或者受欺骗，而使该人实施造成其本人或者另一人的财产损失的行为的，处不超过期 3 年监禁或者罚金。……对本罪，只能依据告诉提起追诉"②。刑法对民间融资进行干预时可以参照这一条，如果行为人实施民间融资行为能够积极弥补被害人的损失，并且接受国家行政处罚的，则可以不按照犯罪处罚，以体现刑法的自由保障机能。③ 只有在具体的法益侵害时才出面保护，其前提必须是有所谓的"被害人"报案，也就是说有民众"认为"民间融资行为损害了其合法财产权益，从而要求司法机关介入，而如果没有真正的被害人的报案，刑事司法机关则完全无权干预。

（六）配置轻缓的刑罚

集资诈骗罪的刑罚配置过重饱受诟病。凤凰网对吴英案的调查显示，87.5% 的受调查者反对对吴英适用死刑。④ 世界各国对于金融犯罪的刑罚配置较低。美国对经济犯罪主要适用监禁刑和罚金，经济犯罪最高可罚 20 年。英国刑法规定，"一个人若以永久剥夺他人某项财产为目的，通过诈骗不诚实地取得了该项财产，就构成一项最高处罚为 10 年

---

① 参见王昌昌：《涉众型经济犯罪中被害人权益保护的路径选择——以集资诈骗罪为视角》，载于《湖北师范大学》（哲学社会科学版）2021 年第 2 期，第 33 页。

② 《葡萄牙刑法典》，陈志军译，中国人民公安大学出版社 2010 年版，第 101 页。

③ 姜涛：《在秩序与自由之间：刑法父爱主义之提倡》，载于《江淮论坛》2015 年第 1 期，第 127 页。

④ 《凤凰网对吴英案的调查》，http：//blog.sina.com.cn/s/blog_47a4a35e0100xbi4.html，访问时间：2017 年 12 月 4 日。

监禁的犯罪"。《防止投资欺诈法》第 13 条规定投资欺诈的最高刑为 7 年监禁。意大利刑法对金融犯罪的规定没有死刑，也不适用终身监禁，而只是规定了有期徒刑。备受瞩目的美国麦道夫世纪诈骗案主犯麦道夫受到包括证券欺诈、洗钱等在内的 11 项刑事指控，也仅被法院判处 150 年有期徒刑。[①]

（1）对于集资诈骗罪而言，其法定刑的设置比照盗窃罪和普通诈骗罪，应低于盗窃罪、诈骗罪的处罚。2022 年 2 月 24 日《决定》进行了细化，"犯集资诈骗罪，判处三年以上七年以下有期徒刑的，并处十万元以上五百万元以下罚金；判处七年以上有期徒刑或者无期徒刑的，并处五十万元以上罚金或者没收财产"。笔者认为，要删除集资诈骗罪的无期徒刑。司法实践中适用时要根据具体的案情而正确适用，对于涉案金额较小，初犯、偶犯等社会危害性小，法益侵害性较小、有犯罪较轻情节的适用管制、拘役等较轻的刑罚，加大缓刑适用比例，减轻刑罚的负面作用，实现司法公正。

（2）加大财产刑的适用比例和数额。相对于目前民间融资犯罪涉案金额的数量，目前罚金刑数额上限和下限太少。笔者认为，应加大罚金刑力度，要根据相应犯罪区分基本犯、加重犯等，配置高低不同的罚金限额幅度，对单位犯罪应处以自然人犯同种罪的罚金数额的 1~5 倍。

限额罚金制在司法中的适用需要由法官进行裁量。法官裁量的依据对于罚金刑适用很重要。德国要求在确定罚金额时考虑犯罪人的个人收入和财产状况等，体现了刑罚个别化原则。因此，法官要以控诉机关对被告人经济状况的调查结论为基础对其判处罚金，对其缴纳能力作出准确判断；所缴罚金应设立专项资金，专门用于对受害人进行补偿，以有利社会公平正义的实现。

（3）拓展资格刑的种类。对法定犯施以刑罚的主要目的是抚慰、修补受损的社会经济关系和法律关系[②]，因此，资格刑在经济犯罪中有

[①] 2008 年 12 月，伯纳德·麦道夫因涉嫌证券欺诈遭警方逮捕，检察人员指控其给投资者造成约 500 亿美元的损失。麦道夫将"庞氏骗局"升级，承诺给投资者 10%~20% 的投资回报，他不告诉这些投资者是靠什么赚钱，只是说这种方法很赚钱，其实就用新投资者的钱支付给老投资者，从而使成千上万的投资者，包括对冲基金、银行等成了受害者，成为华尔街历史上最大的欺诈案。

[②] 参见王晓东：《关于经济刑法重构的思考》，载于《湖南科技大学学报》（社会科学版）2020 年第 5 期，第 146 页。

广阔的存在空间。资格刑是对以犯罪人的某种资格为内容的刑罚方法的总称。国外的刑法中，资格刑的范围较广泛，主要类型有剥夺一定权利、禁止担任一定的职务、禁止从事一定的职业、禁止驾驶、剥夺国籍等。法国刑法第131-6条第11款就规定，"如所从事的职业性或社会性活动提供的方便条件被故意用来准备或实行犯罪，禁止从事此种职业或社会活动最长时间为5年"。通过对一些依靠特定职业或技能才能实行的金融犯罪应增设禁止某一段时间或终身不能从事该职业或技能的资格刑，剥夺犯罪人永远或在一定期限内的职业资格、营业执照、经营资格、法人资格、法人职务、从事专业或行业等。[1] 我国刑法规定的资格刑适用的对象范围狭窄，适用的罪种较少，尤其缺乏对民间融资犯罪的针对性。刑法应针对民间融资犯罪的经济性、危害大、法人犯罪居多等特点，借鉴外国刑法的规定，适时拓展资格刑的范围。

　　资格刑的拓展可以根据适用对象的不同划分为两大类：一是针对自然人犯罪增设行之有效的资格刑。原有的剥夺政治权利的资格刑是从整体上对犯罪分子政治权利的剥夺，容易造成对某些犯罪刑罚适用的过剩，出现罚不当罪的情况。增加"禁止从事工商活动或者从事某一职业的权利"，包括禁止担任非国有企业高级管理人员和禁止从事民间融资的职业性活动。剥夺了犯罪人从事与民间融资犯罪有关的特定职业的资格和职业，就能在一定程度上防止其再次进行民间融资犯罪活动，实现对融资权利的更长久保护。因为大多数民间融资犯罪都是犯罪人在从事一定的工商活动中实施的，如果要对其进行处罚，提高处罚的针对性，就必须剥夺其从事工商活动的权利，可以有针对性地惩治民间融资犯罪活动，收到更为良好的社会效果。[2] 二是针对法人单位的资格刑。民间融资犯罪有些情况下是单位所为。目前单位犯罪的刑罚只有罚金一种，未能很好地抑制单位犯罪。要增加针对单位犯罪的资格刑。具体包括三种：停业整顿、限制从事业务活动（包括限制经营范围、活动区域、业务对象或者其他业务活动）、强制撤销。强制撤销的适用对象为两次以上实施融资犯罪的单位。增设的资格刑作为附加刑，既可单独适用，也可附加适用。研究表明，"一个授权公共执法的监管制度，……也可能

---

① 李晓明：《P2P网络借贷的刑法规制》，载于《法学》2015年第6期，第99页。
② 参见李永升、朱建华主编：《经济刑法学》，法律出版社2011年版，第108页。

使上市公司在证券市场上遭受巨大的声誉成本"①。

要在刑法总则中明确规定增设资格刑的具体刑种、适用的原则、减刑的情形、复权的条件等，然后在分则中针对个罪具体规定。同时，资格刑应当可以减刑和复权，现行刑法要增加资格刑的恢复即复权制度，具体包括复权的时间条件和实质条件、程序等。

二、集资诈骗罪的命运

现行刑法认为，集资诈骗罪破坏了社会主义市场经济秩序，显示了立法者对其侵害经济秩序法益的重视。"国家社会不是静止的，而常常是不断变化而前进的。"② 罪名的变迁同样如此。从刑法理论的角度讲，集资诈骗罪与诈骗罪属于法条竞合，是因犯罪方式或手段特殊形成的法条竞合，后者可以包容前者，两者是特别法与一般法的关系。长远来看，应当废除集资诈骗罪，其理由是：

（一）集资诈骗罪遏制了融资权利的自由行使

考察刑法的发展历史可以发现，自然犯可以超越时空而沿用古今，如故意杀人罪和强奸罪等；而法定犯则受制于政治、历史、文化等因素具有时间性，集资诈骗罪显然属于法定犯。从社会和经济发展的角度来考察刑法罪名的设置，某一罪名的存在与否应当考虑其正负两方面的作用，即在打击犯罪的同时不能限制或者约束公民的正当权利和需要。集资诈骗罪是为适应我国阶段金融管制政策而出台的一个罪名，其立法本意是规制民间非法集资行为，而其最终目的是维护正规金融机构的利益，显然通过刑事立法来维护这一利益不具有正当性，限制了公民和企业的融资权利。

（二）集资诈骗罪的本质是诈骗

同罪同罚，罚当其罪是刑法的基本原则之一。根据我国刑法学界的

---

① Qiaochu（Amy）Zhu. Reputational cost of securities fraud in Japan under a public-enforcement-centered sanction regime. *International Review of Law and Economics*，Vol. 63，2020，P. 105915.

② ［日］伊东研祐：《法益概念史研究》，秦一禾译，中国人民大学出版社 2014 年版，第 302 页。

通说，集资诈骗罪与诈骗罪的区别主要有三点：一是侵害对象不同，集资诈骗罪侵害的对象是社会上不特定公众的资金，诈骗罪的侵害对象是特定人的财物或财产性利益。前者仅限于资金，而后者则不仅限于资金，还包括财物或者财产性利益。二是诈骗的方式不同，集资诈骗罪的犯罪方式或手段只能通过非法集资的方式进行，而诈骗罪的犯罪方式或手段则是多种多样的。三是追诉标准不同，集资诈骗罪的追诉标准是"个人进行集资诈骗数额在 20 万元以上的，单位进行集资诈骗数额在 100 万元以上"，而诈骗罪的追诉标准是个人诈骗公私财物 3 万元以上的构成"数额巨大"，应当予以处罚。

对于集资诈骗罪而言，虽然表面上采用集资的方式进行，但本质上是诈骗而非集资。集资诈骗和其他所有以非法占有他人财物为目的的诈骗活动没有什么本质区别，它只属于诈骗活动的不同表现形式之一，因此对于集资诈骗行为适用诈骗罪完全能够涵盖。在刑法中规定一个"诈骗罪"，通过保留诈骗罪和细化诈骗数额、影响范围、危害程度等量刑标准，司法实践更易于认定，更易于实现罪刑均衡，完全可以实现对集资诈骗行为的司法惩处。

（三）集资诈骗罪适用的负面作用大于正面作用

尽管民间融资在我国延续千年，但截至 1997 年之前刑法中并没有集资诈骗罪这一罪名。虽然没有这一罪名，但民间融资的发展并没有因为缺乏这一罪名而引发较大的社会动荡和灾难。考察集资诈骗罪的司法适用，可以发现没有任何一个罪名像"集资诈骗罪"那样引起如此大的非议，其负面作用远远大于正面作用。一方面，严厉的刑事打压并没有如立法者所希望的那样遏制住民间融资蓬勃发展的势头，民间融资仍然在全国范围内持续发展；另一方面，集资诈骗罪的适用完全偏离了立法本意，其适用存在着严重的客观化归罪倾向、严重的重罪和重刑化倾向。由于本罪承载着维护"金融安全"与"社会稳定"的刑事政策功能，当民间融资资金链断裂时，为了维护社会稳定，决策者和司法者往往会采用本罪来平息民愤。[1] 司法实践经验表明，当行为定性存在争议时，往往按比较重的"集资诈骗罪"处罚，从而引发较多的争议。

113

---

[1]　参见童伟华：《论集资诈骗罪的废除》，载于《新东方》2015 年第 2 期，第 65～67 页。

（四）集资诈骗罪废除符合国际立法惯例

考察外国的相关立法，在刑事立法中并没有集资诈骗罪这一特殊的罪名。各国刑法对诈骗罪的规定不一，概括来说有两种立法形式：单一模式和分立模式。单一模式是只规定一种诈骗罪，包括生活中的所有诈骗犯罪现象。例如，俄罗斯、英国、法国、意大利、日本等国家刑法就是采取这种立法形式，把行为人通过不同手段实施的各种诈骗活动概括定为诈骗罪，司法认定容易，也便于操作。分立模式则是在普通诈骗罪之外另外设立特别诈骗罪的立法形式，大多是通过手段和方法的界定把不同的诈骗犯罪进行区别并给予相应的刑罚处罚，如美国刑法在诈骗罪之外还规定了证券诈骗罪，德国刑法在诈骗罪之外还规定了资本投资诈骗罪。这种模式分类更细，能很好地体现罪刑相适应原则，但是在司法认定时会增加司法机关的工作难度。根据我国集资诈骗罪的规定，入罪标准有严格的要求，这就要求侦查人员分别收取证据、计算犯罪数额，从而加大了司法适用的操作难度。因此，借鉴外国大多数国家的立法例，采取单一模式，废除集资诈骗罪，只规定诈骗罪更切实可行，完全能够满足打击集资诈骗犯罪的需要，也节省了司法资源。

第四章 侵害金融管理秩序的民间融资行为的刑法规制

维护金融管理秩序是刑法的重要功能。民间融资受到刑事打击的主要原因在于侵犯了金融管理秩序，如非法吸收公众存款罪的立法目的在于打击未经批准而吸收存款的行为；行为人为融资而擅自设立金融机构，则构成擅自设立金融机构罪……由于立法的不完善，刑罚权过度限制了民间融资的正常发展。承认民间融资的权利属性并加以保护，是刑法规制民间融资的重要目标。

第一节 域外民间融资的刑法规制

由于各国存在不同的社会经济发展状况和法律制度，民间融资的刑法规制呈现出不同的特点。通过研究不同国家民间融资刑法规制的特点和优势，从中可以探寻为我所用的有益经验和启示。

一、英美法系国家

（一）美国

美国独立后，各个州获得了核心资源的分配权力。政治集团通过议会获得了对法人组织的控制，银行业被特权把持，没有自由开放。19世纪早期，在马萨诸塞州，联邦党控制的议会拒绝为民主共和党人颁发银行章程；1811～1812年民主共和党上台后则企图废除联邦党人的银行。在此之后，两党人认识到了竞争与合作的重要性，并且越来越多的非政治精英成为银行董事，从而促成了银行业从政治精英向普通人的开放，进而使得银行业摆脱了政党的控制，进入了自由银行时代。[1] 时至今日，美国金融市场的现代化发展程度远远超过世界其他国家。在美国，民间融资的发展呈现出两大鲜明的特点：一是存在数量众多、类型多样的社区银行和信用合作社；二是民间融资在美国经济社会发展过程中发挥着重要的作用。对于民间融资，美国各州的高利贷管制法大多设定一个基本利率，再根据借款的数额、用途、是否设定担保等要素分别作出规定。1980 年，美国实现利率市场化。

美国对于吸收公众存款及放贷业务实行严格的许可制度，但实行分类管理，个人和企业偶尔为之的民事借贷行为不在管制范围。以高额利息为诱饵，通过拆东墙补西墙的方式进行融资犯罪的行为称为"庞氏骗局"[2]。美国打击融资诈骗犯罪的法律主要有 1933 年《证券法》，1934年《证券交易法》、1939 年《信托合同法》、1940 年《投资公司法》《投资顾问法》等。在美国，证券的含义非常广泛，不仅包括股票和债券，而且还包括票据、投资合同和各种投资。美国立法者认为，集资是正当的市场经济行为，是合法的，个人和公司可以将自己的钱财用于投资来获取收益，而使用他人资金获取利益后要向其支付一定的收益。但如果非法集资即非法发行证券就违法甚至构成犯罪。对集资行为的监管主要集中在集资的过程，如必须登记，不得虚假陈述，不能以集资为名进行诈骗等。采取两种措施打击非法集资：一是反对违法公开发行证券；二是骗取财产要受到刑事处罚，震惊世人的麦道夫诈骗案涉及的罪名就包括证券诈骗罪。在伯纳德·麦道夫案中，涉及证券诈骗、投资顾问诈骗、邮件诈骗、汇款诈骗、三项洗钱罪等 11 项罪名。麦道夫将"庞氏骗局"升级，他与投资者签订投资合同，承诺给投资者 10% ~ 20% 的投资回报，其实就是将新投资者的钱支付给老投资者，从而使成千上万的投资者上当受骗。从这一案例可以看出，在美国，投资合同可以被看作证券投资，没有规定类似我国集资诈骗罪的罪名，而是将私人、民间的集资行为、投资合同视为证券投资从而对其中的诈骗行为适

---

① 参见路乾：《美国银行业开放史》，社会科学文献出版社 2016 年版，第 2~3 页。

② 查尔斯·庞兹 1919 年开始策划一个阴谋，他向一个事实上根本不存在的企业投资，许诺投资者得到 40% 的利润回报，然后，将新投资者的钱作为快速盈利付给最初投资的人，从而诱使更多的人上当。庞氏骗局在中国被称为"拆东墙补西墙"。

用证券诈骗罪。

同时美国刑法还规定了出售未注册证券罪、注册登记中作虚假说明罪等罪名。[①] 但美国的法律对非法集资管制比较宽松，欺诈行为也可以被作为违法行为而淡化处理。

（二）英国

因为存在广泛的金融排斥问题[②]，英国中小企业的融资一直比较困难。内部资金是企业融资的主要来源。英国也较早地建立了完善的信贷法律制度，如《放债者法案》和《消费信贷法案》等。随后，《数据保护法》《金融服务与市场法》等消费金融法陆续出台。

欺诈是英国最大的犯罪形式之一。2018 年，犯罪分子利用技术手段——电子邮件、短信、网站，甚至是不起眼的电话共骗了 12 亿英镑。在英国刑法中，并没有关于民间融资的专门罪名，只是将其概括规定在诈骗罪中。英国刑法规定，"非法占有"是诈骗罪的主观目的，即永久剥夺他人某项财产。英国刑法规定，"一个人若以永久剥夺他人某项财产为目的，通过诈骗不诚实地取得了该项财产，就构成一项最高处罚为 10 年监禁的犯罪"。1958 年英国《防止投资欺诈法》第 13 条规定了投资欺诈罪。

《1986 年金融服务法》第 47 条规定：任何误导性地、错误地、欺骗地，或者不正直地隐瞒事实的承诺或者预测，疏忽地作误导性、错误、欺骗性陈述的人都构成犯罪，假如其为了引诱他人投资而陈述、许诺、预测或者隐瞒事实，或者是一种疏忽行为，不管这些陈述是否引诱其他人购买或者退出合同，或者行使或者抑制行使投资的权利。同时又规定，任何行为或者任何活动对市场、投资价格或价值引起了错误或者误导性影响都是一种犯罪行为，假如该人有引发这些影响的目的，并引诱他人获得投资、处置投资、认购投资或者对投资进行担保，或阻止他人从事上述行为，或阻止他人行使这些与投资行为有关的任何权利。对上述行为，如果正式控告，将被处以不超过 7 年监禁或处罚金，或者并处。如果适用简易程序，将被处以不超过 6 个月监禁或者不超过法律最

---

① 储槐植：《美国刑法》，北京大学出版社 2005 年版，第 228 页。

② 王修华、周翼璇：《破解金融排斥：英国的经验及借鉴作用》，载于《理论探索》2013 年第 6 期，第 80 页。

高限制的罚金，或者并罚。按照该法律规定，如果证券发行人通过虚假陈述或者承诺骗取他人投资，证券发行人将承担刑事责任。该法第163条（3）规定，除非本法第3章授权或者第5章免责条款规定，任何人不能从事投资业务或者声称从事投资活动。第163条（4）规定：违反本法第（3）项从事投资业务或者声称从事投资业务的人构成犯罪，将被处以不超过2年的监禁或罚金，或者并罚。换言之，在英国从事投资活动或者集资活动必须要取得授权或者特定部门的许可，否则要承担刑事责任。①

二、大陆法系国家

在大陆法系国家的法律体系中，民间借贷属于消费性借贷合同，属于有名合同，一般列入各国（地区）民法典合同法分则中予以规范，欧洲大多数国家对利息不设定上限，或者即使设定上限，也规定了一些例外条款。与英美法系国家相比，大陆法系国家的刑法规定明显不同。

（一）德国

德国原本实行自由主义经济政策，但1931年爆发的银行危机促使政府通过了信用业法，开始对金融领域进行管制。德国"二战"后对经济刑法进行了非犯罪化处理，投资型众筹被看作合法的融资模式。德国刑法侧重于维护和保护公众的资金安全，并无集资诈骗罪的立法规定。德国《信用业法》第32条规定，从事银行业务必须取得联邦信用业监管局的许可。同时规定，对于实施非法吸收公众资金犯罪行为的，以违法从事银行业务罪定性。如果是故意实施的，应当判处3年以下监禁或者罚金；如果是过失实施的，应当判处1年以下监禁或者罚金。②刑法典和附属刑法规定了以诈骗方式获取他人资金的行为可能构成违法从事银行业务罪、资本投资诈骗罪和诈骗罪。德国《刑法典》第263条规定了普通欺诈罪，第264条A规定了投资诈骗罪：与推销有价证券或应当获得的企业收益的红利份额或增加此等份额的投资相联系，在广告

---

① 袁林等：《民间融资刑法规制完善研究》，法律出版社2016年版，第252页。
② 《刘宪权：民间融资刑法调整应松弛有"度"》，http://news.enorth.com.cn/system/2012/09/18/010017284.shtml，访问时间：2022年12月15日。

或关于财产状况的描述或展望中，对购进或增加份额的决定具有意义的重要情况，向不特定多数人为不正确的有利的陈述或隐瞒不利的事实的，处 3 年以下自由刑或罚金刑。① 从上述规定看，该条不仅保护投资者的个人资产及其处分自由，还保护资本市场运行秩序这一"超个人法益"。

（二）法国

在法国，民间融资并不是法律禁止的行为，刑法典里并无专门规制民间融资的法律规定，但通过将诈骗罪扩大到"服务"的范围，从而将有关民间融资可能引发的犯罪涵盖在内。刑法典第 3 章第 313 - 2 条规定，"犯诈骗罪，有'为人道主义目的或社会性互助之目的，向公众发行证券、募集资金的人进行诈骗'，刑罚加重至 7 年监禁，将科 750000 欧元罚金"②。

（三）日本

日本民间金融发达，在农村基本形成了以农协金融组织为主，包括互助银行、地方银行、农业保险等在内的农村民间金融体系，法律也赋予合法地位。③ 日本对有可能存在地下金融活动的交易以立法的形式加以规范。"二战"之后，日本社会经济秩序混乱，经济领域内非法集资现象普遍，一些经营者违反有关银行业务的法规，以高息作为诱饵，向社会公众大量募集资金，由于不计盈亏地支付高额利息，最终资金链断裂导致破产，从而给社会公众造成损害，最典型的是"保全经济会事件"④。日本政府先后制定了《出资法》《特定品保管等之交易契约关系》，对民间金融的开业、交易期间、特定商品的收受保管、收益的支付等进行严格限制；行政机关有权进行检查、处分违规行为等。1954

---

① 徐久生、庄敬华译：《德国刑法典》，中国方正出版社 2004 年版，第 130 页。

② 罗结珍译：《法国新刑法典》，中国法制出版社 2005 年版，第 113 页。

③ 李新：《我国农村民间金融规范发展的路径选择》，中国金融出版社 2008 年版，第 32 页。

④ 保全经济会成立于 1948 年，是一个匿名行会，它的设立者是普通个人，其性质是食利性金融组织。保全经济会以超高利息率为诱饵，欺骗吸引老百姓集资，成立以后一直利用从新顾客处募集的资金支付老顾客的本金和利息。保全经济会到破产前吸引的集资者达 15 万人之多，集资总额达到 45 亿日元。1954 年保全经济会经营恶化并倒闭，使许多集资者的集资化为乌有。详见张海东、郭跃军：《浅议日本的经济犯罪以及应对措施》，载于《日本问题研究》2003 年第 2 期，第 50 页。

年日本政府制定的《出资法》就规定了对类似"保全经济会事件"的非法集资活动进行惩治。该法第 1 条规定："任何人不得向不特定且多数人明确承诺或暗示日后将返还资金或支付相当于出资金的金额，以此来接受出资金"；第 2 条规定："收存款的营业，除其他法律另有特别规定者之外，任何人不得从事该营业"，从而禁止非正规金融机构从事收存款业务，包括信用贩卖公司、租赁公司等。违反法律者，《出资法》规定法定刑为 3 年以下惩役，单处或并处 300 万日元以下罚金。[①]日本的民间借贷组织被称为"无尽"，日本专门制定了《无尽业法》，对日本的民间借贷组织进行法律方面的规制。

日本《利息限制法》规定了利息的上限（利息不得超过 15%～20%），超过该上限的部分在私法上是无效的。后立法者对《出资法》进行了修改，2006 年通过了《金融借贷业限制法修改案》，规定签约或领受超过年 29.2% 的利息就要受到处罚（一般私人贷款的场合，受刑事处罚的利息上限为年 109.5%）。《出资法》对高利息进行刑罚处罚，贷款业者的利率上限为年 40.004%。因此从限制利息和处罚高额利息的情况来看，利息可以分为三个层次：一是不超过《利息限制法》所规定的利息上限；二是超过《利息限制法》所规定的上限，但不超过《出资法》所规定的利息上限（模糊领域）；三是超过《出资法》所规定的上限，因而受到刑事处罚的部分。[②] 同时，将高利贷的罚金提高到 1 亿日元。

日本同时还制定了《贷款业法》，废除了以往对贷款业采用的事后汇报制度，而采用事先登录制，且对恶劣的贷款业务者，可以科处取消登录的行政处分。另外对苛刻的讨债行为尤其是威胁他人或侵害私生活或业务安宁的言行进行刑事制裁。此外还规定，贷款业务者于签订贷款合同时必须将合同书交给对方，于接受还款时必须将发票（收领证书）交给还款人，如果不交付上述书面或交付内容虚假的书面，则予以处罚（17 条、18 条，罚则为 49 条；100 万日元以下的罚款）。同时该法还建立了对保证人的保护制度，同时还对保证业者的不法讨债行为增加了处罚的规定。[③]

---

① ［日］芝原邦尔：《经济刑法》，金光旭译，法律出版社 2002 年版，第 32～36 页。
② 参见［日］芝原邦尔：《经济刑法》，金光旭译，法律出版社 2002 年版，第 38～39 页。
③ 参见［日］芝原邦尔：《经济刑法》，金光旭译，法律出版社 2002 年版，第 39 页。

《日本银行法》第 33 条规定，未经主管大臣许可经营银行业者，处 3 年以下有期徒刑或 30 万日元以下罚金。

日本对民间融资的犯罪行为主要惩罚的对象是通过"恶劣经商模式"的非法吸收存款行为和掺杂其中的诈骗行为。非法吸收存款的构成条件包括以下三个要素：一是有无保本的承诺，这是区分正常投资与非法吸收存款的关键；二是是否以社会不特定多数人为对象；三是明确把此行为规定为吸收资金行为，并不要求吸收资金的人还应发放贷款，这也说明日本立法者注重保护社会公众的资金安全，其次才是金融机构的信用制度和经济秩序，立法目的不在于保护银行等金融机构的金融垄断。①

三、中外民间融资刑法规制的比较分析

大陆法系和英美法系涵盖了市场经济比较发达和金融制度比较健全的国家。相关国家的刑事立法对于推动经济发展，维护社会稳定，防范和化解民间融资风险方面发挥了重要的作用。通过比较域外民间融资的刑法规定，可以发现其中存在着明显的差异，这种差异折射出我国民间融资刑法规制存在的问题并对其完善具有重大的借鉴意义。

（一）保护侧重点之差异

从立法规定来看，对民间融资的认识与经济发展水平密切相连，国家、地区经济越发达，金融制度越自由，利率市场化程度越高，中小企业和个人享有比较充分的融资权利，融资渠道比较广泛。虽然金融特许制是一些国家的惯例，但国有金融机构垄断程度明显弱于我国。从总体上来说，像美国、英国等英美法系国家，市场经济高度发达，立法者能够充分尊重基于市场客观规律而衍生的民间融资的合法地位，客观对待其存在和发展，对民间融资的管制比较宽松，对企业、个人的直接融资是不禁止的。民间融资的法律规制基本以民商事法律为主，行政法律法规发挥着重要作用，行政监管体系比较健全。在打击证券犯罪方面，英美等发达国家也越来越认识到刑罚的有限性，通过采用多元的法律救济

---

① 参见［日］芝原邦尔：《经济刑法》，金光旭译，法律出版社 2002 年版，第 33 页。

机制，从而既可以保持刑罚的威慑力，又能保持金融市场的活跃。大陆法系国家，如德国、法国等国家对民间融资的法律控制要严格一些，但对民间融资的危害性认识并不如我国认为的那么严重，都没有类似我国"非法吸收公众存款罪"的罪名。刑法前置金融法较多，多数国家对于民间融资容忍度高，刑法关于民间融资配置的罪名相对较少。

国外大多数国家在刑法前置法的证券、投资等相关法律规定中细化对民间融资刑事责任的规定，明显是侧重于保护金融市场及投资领域的市场交易秩序和投资者的合法财产权利，而不是如我国这样侧重通过刑法来维护正规金融垄断秩序；国外主要打击商业性的非法融资行为，一般民事私人借贷除非构成诈骗罪，否则并不在刑法规制范围。

（二）罪名规定之差异

犯罪是对法律秩序的违反，是对国家的一般规范意识的反抗或不服从。[①] 由于各国国情和民间融资发展情况不一，因而各国关于民间融资的罪名规定不尽相同，且多数国家没有规制民间融资的专属罪名，而我国刑法规定了非法吸收公众存款罪和集资诈骗罪等多个罪名。国外的罪名多限于以非法占有为目的的诈骗罪、证券欺诈罪等罪名。国外的刑事立法侧重于通过对融资手段的限定来打击在民间融资过程中可能存在的犯罪行为，主要惩罚通过欺骗手段进行的融资，从而保护个人和企业的财产权利，而不像我国刑法过于关注融资的结果。国外具体罪名的设定比较精细，罪状表述比较具体，犯罪的构成要件比较清晰，针对性和操作性强，尤其是对违法从事银行业务行为的罪名规定很明确。而我国的刑法罪名则比较粗疏，罪状的描述比较简单，犯罪构成要件比较模糊，依靠大量的司法解释，缺乏针对性和操作性。

比较分析中外民间融资的刑法规制，绝不是简单地照搬和拿来主义，而是要结合中国的国情。我国民间融资历史悠久，近几年发展迅速，尤其是互联网金融异军突起，蓬勃发展。同时，民间融资的刑法规制却相对滞后。因此要适当借鉴他国法律规定，健全民间融资的行政法律法规，充分发挥行政监管的作用，进而建构合理的民间融资刑法规制体系。

---

① 张明楷：《法益初论》，中国政法大学出版社 2000 年版，第 56 页。

第二节　侵害金融管理秩序的民间融资行为
刑法规制的两难选择

以权利制约权力是民间融资刑法规制的逻辑起点。这一起点要求明确规定公民基本权利和国家权力的各自边界，从而给国家权力划定不得逾越的红线，国家不能侵害公民基本权利。只有人民的意志才能决定这种边界和范围，否则必然产生不公，也难以有效制约国家权力。[①] 权利停留在原则上是美好的，一旦进入社会生活中，不同类型、不同主体的权利会产生冲突和矛盾，因此需要国家作出裁决：究竟何种权利应当优先。尤其在现阶段，民间融资行为势必影响以国有金融机构为主体形成的金融管理秩序。面对两者的冲突，刑法应当如何选择？

一、融资权利——刑法保护的根本目标

马克思主义认为，法要成为真正的法律，必须以规范的形态确认人的自由权利。真正的法律与人民的自由权利具有直接的同一性。要使人民的自由权利得到确认与保障，就必然付诸法律。[②] 刑法同样如此。马克昌教授认为，"我们国家的刑法应从国家刑法转变为市民刑法，从强调国家权威转向强调保障公民人权"[③]。而陈兴良教授也强调刑法对公民权利的保障。现代刑法既要面对犯罪保护社会，又要面对国家保护公民，尤其是犯罪人、被告人的人权，刑法因此而获得正当性。不能一味强调刑法的社会保护功能而忽略刑法的人权保障机能。从国权刑法到民权刑法的转变，不仅意味着刑法的转型，更体现了刑法任务的转换。"刑法观念的重心应当转移到对个人权利的尊重与保障方面。"[④] 权利主

---

① 参见肖北庚：《论我国私有财产权行政法限制之"依据法律规定"》，载于《政治与法律》2008年第2期，第83页。

② 参见公丕祥：《权利现象的逻辑》，山东人民出版社2002年版，第141页。

③ 宫步坦：《马克昌谈国家刑法与市民刑法》，载于《楚天主人》2011年第9期，第39页。

④ 罗豪才、孙琬钟编著：《与时俱进的中国法学》，中国法制出版社2001年版，第487~488页。

义是市场的捍卫者，是基于人的道德、人的自由本性和尊严，而不仅仅是效率。① 刑法虽然是公法，但本质上是法律，与私法植根于共同的经济基础之上，拥有相同的目的——保障权利。

黑格尔认为，所有权是自由意志以直接方式给予自己的直接定在形式。"人唯有在所有权中才是作为理性而存在的。"② 而洛克也强调私有财产权是天赋的权利。③ 在现代国家，政府负有保障私有权利行使的义务，私有财产权是国家政府权力的界限，融资权利的法律保护将其具体化和现实化。

融资权利的实现及其保障，国家尤其是刑法负有不可推卸的义务。尤其在现阶段，民营企业贡献了税收的五成和60%以上的国内生产总值，安排了80%以上的城镇劳动就业，占企业总数的90%，其对国家和社会发展的贡献巨大。作为经济主体的基本权利，融资权利应当得到充分保障。

二、金融管理秩序——刑法保护的现实选择

受制于传统国权刑法观的影响，现行刑法关于民间融资的规定侧重于保护国家的金融管理秩序。一是从刑法分则的体例安排来看，民间融资所涉及的非法吸收公众存款罪、集资诈骗罪等罪名都是安排在破坏社会主义市场经济秩序罪之中，表明立法者认为上述几种犯罪侵犯的主要客体是经济秩序，尤其是金融管理秩序。二是从刑法条文的罪状描述来看，这几个罪名都有一个共同特征，即只要实施了相关行为，构成犯罪要达到"情节严重"的程度。所谓的"情节严重"，主要是指"扰乱金融秩序或犯罪数额较大或巨大"，而非要求对个人法益造成实害性结果，通过运用刑法权力惩罚对社会主义金融管理秩序破坏的行为，从而维护金融管理秩序。

金融管理秩序固然重要，但要追问的是这是一种什么样的金融管理秩序？自新中国成立以来，我国建立了以公有制为主体的所有制形式，

---

① 参见张维迎：《功利主义改革无法建立真正的市场经济》，载于《IT 时代周刊》2014年第 8 期，第 11 页。

② ［德］黑格尔：《法哲学原理》，范扬、张企泰译，商务印书馆 2010 年版，第 50 页。

③ 马克昌主编：《近代西方刑法学说史略》，中国检察出版社 2004 年版，第 16 页。

在金融领域尤其如此，建立了以正规金融机构尤其是国有金融机构为主体的金融管理制度。这种金融管理制度对于维护国家的经济安全和社会发展意义重大。国有金融机构是资源配置和宏观调控的重要工具，是现代经济的核心，掌握着实体经济的血脉，更是推动经济社会发展的重要力量，尤其是面对国内外几次大的金融危机冲击时发挥了重要作用。但这种金融管理制度是否是经济秩序的唯一？是否因此需要对民间融资权利进行禁止？如果刑法将维护正规金融管理秩序作为其规制民间融资的目标，且不说这种秩序本身的正当与否，从刑法的角度讲，也是站不住脚的。

（一）有违对犯罪本质的理解

犯罪作为一种客观存在的社会现象和法律现象，自人类社会产生以来就存在。犯罪的本质究竟是什么？自近代以来，近代刑法学之祖的费尔巴哈主张权利侵害说，认为犯罪在实质上是侵害根据法所保护的权利，即犯罪的本质是对权利的侵害。边沁认为，"犯罪是指一切基于可以产生或者可能产生某种犯罪的理由而人们认为应当禁止的行为"[1]。李斯特则认为，犯罪是"行为人基于其社会危险性格实施侵害法律所保护的利益的行为，并通过这种侵害行为表现行为人的责任性格"[2]。秩序本身并不能成为法律所保护的利益，法律仅仅是将现实生活中已经存在的利益提升为法益。[3] 法的制定和实施实际上是利益权衡的过程。刑法禁止某一行为，必须有正当的理由，即行为对生活利益有所侵害，直接表明行为具有实质的违法性。[4]

从大陆法系的法益侵害原则到英美法系的伤害原则都强调犯罪的本质是行为对法益的侵害或具有侵害的危险。现代市场经济国家实行的大多是一定程度干预的市场经济模式，而在中国，这种干预更多。在此种

---

① ［英］边沁：《立法理论——刑法典原理》，李贵方等译，中国人民公安大学出版社1993年版，第1页。

② ［德］弗兰茨·冯·李斯特：《德国刑法教科书》，徐久生译，法律出版社2006年版，第143~147页。

③ ［德］京特·雅科布斯：《保护法益——论刑法的合法性》，引自赵秉志、宋英辉主编：《当代德国刑事法研究》，法律出版社2016年第1卷，第18页。

④ 参见周光权：《刑法学的向度——行为无价值论的深层追问》，法律出版社2014年2版，第168~169页。

情况下，经济秩序的形成明显反映政府的意志并打上浓厚的行政管理色彩，经济秩序实质上变为经济行政秩序，必然包含着权力主体如政府对自身利益的考量。该种经济秩序可能包含对市民、消费者和公共利益的保护，但也可能包含对不符合市场经济规律的垄断利益的保护。故有些犯罪行为可能只是侵害垄断利益而并不侵害市场经济主体利益。如大多数违反金融管理制度的民间融资活动未必都有具体的法益损害，笼统地将所有对金融管理秩序造成侵害的行为进行犯罪化很难说是符合对犯罪本质的理解。

（二）导致具体罪名认定模糊

犯罪作为一种"反社会性"的行为，严重破坏社会生活秩序，而刑法作为规制犯罪的工具，是立法者与民众预测其行为犯罪与否的标尺。明确性成为人们极力追求的刑法规范的首要特征，并将其贯彻到刑法规范的制定过程中。定罪量刑事关公民人身权利和财产权利的限制和剥夺，含糊的刑法将无异于否定罪刑法定原则和刑法的价值。① 然而，立法层面的明确性要求在丰富多彩的现实生活面前会变得苍白无力。现行刑法一方面宣称罪刑法定，另一方面却又充斥诸多模糊性概念，部分刑法规范的模糊性长期以来为刑法学者们所诟病。比如何谓金融管理秩序？包含哪些内容？刑法本身是最精确的法律科学，金融管理秩序本身的抽象性与模糊性是难以在要求精确的司法实践中认定的。如对于"扰乱金融秩序"如何测量或评估？扰乱金融秩序到什么程度才能达到犯罪并无客观的标准，因此具体案件的判断标准就难免成为司法者的一种主观抽象的评价。

随着金融市场的改革和国有金融机构产权结构的调整，正规金融管理秩序不可能也没必要在国民经济中永远占据主导地位。原本固化的正规金融体系逐步稀释，民营金融应当在金融市场占据重要位置，特别是在竞争性的金融领域。刑法没有必要也没有理由将维护正规金融管理秩序作为唯一的目标。

---

① ［德］克劳斯·罗克辛：《德国刑法学总论》（第 1 卷），王世洲译，法律出版社 2005年版，译者序。

三、融资权利优先于金融管理秩序

权利是历史的、渐进的，权利与制度紧密相连，"制度的创设是权利得以存在和持续的根基，制度的变革是权利得以发展的基础"①。胡克认为，法律的功能在于建构社会，包括建构政治权力和创造并维持社会聚合的功能，保护和维护其所调控的社会秩序。同时，法律能够便利社会生活，包括创造私人自主的领域和促进可欲行为等。② 国家要以权利为中心，以承认、尊重、维护权利为核心去构建制度、目标和战略。随着社会分层日益普遍和利益的多元化，融资权利的行使势必会冲击他人利益和社会公共利益。从维护社会公共利益的角度看，为了社会公益，在一定条件下可以对其进行限制。公民财产权的保护与限制实质上体现的是公民与国家整体之间的关系。应当明确，当私人财产权利的行使与国家利益、公共利益不相冲突时，财产权人行使权利应当是完整的、充分的。而当两者相冲突时，就要受到一定的制约。现代各国刑法大都认为为了国家利益、公共利益要对公民财产权实行一定的制约。

民间融资和正规金融管理制度存在着必然的冲突，通过制度来缓解权利冲突是法律的使命。基于前面的分析，解决权利冲突问题根本是提供更多的金融资源，但金融资源总是有限的，因而当前的首要任务是充分发挥法律与国家的作用，使得权利的行使更公平合理。"权利冲突是贯穿法律体系的根本问题"③，主要关注于制度的设定和运行，而刑法制度是其中的一个重要方面。关于权利冲突的解决，有学者提出核心在于划定权利的位阶。也有学者提出应当坚持私权利优先于公权力、社会公共利益优先等原则。有学者提出要以公正价值为核心，解决融资自由和秩序冲突的问题。④ 通过立法来确定不同的权利位阶是一种重要的方式，法律根据其价值、理念和原则等来对权利进行排序并在立法中予以

---

① 何志鹏：《权利基本理论：反思与构建》，北京大学出版社 2012 年版，第 311 页。

② 参见［比］马克·范·胡克：《法律的沟通之维》，孙国东译，法律出版社 2008 年版，第 85～93 页。

③ 郭明瑞：《权利冲突的研究现状、基本类型与处理原则》，载于《法学论坛》2006 年第 1 期，第 5 页。

④ 参见马治国、李鑫：《规范我国民间借贷市场的价值选择》，载于《湖北大学学报》（哲学社会科学版）2021 年第 6 期，第 149 页。

体现。"国家仅是一种公共力量，为每个人提供一种保障，并使正义和安全主宰所有人。"① "法律的任务就是在努力尊重个人自由和维护社会根本制度之间保持平衡。"② 彼得·德恩里科深刻地指明，在权利相互冲突的时候，任何时候一方的当事人对权利的享有，都会在某种程度上限制另一方当事人对财产的使用。两种权利不是非此即彼的淘汰式选择，应当是基于客观条件和问题的紧迫性的时空优先顺序安排，即要做到统筹兼顾和双赢的动态平衡，以维护每一方在当时情况下的最大限度的自由。③ 因此，要改变长期以来过于注重金融管理秩序的单边保护现象，坚持融资权利优先，从而构建崭新的民间融资刑法规制体系，允许民间融资自由发展。

第三节　侵害金融管理秩序的民间 融资犯罪行为的刑法评价

　　侵害金融管理秩序的民间融资犯罪行为是典型的法定犯，要遵循"立罪至后"④ 的入罪逻辑。一个行为只有违反刑法前置法即金融法的规定，再具有刑事违法性，才能进入刑法规制的视野；而一个行为如果仅是违反了金融法的规定，未必需要运用刑法进行规制。坚持融资权利优先就是要破除强加在民间融资头上的种种歧视和不合理限制，贯彻"二次违法性"，保持刑法的谦抑性。侵害金融管理秩序的民间融资行为主要有：未经批准向社会公开吸收资金触犯非法吸收公众存款罪；在融资过程中设立金融机构进行融资触犯擅自设立金融机构罪；融资过程中违法发行证券构成擅自发行股票、公司、企业债券罪等。融资权利是市场经济中的权利，法律应当予以肯定和保障，要破除和减少民间融资

---

　　① ［法］巴斯夏：《和谐经济论》，转引自弗雷德里克·马斯夏：《财产、法律与政府》，秋风译，贵州人民出版社 2003 年版，第 192 页。

　　② ［英］彼得·斯坦、约翰·香德：《西方社会的法律价值》，王献平译，中国人民公安大学出版社 1990 版，第 181 页。

　　③ ［美］彼得·德恩里科：《法的门前》，邓子滨译，北京大学出版社 2012 年版，第 83 ~ 84 页。

　　④ 参见胡启龙：《金融刑法立罪逻辑论——以金融刑法修正为例》，载于《中国法学》2009 年第 6 期，第 76 页。

过度犯罪化的现象。

一、部分民间融资行为非罪化

平等原则要求平等对待各类市场主体，推进金融体系改革，使不同性质的金融资源合理配置。① 因此要将部分民间融资行为非罪化，使其能够与正规金融机构的融资行为公平竞争，获得平等的地位、机会，从事同样的融资业务。

（一）一对多、多对多民间借贷合法化

民间借贷自古就有，不存在原罪的问题。但近年来，探讨集资型的民间借贷行为对金融市场秩序的危害变成一个热点问题，归纳起来有以下三种观点：一是采用压制型法。鉴于民间借贷的负面危害，要对职业性民间借贷重点规制。② 二是引导与激励。正视民间借贷的积极作用，采取立法措施积极引导其健康发展，要进行正向激励。③ 三是采用结构性分析方法，区分民间借贷并完善相关法律措施。

1. 民间借贷的刑法规制历程

民间借贷的刑法规制历程起于 1986 年。《银行管理暂行条例》规定不得非法设立金融机构、非法开展金融业务。1993 年国务院发布《关于坚决制止乱集资和加强债券发行管理的通知》。1997 年《刑法》中则对"未经国务院批准，一律不得发行企业债券、股票等其他证券和进行各种形式的集资"行为进行了刑事规制。1998 年发布的《非法金融机构和非法金融业务活动取缔办法》，授予中国人民银行依法取缔正规金融以外的非法金融机构和非法金融业务活动的权力。2007 年发布《关于依法惩处非法集资有关问题的通知》。2010 年最高人民法院《解释》进一步对"非法集资"的概念进行界定。在法律上形成了行政取缔和刑事惩罚并举的双重规制模式，不给正规金融之外的所有集资型民间借

---

① 参见郭映江：《"竞争中性"原则下的国企与民企融资差异》，载于《金融市场研究》2021 年第 4 期，第 74 页。

② 参见岳彩申：《民间借贷规制的重点及立法建议》，载于《中国法学》2011 年第 5 期，第 84~96 页。

③ 参见王向南：《农村民间借贷治理的制度化路径》，载于《税务与经济》2017 年第 1 期，第 55~60 页。

贷行为留有任何合法存在的空间，以保证金融的垄断性与金融秩序的稳定性。民间借贷一对一形式并不存在犯罪的问题，但"一对多""多对多"的形式对国家金融秩序产生影响，从而进入国家金融监管的视野，尤其是职业化放贷触碰金融机构的底线而成为刑法规制的对象，[1] 民间融资中的"会""社"融资被禁止。刑法以非法吸收公众存款罪将一对多、多对多的民间借贷及民间"会""社"融资犯罪化，民间借贷中的吸收存款发放贷款、吸收资金的行为适用非法吸收公众存款罪进行规制。

关于非法吸收公众存款罪保护的法益有金融管理秩序说[2]、市场与金融专营管理秩序说[3]、金融交易秩序说[4]、公众资金安全说[5]、金融风险防范化解说[6]、"一对多"的规则信任和"主体间信任关系"[7]、二层位阶性法益（金融信用制度＋投资者个人财产性利益)[8]、金融管理制度＋公众财产权[9]等观点。目前学界对非法吸收公众存款罪主要有以下三种意见：一是废除论，即废除非法吸收公众存款罪。[10] 二是限缩解释论。该观点认为要以文义解释加目的解释与合宪性解释方法层进式地对非法吸收公众存款罪进行分析，从而合理确定本罪的构成要件，阐明本

---

① 参见刘伟：《集资型金融犯罪刑法规制完善问题研究》，法律出版社 2022 年版，第 6 页。

② 参见高铭暄、马克昌主编：《刑法学》，中国法制出版社 2017 年版，第 399 页。

③ 李晓明：《非法吸收公众存款罪存与废的法教义学分析》，载于《法治研究》2020 年第 6 期，第 17 页。

④ 参见刘丽萍：《非法吸收公众存款罪的法益探求》，载于《湖北警官学院学报》2012 年第 2 期，第 111 页。

⑤ 参见郝艳兵：《立足公众资金安全限缩非法吸收公众存款罪》，载于《检察日报》2017 年 9 月 3 日。

⑥ 参见王拓：《P2P 网贷平台非法吸收公众存款行为的司法认定》，载于《中国检察官》2016 年第 1 期，第 8 页；胡宗金：《非法吸收公众存款罪的规范目的与规制范围》，载于《法学家》2021 年第 6 期，第 165 页。

⑦ 参见蓝学友：《互联网环境中金融犯罪的秩序法益：从主体性法益观到主体间性法益观》，载于《中国法律评论》2020 年第 2 期，第 130 页。

⑧ 参见张小宁、曲彦蓉：《非法吸收公众存款罪保护法益的重新设定》，载于《山东警察学院学报》2021 年第 6 期，第 70～71 页。

⑨ 参见赵姗姗：《非法吸收公众存款罪法益新论及对司法适用的影响——结合货币银行学对〈刑法修正案（十一）〉的审读》，载于《中国刑事法杂志》2021 年第 2 期，第 97 页。

⑩ 参见赵星、张晓：《论废除非法吸收公众存款罪》，载于《河北学刊》2014 年第 5 期，第 176 页。

罪的罪质行为，在不更改罪名的前提下，通过合理、合法的解释，保持刑法适用的张弛有度，保障民间融资的有序发展。有的学者主张以欺诈或者高回报方式非法吸储的行为限缩非法吸收公众存款罪。[①] 还有的学者主张"构筑独立的民间借贷刑事规制标准"从而限缩本罪[②]，或者通过以非法性特征为主要基础和关键，公开性、利诱性和社会性特征为辅助判断的思路防止非法吸收公众存款罪扩张化倾向[③]。三是废止论，即果断地停止或大范围地限制"非法吸收公众存款罪"使用，可暂不取消该罪名，留待日后时机成熟再取消此罪名。[④]

2. 笔者赞同废除论

在民间借贷中，双方会订立契约，试图通过彼此之间的利益交换使得各自利益最大化。契约的订立、契约内容还有契约的履行都由双方决定，任何人都不得干涉。契约自由是市场经济的神圣法则。契约反映了双方的利益诉求，契约存在的本身就象征着"正义"：尊重契约自由就是尊重个人自治，是尊重个人权利，每个人都有追求自我价值的权利和自由，只要这种自由不违反禁止性法律，那么它就不应该受任何人的干涉，更不应该被牺牲成为实现社会目的的工具。在民间借贷中，即使借款人确实因为支付高额利息而存在财产损失，这种财产损失，也可以被认为是作为契约自由的一种表现形式而被正当化。因为融资权利受到保障不仅意味着合同自由，还意味着这种权利的行使不受干涉。与刑法中的自我答责理论一样，即使被害人存在相应的法益损害，只要该侵害行为并未同时侵害其他主体的利益，并且能被评价自我答责的产物，就不构成刑事不法。从刑法谦抑性角度理解，只要不损害交易相对方财产权利，基于信任通过达成合意的方式借贷或融资，刑法都不应当过多地干预。2013 年通过的《温州市民间融资管理条例》第十四条规定，民间借贷具有下列情形之一的，借款人应当自合同签订之日起十五日内，将

131

---

① 参见姜涛：《非法吸收公众存款罪的限缩适用新路径》，载于《政治与法律》2013 年第 8 期，第 60 页。

② 参见许晓童：《非法吸收公众存款罪"口袋化"的体系症结与限缩路径》，载于《学海》2021 年第 5 期，第 173 页。

③ 参见刘天宏：《非法吸收公众存款罪司法实务认定的偏差与纠偏》，载于《大连海事大学学报》（社会科学版）2021 年第 4 期，第 59 页。

④ 参见李晓明：《非法吸收公众存款罪存与废的法教义学分析》，载于《法治研究》2020 年第 6 期，第 20 页。

合同副本报送地方金融管理部门或者其委托的民间融资公共服务机构备案：（一）单笔借款金额三百万元以上的；（二）借款余额一千万元以上的；（三）向三十人以上特定对象借款的。① 实际上宣告了一对多民间借贷行为的合法化。

民间借贷是公民和企业的融资权利，非法吸收公众存款罪使得这一权利的行使受到限制，笔者认为，应当将非法吸收公众存款罪废除，将一对多、多对多民间借贷、民间"会""社"融资合法化。对于废除非法吸收公众存款罪会导致非法集资泛滥的担忧大可不必。对于正规金融机构违规吸收公众存款的违法行为，由于社会危害性不大，不必纳入刑法规制范围，可根据《商业银行法》的规定进行行政处罚，使其承担相应的法律责任。在民间间接融资中，有银背、钱中等融资中介，而实际上民间融资的中介人用货币、资本经营的结果其实也是将资金转借给用于正当的生产、经营活动的资金真正使用者。无论是直接融资还是间接融资都是公民和企业的合法权利，理当得到法律的尊重。对于本罪废除之后专门从事借贷业务用于货币、资本经营的，这涉及银行审批制与公民融资权的冲突。商业银行为社会公众和企业提供金融服务，世界各国都有市场准入的限制，我国亦不例外，对于未经行政机关批准违法从事银行业务的行为，由于其本身只是违反了行政命令，并不具有严重的法益侵害性，通过行政法规进行规范足矣。

（二）民间融券非罪化

证券是用来证明券票持有人享有的某种特定权益的法律凭证，主要分为股票、债券、期货、期权等。证券是资本市场的伟大发明。证券把一定的民事权利表现在证券上，权利体现为证券，即权利的证券化。证券交易的实质是具有财产属性的民事权利的交易，是投资者投资财产符号化的一种法律现象和社会现象。根据我国证券法规定，证券包括股票、公司债券、存托凭证和国务院依法认定的其他证券。

1. 民间融券行为的刑法规制现状

民间融资中也存在以证券进行融资的形式。民间融资中易构成非法集资的行为大致可分为债权、股权、商品营销、生产经营四大类，其中

---

① 《温州市民间融资管理条例》，http://news.66wz.com/system/2013/11/23/103893941.shtml，访问时间：2022 年 4 月 10 日。

股权就是证券化的一种。因而有学者指出，非法吸收资金的形态是具有广义证券意义的权利性、证券融资关系。[①] 还有的学者认为，众筹网站众筹融资涉嫌构成擅自发行股票、公司、企业债券罪。[②] 民间融券行为主要构成擅自发行股票、公司、企业债券罪。

刑法对证券发行领域的调控是最严厉的法律手段。[③] 学界一般认为，本罪保护的是证券管理制度，也属于金融管理制度的一部分。关于本罪的改革方向有两种观点：一种观点认为应当限缩擅自发行股票、公司、企业债券罪的范围，允许股东出于股权转让、个人生活安排等合理需求向社会公众转让股权。另一种观点认为，该罪适用范围仅局限于公开发行或者变相公开发行证券，不利于对民间融资犯罪行为的打击，应当扩大证券的含义，以擅自发行股票、公司、企业债券罪来规制非法吸收公众存款行为，以处理直接融资的模式来处理非法集资活动。笔者认为，第二种观点不可取，因为这样一来，势必会造成民间融资犯罪处罚范围的扩大化。本罪目前的司法适用同样存在着扩大化的倾向。

2. 民间融券的刑法评价

民间融资无论采用哪种形式，其实质都不过是某种投资安排，具有"被动投资性"，即出资人以获取利润为目的，而该利润主要来自他人的努力，其回报形式可能是承诺（债权型）或者其他安排。[④] 无论这种投资表现为何种形式，都可以被界定为证券。在美国，证券包括股票、债券、票据、投资合同等各种投资。美国立法者认为，集资是正当的市场经济行为，个人和公司可以将自己的钱财用于投资来获取收益，而使用他人资金获取利益后要向其支付一定的收益。对集资行为的监管主要集中在集资的过程，如必须登记，不得虚假陈述，不能以集资为名进行诈骗等[⑤]，麦道夫案即为明证。在麦道夫案中，麦道夫并没有给投资人

---

①　参见李有星：《论非法集资的证券化趋势与新调整方案》，载于《政法论坛》2011 年第 2 期，第 36 页。

②　参见陆静：《从刑事法律角度解读众筹融资问题》，载于《上海法学研究》2019 年第 13 卷，第 174 页。

③　参见赵小勇：《非法发行证券行为刑法规制完善研究》，西南政法大学硕士学位论文，2015 年，第 25 页。

④　参见彭冰：《非法集资行为的界定——评最高人民法院关于非法集资的司法解释》，载于《法学家》2011 年第 6 期，第 46 页。

⑤　袁林等：《民间融资刑法规制完善研究》，法律出版社 2016 年版，第 247 页。

发行证券，而是通过私人口口相传的方式许以高额回报招揽客户并签订投资合同，构建了一个"庞氏骗局"，最终给投资人造成了 500 多亿美元损失，触犯证券诈骗罪。

我国公司法、证券法规定了较高的证券发行资格，使中小企业无法通过资本市场来融资。对于中小企业而言，采取外部融资处处是"高压红线"：通过银行等正规金融机构贷不到款，而森严的证券发行制度门槛又将中小企业通过正规资本市场发行证券来融资的道路堵死，而转向社会通过向不特定对象来融资又构成本罪……所有的融资道路都被堵死，在合法与犯罪之间根本没有缓冲地带。而反观西方国家，随着市场化的演进，西方国家纷纷放松证券融资的条件，如美国《促进创业企业融资法》（Jumpstart Our Business Startups Act，JOBS 法案）第 302（a）条款对美国《1933 年证券法》进行修改，增加了第 4（6）条款，明确了筹资者每年通过网络平台募集不超过 100 万美元的资金的，众筹融资不必到美国证券交易委员会（SEC）注册就可以进行股权融资。同时 JOBS 法案修改了公开发行的人数限制，由原来的 300 人提高到了 1200 人。[①] 鉴于民间融资的权利属性，应当扩大证券的范围，将如实、准确、全面披露信息发行证券用于正常生产的行为合法化，适用《证券法》进行规制。《温州市民间融资管理条例》第十九条规定，企业因生产经营需要，可以以非公开方式向合格投资者进行定向债券融资，按照约定的期限和方式偿还本息。每期定向债券融资的合格投资者不得超过 200 人。第二十一条规定，民间资金管理企业可以以非公开方式向合格投资者募集定向集合资金，对特定的生产经营项目进行投资。每期定向集合资金的合格投资者不得超过 200 人。[②] 此规定是民间融资证券化的大胆尝试，应当上升到国家立法的层面加以制度化。

在借鉴西方国家立法经验的基础上，建议废除擅自发行股票、公司、企业债券罪。对于未经行政机关批准违法从事发行证券业务的行为，由于其本身只是违反了行政命令，并不具有严重的法益侵害性，通过行政法规进行规范即可。

---

① 肖本华：《美国众筹融资模式的发展及对我国的启示》，载于《南方金融》2013 年第 1 期，第 55 页。

② 《〈温州市民间融资管理条例〉全文》，温州新闻网，http：//news.66wz.com/system/2013/11/23/103893941.shtml，访问时间：2022 年 4 月 10 日。

二、限缩擅自设立金融机构罪适用范围

民间融资中存在着通过设立金融机构进行融资的情况。按现行刑法规定构成非法吸收公众存款罪和擅自设立金融机构罪的牵连犯，因而有必要探讨擅自设立金融机构罪。

（一）现行刑法规制现状

擅自设立金融机构罪最早出现于 1995 年全国人大常委会通过的《关于惩治破坏金融秩序犯罪的决定》。1997 年《刑法》吸收了该规定。后《刑法修正案》将刑法一百七十四条"经人民银行批准"改为"国家有关部门批准"，基于我国"一行两会"的金融管理体制，该罪中的非法金融机构应包括未经国家主管部门批准，擅自设立的从事金融业务的非法金融机构和冠以"商业银行"等金融机构名称的金融机构，也包括非法金融机构的筹备组织和名义上没有冠以金融机构名称但实际从事金融业务的机构。擅自设立金融机构罪没有侵害具体法益，只是单纯违反金融特许制度。此罪片面维护正规金融机构的地位和利益并不完全具有正当性和合理性。

1. 违反金融公平原则

任何未经批准设立金融机构的行为，不管有利还是不利于社会经济发展，只要没有被"批准"或没有特许"营业执照"或许可，都会被视为破坏国家金融秩序，严重违反金融公平原则。市场经济的本质就在于自由、平等与等价交换。市场主体要实现自己的经济权利，首先必须有融资自由权。否则，市场主体将无法自主作出经济决策和从事交易。因此融资自由权是个体经济权利的最基本要求，处于最核心位置。正规金融机构有融资的权利，"公民与中小企业同样应享有其合理适度、不同形式的金融权益"[①]。本罪的存在是对民间融资权利的损害，是对公平竞争秩序的违反，并容易滋生金融系统的腐败性案件。

2. 加剧中小企业融资难度

如果说金融抑制是金融系统不可避免的客观现实的话，本罪就是从

---

① 仇晓光等：《民间借贷"阳光化"视域下金融垄断改革研究》，载于《东北大学学报》（社会科学版）2015 年第 5 期，第 469 页。

刑法上对金融抑制的法律捍卫。正是因为本罪的存在，使得正规金融机构产生了明显的行业优越感并对民间融资进行打压。银行出于自身风险的考虑不愿意把资金贷给民营企业，从而加剧了中小企业的"融资难"和"融资贵"。

3. 本罪的历史使命已经基本完成

设立本罪之初，正值我国改革开放初期，只有四大国有银行，需要集中资金办大事。如果有限的资金被不法分子操控，容易引起金融动荡。本罪的设立为保护和稳定当时脆弱的金融秩序和市场经济立下了汗马功劳，使得我国能够以持续稳定的金融秩序应对亚洲金融危机和美国"次贷危机"，为世界经济与金融的稳定发展作出了自己的贡献。经过四十多年的发展，我国的正规金融业已经足够强大，截至 2019 年 12 月，我国的银行业金融机构共有近五千家，中国银行业金融机构网点总数达到 22.8 万个①，形成了庞大而紧固的金融市场。有上千家银行支撑的正规金融体系再也不像四十多年前那样畏惧社会资金冲击，甚至也不惧怕国外资金的冲击，并不需要单独进行重点保护。② 由于本罪的存在，使得大量的民间金融中介等金融业务的商事主体无法获得法律许可，法律的发展滞后于金融的发展。

（二）擅自设立金融机构行为的刑法评价

本罪之所以成立的另一重要原因在于民间融资地位的不明确，使得行为人不得不披着貌似"合法"的金融机构的外衣来融资。打破金融垄断并使民间融资合法化，是从源头上治理和减少擅自设立金融机构罪的重要方面。从目前市场发展和金融改革看，适度放宽金融市场管制、鼓励金融创新等已经成为共识，并成为未来金融市场的必然趋势，保障融资权利、维护市场公平和保护公众资金安全才是刑法所应当保护的法益，单纯的金融机构设立的法益并不能成为刑法保护的法益。曾发生的

---

① 《〈2019 年中国银行业服务报告〉发布：去年末中国银业金融机构网点总数达到 22.8 万个》，https://finance.sina.com.cn/roll/2020 – 03 – 12/doc – iimxyqvz9927410.shtml，访问时间：2024 年 9 月 9 日。

② 参见李晓明：《非法吸收公众存款罪存与废的法教义学分析》，载于《政法与法律》2020 年第 6 期，第 17 页。

河南、安徽村镇银行事件①已经证明正规设立的金融机构同样会被犯罪分子利用，存在犯罪的可能性，也凸显了行政监管的必要性。因此，要限缩本罪的适用范围。

1. 关于"擅自设立"的认定

对于设立行为的认定，主要的观点有实质标准说和形式标准说之争。前者认为，根据《金融机构管理规定》第五条的规定，金融机构的设立包括"筹建"和"开业"两个步骤，尚未对外营业时，不能认为行为已经完全符合"擅自设立"的构成要件，是否从事相应的业务是认定"擅自设立"行为的关键标准。后者认为，只要金融机构成立，就符合"擅自设立"，并不需要是否展开工作。还有的学者认为，应当兼采实质标准说和形式标准说，对于典型性金融机构采用形式标准说，对非典型性金融机构的设立要采用实质标准说，如对名义上的"贸易公司"、地下钱庄从事民间融资的行为，由于其尚不具备金融机构的典型形式，因此，在其"开业"之前，尚难将其界定为"金融机构"。但只要其具备一定的组织形式和开始宣传金融业务，就应当认定为"擅自设立"。② 笔者认为，应当采用形式标准说。基于本罪是行政犯，应当以金融机构是否成立作为认定的标准，并不需要依据是否展开工作。对于一些非典型的金融机构如"贸易公司"、地下钱庄的行为，应当同样采用形式标准，以避免处罚范围的扩大化。

2. 关于"筹备组织"的认定

传统观点认为，应当以金融机构筹备活动的组织化程度作为标准，包括必要的经营场所、人员分工等。还有的学者认为基于互联网金融的快速发展，应当不拘泥于上述要素，还应当将筹备活动包含其中。③ 笔者同意前者观点，其原因在于，一是从字面意义来理解，"筹备组织"包括必要的经营场所、人员分工等，显然不包括筹备活动。二是如果将筹备活动包括在内，显然超出了罪刑法定的范围，造成处罚范围的不当扩大。

---

① 《河南村镇银行事件事情背景、经过回顾》，https://zhuanlan.zhihu.com/p/520187433，访问时间：2022 年 8 月 17 日。

② 参见王潜：《擅自设立金融机构罪若干疑难问题研究》，载于《江西警察学院学报》2015 年第 6 期，第 30 页。

③ 参见王潜：《擅自设立金融机构罪若干疑难问题研究》，载于《江西警察学院学报》2015 年第 6 期，第 31 页。

3. 将本罪设置为结果犯

社会的发展过程是从"权利限制型社会秩序"到"权利开放型社会秩序"。[①] 在前者中，组建组织是一种特权，而在后者中，组建组织是一种"非人格的权利"，任何公民和企业都可以合法组建组织并享受国家提供的服务。[②] 本罪立罪的前提是国家长期以来实行的金融垄断。国家对设立银行或其他金融机构实行专营管理是宏观调控的重要方面。世界上多数国家都规定银行是特许经营的行业，必须获得监管部门的许可。即使在美国，开设银行的审批手续也很复杂，银行业的发展经历了一个从权利限制到权利开放的过程。[③] 本罪的立法目的在于，对金融机构的准入机制实行刑事保护，从而维护国家金融秩序。若不经批准擅自设立金融机构，必然会造成金融秩序失控。但本罪的适用范围应当限缩，将其设置为结果犯，可将其罪状修改为：未经国家有关主管部门批准，擅自设立商业银行、证券交易所、期货交易所、证券公司、期货经纪公司、保险公司或者其他金融机构，情节严重。同时增加"有第 1 款行为，经金融管理机关依法行政处罚的，不予追究刑事责任；但是 5 年内因侵害金融管理秩序受过刑事处罚的除外"。由于本罪是单纯违反金融管理秩序的融资犯罪，对符合该罪型条件的行为认定增加"认识错误或者其他无法避免的原因"的抗辩理由。

4. 提高入罪标准

鉴于本罪适用标准过低，笔者建议提高本罪的入罪标准，要通过司法解释明确，"擅自设立金融机构的，涉案金额在 50 万元以上的应予追诉"，从而缩小本罪的适用范围。

三、非法从事资金支付结算行为的刑法评价

"任何一个立法者在制定法律时，都会希望保留一定的自由，以处理制定法律时还不太容易预见的情况。"[④] 我国的刑法中，兜底条款一

---

①② 参见路乾：《美国银行业开放史：从权利限制到权利开放》，社会科学文献出版社 2016 年版，第 3 页。

③ 参见路乾：《美国银行业开放史：从权利限制到权利开放》，社会科学文献出版社 2016 年版，第 197 页。

④ ［美］富勒：《法律的道德性》，郑戈译，商务印书馆 2005 年版，第 245 页。

直存在。兜底条款的存在既可以使法律适用于新的事实，也可以适用于新的社会和政治的价值观。[①] 兜底条款是国家为了避免刑罚处罚漏洞和空白而采用的手段。尤其是我国经济快速发展，新型经济犯罪行为层出不穷，兜底条款可以解决立法的滞后性与社会变动发展之间的矛盾，避免因法律空白而出现的处罚漏洞，强化法益的社会保护机能。但兜底条款在司法适用中扩张打击范围的趋势是明显的。自非法经营罪设立以来，"两高"通过数次司法解释，不断扩大本罪兜底条款的处罚范围，将本罪适用扩大化。

"非法从事资金支付结算业务"系指在未经国家监管部门批准的情况下，擅自从事资金支付结算业务。司法实践中，司法机关常根据字面含义对所有与资金进出有关的行为都认定为"支付结算"，尤其是从事民间票据中介等"资金拆借""发放贷款"等资金融通行为常被认定为"支付结算"行为，从而造成民间支付结算行为的犯罪化。

支付结算是指单位、个人在社会经济活动中使用现金、票据、信用卡等进行货币给付及其资金清算的行为。《支付结算办法》第六条规定："银行是支付结算和资金清算的中介机构。未经中国人民银行批准的非银行金融机构和其他单位不得作为中介机构经营支付结算业务。"在市场经济里，支付和结算是所有人都能参与的事情，而不单单是银行和企业的事，把个人排除在市场之外，是没有道理的。[②] 民间支付结算行为构成非法经营罪立罪的前提仍然在于正规金融垄断。

1. 票据贴现的非罪化

我国《票据法》第十二条规定：票据的取得，必须支付对价，即应当给付双方当事人认可的相对应的代价。国家无法也不应当强行介入。对一张票据而言，受让票据的"后手"通过给付现金的方式取得票据从而享有票据权利，转让人取得现金，双方各得其所，本质上是一种民事行为。

（1）票据贴现存在的必然性。

我国《票据法》并没有对票据私下贴现（票据买卖）作出否定票据权利的规定。在司法实践中，"民间票据贴现的效果与民间借贷类似，

---

① ［德］伯恩·魏德士：《法理学》，丁晓春、吴越译，法律出版社 2005 年版，第 85 页。

② 参见谢怀栻：《票据法概论》（增订版），法律出版社 2006 年版，第 49 页。

都是服务于企业融资之目的"①。票据贴现之所以盛行,原因在于广大中小企业有巨大的融资需求及票据具有强大的融资功能,而正规金融机构票据贴现又存在诸多的阻碍。② 从事票据私下贴现的单位或个人,小部分自用,大部分是为了赚取一定的利息差,收到票据后又立即转让,而不是以资金结算为目的,非法经营罪将其定性为"非法从事资金支付结算业务"是不妥当的。"票据融资具有成本低、速度快、手续便捷、灵活性高等优势"③,提供了一条在正规金融机构之外的融资渠道,满足了需求方和资金方的投资需要。④

(2)票据贴现行为无法益侵害性。

买卖票据本身没有多大错,所谓票据买卖或非法贴现行为既不损害国家利益,也不侵害交易相对方的利益,相反它打破了金融机构的垄断,拓展了企业和个人的融资渠道,加快了企业资金的周转并减少成本,具有一定的正当性和合理性。回溯票据贴现的发展历史,2011年,国务院发布《票据管理实施办法》《非法金融机构和非法金融业务活动取缔办法》,后者则将未经中国人民银行批准,擅自设立从事或者主要从事票据贴现的机构规定为"非法金融机构",并将未经中国人民银行批准,擅自从事票据贴现的行为规定为"非法金融业务活动"。⑤ 根据上述规定,票据贴现行为也仅是一种违反行政命令的行为,刑法及相关司法解释均无明确规定其构成犯罪。根据"法无禁止即自由"的原则,票据贴现应当非罪化。

(3)国外票据贴现的规制。

在美国,商业票据通常由美国证券存托与结算公司统一负责托管结算,并且可以在二级市场交易,票据市场较发展中国家都更为开放。对内,票据贴现的利率可以由交易双方自由约定;对外,票据市场的参与

---

① 参见吴钦:《民间票据贴现行为的效力及法律治理》,载于《上海法学研究》2021年第22卷,第250页。

② 参见吴钦:《民间票据贴现行为的效力及法律治理》,载于《上海法学研究》2021年第22卷,第250~251页。

③ 戴嘉锋:《票据融资的法律问题及制度完善》,华东政法大学硕士学位论文,2021年,第1页。

④ 参见许舜怡:《我国民间票据贴现合法化研究》,山东大学硕士学位论文,2020年,第7页。

⑤ 参见《非法金融机构和非法金融业务活动取缔办法》第三、四条。

主体广泛，既包括本地的一些金融机构，各种体量的企业、自然人，还包括外国金融机构、外国企业甚至个人。这种开放式的市场使得票据市场发展迅速，为各类参与主体带来了很高的经济效益。

综上所述，作为民间融资的重要形式的票据贴现行为符合市场经济发展的客观规律，没有法益侵害性，应当进行非罪化处理。我国目前的票据市场中，对参与主体、交易品种都有严格的限制，建议提高票据市场开放程度，不再区分民间票据融资和传统票据融资，将民间票据融资也纳入现行的金融体系中来，一并管理。[①] 应当修改《票据法》第十条规定："票据的签发、取得和转让，应当遵循诚实信用的原则，具有真实的交易关系和债权债务关系。"将票据的无因性贯彻到底，将银行票据的流通功能合法化，通过司法解释将"民间票据融资""民间票据中介"非犯罪化，从而避免非法经营罪对民间融资的过度侵蚀。

2. POS 机套现的刑法评价

2009 年 12 月，"两高"通过出台司法解释，将非法套现行为及恶意透支行为规定为犯罪，学界对特约商户利用 POS 机进行套现行为是否符合非法经营罪的要求存在很大争议。关于 POS 机套现行为的定性，国内存在着非犯罪化和犯罪化两种观点。前者认为，非法经营罪一般只有在行为人实施了违反国家规定的特别许可经营的行为时才构成。POS 机套现是违反一般许可的经营行为，具有行政处罚性，不应当以犯罪论。[②] 在刑法没有将 POS 机套现明文规定为犯罪的情况下，将 POS 机套现以司法解释形式认定为非法经营罪，属于典型的司法"造法"。[③] 且 POS 机套现虽然侵犯了银行的现金管控权和信用卡监督管理制度，对于银行来说，虽然丧失了相应利息的收益，但却收到了商户返回的收益，并没有具体的法益侵害性。[④] 后者则认为，将现金通过 POS 机套取出来

---

① 参见付亚春：《中小企业民间票据融资风险防范的法律问题研究》，中国地质大学（北京）硕士学位论文，2019 年，第 41 页。

② 郑伟、葛立刚：《刑行交叉视野下非法经营法律责任厘定》，载于《法律适用》2017 年第 3 期，第 72～77 页。

③ 参见叶良芳：《信用卡套现入罪是司法"造法"》，载于《法学》2010 年第 9 期，第 133～144 页。

④ 参见钟润苹：《第三人利用信用卡进行套现的行为定性分析——以钱某某等人非法经营案为例》，西南政法大学硕士学位论文，2015 年，第 17 页。

构成"骗取贷款罪"。[1] 还有学者认为利用 POS 机套现是牟利行为，违反了信用卡现金支取业务，这一业务属于特许管控制度，所以构成非法经营罪。[2]

笔者认为，商户提供套现服务并不构成犯罪，信用卡透支行为也不构成信用卡诈骗罪。

（1）商户提供 POS 机套现服务并不构成犯罪。

第一，民间融资催生 POS 机套现。随着民间融资的发展，自 2012 年金融危机以来，许多经营者资金链断裂，民间对资金的需求越来越迫切，如何还款成为最大的问题。鉴于从银行贷款的困难及额度有限，众多民间贷款者只能另寻融资之路，POS 机套现便应运而生。加之国内各大银行大量发放信用卡，使得持卡人利用信用卡从中谋利，其本质是一种民间融资方式。

第二，POS 机套现并无具体法益侵害性。法益侵害是行为入刑的最主要标准，但考察 POS 机套现，它虽不是建立在"养卡人"和持卡人之间真实交易的基础之上，但却没有具体的法益侵害，各方各得其所。一是对于银行来说，无论消费者是消费还是套现，都会有收益入账。二是套现者在 POS 机上虚假交易来获取资金，能够规避银行高昂的利息，还能获得最长达 56 天的免息期，是获取资金的好途径。三是中介机构能够获得的手续费要远大于刷卡手续费，获得高额利润[3]，且 POS 机套现犯罪化理由并不成立。

首先，POS 机套现违反国家的专营制度的理由不成立。该观点认为帮助持卡人套现本质上属于提供银行卡相关服务，根据《商业银行法》的规定，银行卡业务只能由取得经营许可证的金融机构开展。因此商户、中介机构不具有金融机构经营许可证，其实施本应由金融机构开展的从信用卡中支取现金的专有业务，而这本应当由银行这一中介完成。发卡银行的信用卡办理章程中，也明确规定持卡人不得利用信用卡从事套现、虚假交易等条款。对于申领 POS 机的特约商户，他们在申请 POS

---

[1] 参见孙哲：《论信用卡套现行为的刑法规制》，大连海事大学硕士学位论文，2013 年，第 2～17 页。

[2] 参见张天晓：《利用 POS 机犯罪案例研究》，黑龙江大学硕士学位论文，2014 年，第 8 页。

[3] 参见程璞：《商业银行 POS 机套现的洗钱风险管理探析》，载于《西部金融》2017 年第 4 期，第 91 页。

机加入银联网络时所签订的协议中也明确规定，不得使用 POS 机套现。因此，POS 机套现违反了国家关于金融业务特许经营的法律规定。笔者以为，金融业务特许经营制度本身就存在不合理之处，维护的是正规金融垄断秩序，不具有成为刑法保护法益的资格。POS 机套现顶多是违反合同约定的违法行为。

其次，认为 POS 机套现构成非常经营罪是因为其符合"其他严重扰乱市场秩序的非法经营行为"这一堵漏条款也不成立。在刑法没有明文规定和司法解释没有明文规定的情况下用非法经营罪规制提供 POS 机套现行为，是变相扩大法官自由裁量权，"属于典型的程序违法"[1]。实践证明，该种行为入罪是刑法对民间融资的不公平打压，违反公平原则和刑法谦抑性原则。

最后，POS 机是特约商户与商业银行通过签订民事合同购买的机具，两者属于民事合同关系，因此，前者并不因民事合同而要承担支付结算功能，也不能因此成为从事支付结算业务的机构。[2] 在信用卡套现活动中，支付结算中介机构仍是商业银行，持卡人是虚拟的付款人，特约商户是虚拟的收款人，不能将特约商户帮助持卡人套现的行为认定为"非法从事资金支付结算业务"。

第三，国外 POS 机套现行为非犯罪化。外国的信用卡市场正在将 POS 机套现逐渐合法化。商户和银行均主动提供信用卡套现业务，以从中收取手续费和借款利息增加收入来源。运用最广泛的就是被称作"cash out"的套现方式，可以省去大部分银行对个人账户所设置的账户管理费、提现费、刷卡费等。即不通过 ATM 机而是 POS 机获取现金，从而让自己少受"剥削"。POS 机套现适用不同的套现额度等。[3] 美国是信用卡的起源地，对个人信用要求高，但 POS 机套现并不是犯罪。德国《第二反经济犯罪法》规定信用卡持卡者滥用信用卡支付功能造成一定经济损失的要处以刑罚。滥用支付功能类似于 POS 机套现行为，

143

---

① 叶晓川、钱程、管依依：《非法经营罪的异化扩张与理性限缩》，载于《行政管理改革》2020 年第 9 期，第 87 页。

② 参见韩军：《信用卡套现行为的刑法争议与规制路径探索——以司法解释第 7 条为中心》，山东大学硕士学位论文，2017 年，第 13 页。

③ 参见周亦婷：《POS 套现非法经营犯罪的认定与预防措施》，华东政法大学硕士学位论文，2011 年，第 3 页。

但刑罚的前提是造成经济损失。①

综上所述，特约商户单纯出于融集资金而用 POS 机套现不构成犯罪。目前存在特约商户通过提供 POS 机以"上游犯罪"的非法所得作为经济依托，将"黑钱"支付给套现者，再从银行获得"被洗干净的钱"，以达到洗钱的目的。在这种形式下又可以分为两种情况，一种是特约商户与洗钱人合谋，以"黑钱"作为支付给套现者的资金，并从中收取"手续费"，即构成洗钱罪的共同犯罪，持有 POS 机的特约商户成为洗钱罪的帮助犯；另一种是洗钱罪"上游犯罪"行为人自己开设中介机构成为特约商户并持有 POS 机，利用提供套现业务来为自己洗钱则构成洗钱罪。

（2）信用卡透支行为不构成信用卡诈骗罪。

首先，信用卡透支没有法益侵害性。信用卡是一种具有存取现金、转账结算、消费信贷等全部或部分功能的信用支付工具。不论是信用卡取现还是信用卡套现，都是利用信用卡透支资金，都是信用卡借贷功能的具体表现，对持卡人、商户、银联、银行四方都有利。从信用卡功能的角度来看，透支是信用卡应有之意，将透支行为入罪，与信用卡的特性背道而驰。

其次，信用卡透支产生的重要原因是银行制定的不合理的信用卡透支制度。民间有旺盛的融资需要，融资难是信用卡透支的一个重要原因。而银行高额的取现费用和取现额度的限制，使得持卡人放弃向银行"贷"资金，转而在 POS 机上透支。

再次，信用卡透支没有扰乱正常的金融管理秩序。如果持卡人直接到发卡行的柜台或者 ATM 机取现，发卡行必然给予透支且不会要求知道透支资金的用途，这说明发卡行并不关心透支资金的用途。不论是信用卡透支还是信用卡取现都是从发卡行透支资金，区别在于前者向发卡行虚构了交易事实，后者没有向发卡行说明资金的用途。既然发卡行并不要求知道透支资金的实际用途，那么将透支视为"以欺骗手段取得贷款"就不能成立，因而也就谈不上对金融管理秩序的损害。

最后，信用卡透支是市场行为，是民间融资权利行使的体现，对其规制应该采用市场手段。

① 参见赵玮玮：《POS 机套现行为刑法定性研究》，内蒙古大学硕士学位论文，2018 年，第 3~4 页。

四、高利贷入罪的废止

高利贷是一种特殊的民间借贷。对经营性高利贷一律入罪不具有正当性和合理性，应当予以废止。

（一）理论拨正

目前，刑法学界多数学者对于高利贷行为入刑持反对意见。少部分学者持支持意见，如有的学者建议增设"放高利贷罪"[①]，有的学者主张应当根据是否具有经营性分层次进行刑法规制[②]；有的学者主张对放高利贷者暴力催收高利贷，严重侵犯借款人生命权或健康权、严重破坏社会秩序的行为定非法经营罪[③]。还有的学者主张对非法放贷行为采用"直接＋间接"二元衔接规制模式型构。[④] 对高利贷入罪的理由集中于其违背了平等、自愿的市场交易原则，侵害了金融管理秩序，容易引发其他犯罪行为，山东聊城的于欢案即为明证。更有学者主张高利贷侵害了国家权力，扰乱了信贷资源，违反社会公平原则，侵害了经济自由权利[⑤]，因而主张通过"重利＋方式的不当性＝重利罪"的方式进行规制[⑥]。有的学者认为现在通过非法经营罪、高利转贷罪进行打击缺乏全面性和合理性，应当通过增设高利放贷罪进行打击。[⑦] 最高人民法院、最高人民检察院、公安部、司法部于 2019 年 10 月联合发布了《关于办理非法放贷刑事案件若干问题的意见》，适用"非法经营罪"规制经营

---

① 参见赵秉志、李昊翰：《民间放高利贷行为入罪问题探讨》，载于《河南大学学报》（社会科学版）2020 年第 2 期，第 57 页。

② 参见陶建平：《高利贷行为刑事规制层次论析》，载于《法学》2018 年第 5 期，第 180 页。

③ 参见周铭川：《论刑法中高利贷及其刑事可罚性》，载于《法治研究》2018 年第 4 期，第 82 页。

④ 参见王志远：《非法放贷行为刑法规制路径的当代选择及其评判》，载于《中国政法大学学报》2021 年第 1 期，第 187 页。

⑤ 陈晓枫、周鹏：《高利贷治理之史鉴》，载于《法学评论》2019 年第 4 期，第 150 页。

⑥ 参见刘伟：《民法典语境下高利贷刑法规制路径的反思与重构》，载于《东南大学学报》（哲学社会科学版）2020 年第 3 期，第 126 页。

⑦ 参见齐怡人：《增设高利放贷罪之探究》，南昌大学硕士学位论文，2019 年，第 15～20 页。

性非法放贷行为。

笔者以为，高利贷行为应当非犯罪化：

（1）高利贷行为是主要的民间融资形式，延续千年，国内外普遍存在。高利贷本质是追逐利益的行为。由于我国长期以来实行的利率管制、金融特许制度等，导致民间借贷风险增多，为补偿风险造成的损失，高利贷必然会出现，且交易行为会更隐蔽，利率更高。[①]高利贷的两面性决定了不可能对其完全强制性禁止，且容易造成对民间融资的过度压制。压制越大，高利贷越顽固。

（2）刑事治理能力有限。高利贷的存在具有历史必然性，孟德斯鸠在《论法的精神》中揭示了高利贷的产生原因，并补充了导致高利贷的法律环境和道德因素。[②]从制度变迁的角度来看，中国古代以利率管制为核心的打压高利贷的种种举措屡屡受挫[③]，历史已经证明刑事治理未能禁止高利贷，现代社会将高利贷入罪同样也消灭不了高利贷。

（3）高利贷入罪忽略了高利贷产生的制度根源，无异于缘木求鱼。对民间融资的禁止很大程度上是因为其存在的高利率，认为其本质是"剥削"。关于我国民间借贷的利益，先后经历了利率上限为中国人民银行同期贷款利率的4倍—年利率24%—当前4倍贷款市场报价利率（LPR），且包括服务费、咨询费等借贷费用。高利贷的利息肯定高于银行的利息，而且实践证明，压制越大，风险越大，利率越高。高利贷的高利率也并不都是企业不可承受的，如科技创新企业的高利率借贷，一旦创新成功利润就相当丰厚，企业完全可以承担100%甚至更高利率。剥削的核心特征是"强占"[④]，对于依靠权力强占财富的剥削要依法禁止和消除，而高利贷是双方自愿达成的合意，具有自生自发性，本质上是融资权利的行使，不是剥削。

（4）域外法律规制。日本制定了《贷款业法》，对贷款业采用事先登录制，且对恶劣的贷款业务者，可以科处取消登录的行政处分。另外

---

① 参见刘伟：《集资型金融犯罪刑法规制完善问题研究》，法律出版社2022年版，第49页。

② 参见周洛华：《金融的本质》，西南财经大学出版社2014年版，第36页。

③ 参见桑本谦：《民间借贷的风险控制：一个制度变迁的视角》，载于《中外法学》2021年第6期，第1464页。

④ 参见贾可卿：《论竞争中性的两面性》，载于《北京联合大学学报》（人文社会科学版）2021年第4期，第56页。

对苛刻的讨债行为尤其是威胁他人或侵害私生活或业务安宁的言行进行刑事制裁。此外还规定，贷款业务者于签订贷款合同时必须将合同书交给对方，于接受还款时必须将发票（收领证书）交给还款人，否则要受到处罚。同时该法还建立了对保证人的保护制度。① 日本将放贷人区分为非职业放贷人的高利贷犯罪和职业放贷人的高利贷犯罪。前者是以超过 109.5% 的年利率放贷，后者则指以超过 20% 的年利率放贷。② 美国各州刑事高利贷的年利率从 10% ～ 50% 不等，包括 10% ～ 25%、25% ～ 35%、35% ～ 50% 等不同的档次③，虽然有此规定，但实际上名存实亡。新加坡于 1959 年制定的《放贷人法案》于 2008 年进行了修改，同时制定了《放贷人条例》。合法的民间借贷既包括个人也包括合伙和企业。任何人不管以何种方式进行放贷都必须领取牌照，《放贷人法案》中规定了无担保贷款和有担保贷款的最高年利率，还规定了被许可放贷人应以明显的方式（英文）标示出其商业名称和放贷牌照，否则要受到罚款的处罚，充分体现了平等自愿、维护金融安全和金融效率原则，表明新加坡政府敢于正视民间融资的存在，并通过法律的形式对可能存在的违法犯罪行为进行规范和引导。中国香港的《放债人条例》规定，任何人经过注册都可以从事放债业务，利率、金额、借款时间和偿还方式由借放款双方自行约定，并规定了利率上限及无证放贷和非法放贷的情况。④ 从上述立法规定可以看出，全球绝大多数国家和地区承认高利贷的合法存在，采取"持牌限制"的立法方式，"牌照经营"大多具有"备案性质"，只有违反规定才构成犯罪。

（二）高利贷行为的刑法评价

笔者以为，高利贷行为并未严重违背平等自愿原则，也未严重侵害刑法法益，高利贷本身并不侵害人身权利和财产权利，高利贷行为没有

147

---

① 参见［日］芝原邦尔：《经济刑法》，金光旭译，法律出版社 2002 年版，第 39 页。
② 参见于佳佳：《民间借贷中高利贷的刑法规制原理：入刑与否、尺度何在》，法律出版社 2022 年版，第 170～173 页。
③ 参见于佳佳：《民间借贷中高利贷的刑法规制原理：入刑与否、尺度何在》，法律出版社 2022 年版，第 78 页。
④ 《香港〈放债人条例〉简介》，http：//mp. weixin. qq. com/s?＿＿biz＝MzA3OTM2NTYwNg＝＝&mid＝200243206&idx＝1&sn＝3f03e3aa9077a70755405261086995df&3rd＝MzA3MDU4NTYzMw＝＝&scene＝6#rd，访问时间：2014 年 12 月 12 日。

严重侵害社会法益。① 建议在充分尊重民间高利贷制度动因的基础上②，废止将经营性高利贷以非法经营罪处罚的司法解释。目前，我国有些地方针对高利贷存在的情况进行了大胆的尝试。浙江省高院出台的《关于依法严厉打击与民间借贷相关的刑事犯罪强化民间借贷协同治理的会议纪要》，提出建立"职业放贷人名录"制度③，加强对职业放贷人的监管。笔者以为，应当借鉴域外对于高利贷的法律规定，出台国家层面的放贷人条例，对经营性高利贷进行合法性规范，而不是简单的"一刀切"将其定为犯罪。

高利贷会使放贷人与借款人之间地位不平等，影响借贷公平秩序，有学者主张将乘人之危的放贷行为规定为暴利罪的构成要件。④ 笔者以为用刑法前置法进行规范即可。根据我国《民法典》的规定，一方以欺诈、胁迫手段，使对方在违背真实意思的情况下实施的民事法律行为，另一方有权要求法院或者仲裁机构予以撤销。对于行为人采用欺诈、胁迫的手段使对方在违背真实意思的情况下实施的放贷行为，相对人有权要求法院或者仲裁机构予以撤销。如果借贷双方自愿订立超出法定利率上限的借贷合同，自然不构成犯罪。

五、欺诈型民间融资的刑法评价

欺诈指在不具有诈骗目的的情况下通过不真实的陈述来吸收资金。非欺诈型民间融资可能构成擅自发行股票、公司、企业债券罪，非法吸收公众存款罪，擅自设立金融机构罪等，要进行非罪化处理。诈骗和欺诈在本质上不同，诈骗是指具有非法占有目的，以隐瞒真相或虚构事实的方式转移资金的所有权，后者则不具有非法占有目的。有学者提出将

① 参见肖华清：《高利贷刑法规制合理性质疑》，西南政法大学硕士学位论文，2019年，第17~27页。
② 参见吕垚瑶：《我国高利贷刑法治理的困境与破解路径》，载于《重庆社会科学》2019年第9期，第107页。
③ 《浙江省高级人民法院等6部门关于依法严厉打击与民间借贷相关的刑事犯罪强化民间借贷协同治理的会议纪要》，https://www.waizi.org.cn/policy/65245.html，访问时间：2022年4月10日。
④ 参见刘伟：《集资型金融犯罪刑法规制完善问题研究》，法律出版社2022年版，第143页。

采用虚假信息披露但不具有非法占有目的的融资欺诈行为纳入集资诈骗罪的规制范围。① 此种观点显然不妥。还有学者提出融资人以直接借贷方式进行非法集资的应当通过修改扩大《证券法》中"证券"的范围的方式，以欺诈发行证券罪进行处罚。② 笔者以为应当增设欺诈集资罪进行处罚。

传统观点认为，欺诈发行证券罪的保护法益是证券市场的正常管理秩序。③ 有学者认为欺诈发行证券罪的侵害法益为证券市场的公平性④；还有的学者认为欺诈发行证券罪的保护法益应是投资者对证券审查机关的基本信赖，间接保护法益是不特定或多数投资者的财产利益⑤。本罪的适用范围主要是正规金融市场发行股票或者公司、企业债券的单位和个人。该罪的犯罪目的是"非法获取发行资格发行股票或者债券"并进而获得他人资金使用权，并不是非法占有。在证券发行注册制全面覆盖的趋势下，审查机关（证券交易所和中国证监会）采取形式审查，不审查公司经营状况的好坏，能否成功发行交由市场决定。目前司法实践中，将欺诈融资用于正常生产的民间融资行为按照非法吸收公众存款或者集资诈骗罪进行处罚，定性并不准确。有些企业和个人在通过正规金融机构贷款无望的情况下只好采用民间欺诈融资用于正常生产的行为，没有侵犯出资人的财产权利，只是融资时采取了欺诈的手段，出资人的行为本质上是一种投资，应当属于"证券"的范畴。但这样一来就受制于证券立法及解释，实际上是逃离了非法银行类业务范围而进入了非法证券类业务范围。且要求司法人员有较高的灵活解释规则的能力和权力，和我国成文法体系不相适应。⑥ 因而笔者以为增设欺诈集资罪进行规制比较合适。具体表述为：以欺诈方式集资，数额较大的，处三

---

① 参见李云飞：《民间借贷从传统走向网络后的刑法规制选择——以信息保护模式为视角》，载于《政治与法律》2017年第4期，第54页。
② 彭冰：《非法集资活动规制研究》，载于《中国法学》2008年第4期。
③ 参见陈兴良等：《论证券犯罪及其刑法调控》，载于《中国法学》1994年第4期，第84页。
④ 高巍：《欺诈发行股票、债券罪的危险犯性质与解释路径》，载于《政治与法律》2018年第4期，第40页。
⑤ 柏浪涛：《欺诈发行证券罪的教义学分析》，载于《中国刑事法杂志》2021年第4期，第3页。
⑥ 参见邓小俊：《民间借贷中金融风险的刑法规制》，中国人民公安大学出版社2016年版，第98页。

年以下有期徒刑或者拘役，并处罚金；数额巨大或者有其他严重情节的，处三年以上七年以下有期徒刑，并处罚金。其构成要件为：

主体方面：本罪的主体是一般主体，包括任何向社会公众集资的单位和个人。

主观方面：表现为故意，即具有欺诈的故意。

客观方面：主要表现为隐瞒重要事实或者编造重大虚假内容进行集资的。

客体：本罪的客体是出资者的公私财产权利和社会资金的安全。

关于项目发起人实施的虚假宣传等行为是否可能构成欺诈集资罪的关键之一在于只有"隐瞒重要事实"或"编造重大虚假内容"才能构成欺诈集资罪。所谓"重要"或者"重大"，是指其内容对于投资者投资决策具有重要参考作用。一旦得到认可或者被遗漏，极有可能误导投资者的投资决策。

六、适度采用二元化立法限缩犯罪圈

民间融资活动是客观的规律使然，更多时候是公民、企业合意的结果。刑法如果主动介入的话，势必会破坏市场经济本身的活力，从而客观上抑制经济的发展。现实生活中发生的大量的非法集资犯罪案件，完全是公安司法机关主动以公权力干预民间融资的结果，司法机关"一厢情愿"地主动干预，"受害群众"并不领情，法律效果和社会效果完全背离。笔者认为，在民间融资快速发展和权利意识高涨的今天，刑法应该保持谦抑精神，采用二元化的犯罪模式，从而使民间融资实现最大限度地无罪化或者去罪化。

由于民间融资犯罪行为的出现根源于金融体制垄断，一般民众对不合理的金融管理制度不服从，这种不服从又妨害了社会秩序，因此需要国家干预并在必要时借助刑罚。而不管是行政管理、行政处罚，抑或是刑罚处罚，其目的都是要维护良好的金融社会秩序或恢复金融社会秩序。二元化犯罪模式一方面能够扭转目前民间融资浪潮高涨的弊端，同时也能够使某些民间融资行为达到非犯罪化的结果，最大限度地减小由此而引发的制度风险，可谓一举两得。它依据刑法父爱主义，以犯罪化为后盾，要求犯罪人积极履行义务或弥补被害人损失，如此则不以犯罪处理。非犯罪化是优先模式，而犯罪化是保障，是犯罪化与非犯罪化的统一。具体而言：

对于侵害金融管理秩序的犯罪行为，建议增加"有第 1 款行为，经金融管理机关依法行政处罚的，不予追究刑事责任；但是 5 年内因侵害金融管理秩序受过刑事处罚的除外"的规定。

刑法的补充性决定了在其他社会手段无法控制某种行为时，刑法才介入。对于民间融资犯罪而言，如果可以通过继续履行义务的方式来恢复被破坏的金融秩序，刑法就没有干预的必要。以合目的性来把握民间融资的行政犯，可以大大限制刑法的适用，体现刑法对行政法的承接与调整，形成犯罪预防合力，最大限度地恢复被破坏的金融管理秩序，减轻司法机关的负担。同时，直接违反金融保护管制的犯罪是出于对金融行政秩序本身的维护，是基于预防民间融资犯罪危害后果发生的目的，因此刑法对直接违反金融保护管制的犯罪采取审慎的态度，其行为具有"两次""社会影响坏"等情节严重的情形犯罪化，保证刑法的谦抑性。二元化的民间融资犯罪模式的完善不仅体现了刑法谦抑和刑法经济原则，而且会使犯罪人认识到自己的犯罪行为并悔过自新，节约了国家司法资源，更避免了再犯、累犯和交叉感染问题，是面对民间融资诉讼高发危情之下理性选择的犯罪模式。

第五章 侵害复合法益的民间融资行为的刑法规制

民间融资涉及的多种犯罪行为往往掺杂在一起。尤其是近年来，随着区块链、元宇宙、加密货币等新概念的兴起，利用新兴概念炒作进行融资诈骗的行为越来越多。2022 年 11 月，美国证券交易委员会指控 Trade Coin Club 运营商为加密庞氏骗局。① 2017 年 9 月，湖南省株洲县人民法院审结了涉案金额达 16 亿余元的特大"维卡币"网络传销案。② 2020 年浙江温州警方破获全国首例利用区块链"智能合约"犯罪案件。③ 区

---

① 美国证券交易委员会对 Trade Coin Club 运营商提起诉讼，指控其创建者和 3 名美国发起人从全球 10 万多名投资者手中筹集了超过 82000 枚比特币，当时价值 2.95 亿美元，约合人民币 21 亿元。然而，Trade Coin Club 承诺向投资者提供的最低每日回报，实际上是使用新投资者的存款支付老投资者。《震惊！又一庞氏骗局曝光！涉资近 3 亿美元，超 10 万名投资者被收割！》，东方财富网，https：//finance. eastmoney. com/a/202211062552073640. html，2022 年 11 月 6 日，访问时间：2024 年 9 月 9 日。

② 维卡币传销组织系向中国境内推广虚拟货币的组织，传销网站及营销模式由保加利亚人鲁某组织建立，服务器设立在丹麦的哥本哈根境内，对外宣称是继"比特币"之后的第二代加密电子货币。该组织声称维卡币升值空间大，诱骗他人投入巨额资金到其设立的网站，并设立门槛，会员注册后不能退会、退款。要成为维卡币组织会员，必须在老会员的推荐下，缴纳不同级别的"门槛费"以获得相应级别激活码，注册成为不同级别的会员。法院审理认为，段某、李某等人以购买并持有虚拟货币可升值为名，诱惑参加者以购买激活码的方式激活账号获得加入资格，并按照一定的顺序组成层级，直接或间接以发展人员的数量作为计酬或返利依据，引诱参加者继续发展他人参加，骗取财物，扰乱社会经济秩序，其行为均已构成组织、领导传销活动罪。详见《湖南宣判 16 亿元涉外"维卡币"网络传销案 35 人获刑》，中国法院网，https：//www. chinacourt. org/article/detail/2017/09/id/2993175. shtml，2017 年 9 月 8 日，访问时间：2024 年 10 月 30 日。

③ 陈某等人利用区块链"智能合约"技术疯狂作案，犯罪分子通过群内的"托"，让受害人信以为真，将 ETH 转到"群主"提供的账户内，返还没有任何价值的虚假 HT，从而非法套现，获利金额高达亿元。《【大案追踪】警方破获全国首例利用区块链"智能合约"犯罪案件》，https：//baijiahao. baidu. com/s？id＝1671719464835124769，公安部网安局，访问时间：2024 年 9 月 13 日。

块链、比特币等新概念逐渐变成了传销组织、庞氏骗局加以利用的工具。

　　侵害复合法益的民间融资行为是指既侵害交易相对方财产权利又侵害金融管理秩序的民间融资行为。在民间融资犯罪行为中，犯罪手段越来越隐蔽，作案方式趋向有组织化。为了欺骗被害人，逃避法律打击，犯罪分子往往刻意包装，以合法形式掩盖非法目的，犯罪手段极具迷惑性，有的以合法公司为掩护进行非法活动，有的多种融资手段混合在一起，新兴的互联网金融中存在诈骗、洗钱、挪用型等犯罪活动①，从而给犯罪行为的定罪量刑带来了很大的困难。

第一节　侵害复合法益的民间融资
行为刑法规制的正当性

　　侵害复合法益的民间融资相对于侵害单一型法益的民间融资行为更复杂，危害性更大，用刑法进行规制具有正当性。

一、侵害复合法益的民间融资行为的特点

（一）犯罪主体组织化、多元化

　　民间融资不法分子从传统的"作坊式"组织转向现代企业模式，有具体的经营场所、森严的组织架构和固定的工作人员，犯罪分子分工明确，大量聘用金融专业人员，如 e 租宝雇用金融专业人员，更具迷惑性。

（二）犯罪场域互动性、交易性

　　侵害复合法益的民间融资主要存在于金融交易的过程中。随着科技的发展，互联网金融兴起，线上线下、域外域内、实体虚拟金融交易混合，为不法分子提供了犯罪的温床。如不法分子打着科技金融的幌子，大量自设资金池、发假标自融，引发上百家 P2P 平台无法兑付的爆雷事

---

　　①　李建军主编：《中国地下金融调查》，上海人民出版社 2006 年版，第 1 页。

件。新兴金融交易行为中隐藏着大量的金融风险。

(三) 犯罪手段网络化、产业化

行为人利用网络可以实现跨国境、跨区域、多层次、高效率运作扩张集资渠道，并向上下游扩展，与计算机信息系统犯罪交织在一起。网络金融活动中的网络交易突破了地域限制和时间限制，具有资金快速流动的特点，使得网络金融可能成为洗钱犯罪的新途径、新工具与新领域。[①]

二、侵害法益的复合性

与侵害单一法益的民间融资不同，侵害复合法益的民间融资行为侵害多个法益。传统观点认为，侵害复合法益的民间融资既侵害了融资人即被害人财产权利，导致集资参与人损失惨重，严重影响社会稳定和金融安全，如 e 租宝平台爆仓涉案金额众多，又侵害了金融管理秩序。侵害复合法益的民间融资行为既可能发生在传统融资领域，也可能发生在新兴的互联网金融领域。尤其是近几年来，互联网金融发展迅猛，互联网金融平台有上万家，包括网络借贷、互联网资产管理、网络众筹等21 类。[②] 由此而引发的民间融资犯罪案件数量急剧上升，互联网欺诈造成的损失达到了国内生产总值（GDP）的 0.63%。[③] 不得已，政府对 P2P 平台进行取缔。名目繁多、花样不断翻新的民间融资手段既侵害了出资人和投资者的财产权利，也侵害了金融管理秩序，引发民间金融风险和局部社会动荡。

三、刑法前置法不足以有效规制

刑法处罚的是具有法益侵害性的民间融资行为。侵害复合法益的民间融资行为较其他民间融资行为侵害的法益更严重，侵害法益种类更

---

① 参见江耀炜：《网络金融犯罪的被害预防与效果评估》，载于《南京大学学报》（哲学·人文科学·社会科学）2021 年第 5 期，第 112 页。

②③ 《我国互联网金融业世界第一，互联网金融平台数量超 1.9 万家》，http://www.gov.cn/xinwen/2017-07/13/content_5210036.htm，访问时间：2022 年 11 月 21 日。

多，自然应当受到刑法的关注。

私有财产是国民经济的重要组成部分，现代国家强调保护私有财产权，这是法治社会的必然要求。侵害复合法益的民间融资行为侵害的是融资参与主体的财产权利，通过民商法规范、行政法规范无法有效进行规制，因而需要刑法的评价。民商法规范强调私力救济，基于融资双方的合意而进行融资行为，如果一方没有寻求司法机关的干预，则公权力不宜主动干预。侵害复合法益的民间融资行为也侵害了金融管理秩序，即首先违反了民间融资的行政法律法规，达到"数额较大、情节严重或者后果严重"，所以需要刑法进行规制。

民间融资刑法规制的核心是保护融资者的融资权利。因此，对于侵害复合法益的民间融资同样应当以保护融资参与者的融资权利作为刑法规制的目标，并以此调整完善刑法规定及司法解释。

第二节　侵害复合法益的民间融资行为的刑法评价

刑法处罚的是行为。侵害复合法益的民间融资行为的刑法评价要以行为侵犯的法益为标准，结合行为数量进行认定：在行为单一时，规范之间可能存在想象竞合或者法条竞合的关系。而有多个行为时，则需要根据其侵害的法益认定犯罪，可能适用连续犯、牵连犯的处理原则。而数行为之间并不相关的，则数罪并罚即可。

一、多种不同目的混合的民间融资的刑法评价

对于同一企业而言，如采用多种形式进行融资，其中既包括存有非法占有目的集资诈骗行为，又包括以经营企业为目的的融资行为，对此司法实践究竟如何区分？

2017年《互联网金融座谈会纪要》规定，"注意区分犯罪嫌疑人的犯罪目的的差异。在共同犯罪或单位犯罪中，犯罪嫌疑人由于层级、职责分工、获取收益方式、对全部犯罪事实的知情程度等不同，其犯罪目的也存在不同。在非法集资犯罪中，有的犯罪嫌疑人具有非法占有的目

的，有的则不具有非法占有目的，对此，应当分别认定为集资诈骗罪和非法吸收公众存款罪"。该司法解释体现了对互联网金融犯罪行为以主观目的进行区分的思路，值得借鉴。

笔者认为，对于同一企业采用不同目的进行融资的行为要以其主观目的的不同进行处理。如果存在以非法占有为目的的集资则定集资诈骗罪；出于企业正常发展而进行的融资行为是合法的，不应当受到刑法的干涉。对于两者主要是采取目的＋行为＋数额进行区分的方式。

二、前后不同目的混合的民间融资的刑法评价

有些企业以发展企业经营为目的进行融资行为，但是在企业运营存续过程中又产生非法占有的目的，此时又应该如何区别对待？面对不同类型的民间融资行为需要区别对待，而不能采用"一刀切"式的处理方案。"如果行为人产生非法占有目的的时间是在进行筹集资金的过程中，产生后仍然继续实施筹集资金的活动。那么在认定该行为人构成本罪时，本罪的犯罪数额不应该包括本罪犯罪目的产生之前投资人所投之资金。"① 2017 年《互联网金融座谈会纪要》规定，"注意区分犯罪目的发生转变的时间节点"。根据此规定，犯罪嫌疑人在犯罪目的的转换的时间节点之后的行为应当认定为集资诈骗罪，此前的行为应当认定为非法吸收公众存款罪。也有学者认为，如果集资者一开始并无诈骗的故意，而后因经营不善等客观原因无法如期还款，仍然构成非法吸收公众存款罪。②

笔者认为，从罪责刑相一致的原则考虑，宜将前后行为人的行为和犯罪数额予以区分。对于此种情况的认定应基于行为人的行为③，即将之前行为人没有非法占有目的的融资行为合法化，应当无罪。因为融资是公民和企业的融资权利，对于企业等主体没有非法占有目的的融资是合法的，即使后来因为经营不善等客观原因而无法如期还款，也不能采

---

① 参见刘远：《金融犯罪研究》，中国检察出版社 2002 年版，第 347 页。
② 参见刘珍：《我国 P2P 网络借贷的刑法规制研究》，山西大学硕士学位论文，2019 年，第 16 页。
③ 参见王翠霞：《非法集资犯罪法律规制的逻辑展开——兼采与韩国刑事法律相比较的视角》，载于《社会科学家》2021 年第 5 期，第 110 页。

结果归罪的立场进行犯罪化，更不能认定为非法吸收公众存款罪。而如果在运营过程中产生了非法占有的目的，则应当根据主客观相一致的原则认定为集资诈骗罪。

三、先融后占的民间融资的刑法评价

对于融资时不以非法占有为目的且没有进行欺诈的集资活动，但融资之后由于经营失败产生非法占有目的的行为，是否应将其归入集资诈骗罪的范围之内？刑法学界关于"非法占有目的"的产生时间的相关研究，均按集资诈骗行为过程分为前、中、后三个阶段。对于集资行为过程中和集资行为完成之后，行为人产生非法占有目的能否构成集资诈骗罪，有不同的观点。有学者提出，行为人产生非法占有目的的时间可以是融资前，也可以是获得融资款之后。① 2001 年最高人民法院《审理金融犯罪案件纪要》明确规定了行为人以非法占有为目的实施集资或集资过程中产生非法占有目的，均可以认定集资诈骗罪。目前，持同样观点的学者根据目的犯的相关理论论证"非法占有目的"的产生时间问题。

笔者认为，由于集资诈骗罪是目的犯，主观方面是直接故意，犯罪目的包含于犯罪故意中，犯罪目的的产生决定了犯罪故意的形成，因此两者产生时间是一致的，行为人在非法占有目的的支配下，实施非法集资行为②，按照上述观点，显然不构成集资诈骗罪。对犯罪目的产生前筹集的资金，若行为人事后占为己有，那么就可能构成职务侵占罪。

在民间融资中，对犯罪目的产生前筹集的资金，对于行为人来说，属于单位运营管理的资金。若行为人占为己有，则符合职务侵占罪的构成要件。

四、新型互联网传销活动的刑法评价

有些传销活动假借投资理财、消费返利等名义骗取财物，也具有集

---

① 参见王晓滨：《集资诈骗罪"以非法占有为目的"要素的误识与匡正——兼评〈最高人民法院关于审理非法集资刑事案件具体应用法律若干问题的解释〉第 4 条第 2 款》，载于《河北法学》2021 年第 3 期，第 115～117 页。

② 参见王亭婷：《P2P 网贷领域集资诈骗罪"非法占有目的"之司法认定》，华东政法大学硕士学位论文，2020 年，第 4 页。

资类犯罪的特点。尤其是有些传销活动打着高收益投资理财项目的名义，吸引投资者参与。此类"参与人"既是诈骗活动的受害者，又是扩大诈骗犯罪范围和危害的推动者，使得传销型集资危害性增大。如何认定传销型集资活动的性质是一个重要问题。现在学界关于此类行为与集资诈骗罪的关系存在着法条竞合论[1]、想象竞合论、牵连关系论等观点[2]。有学者提出"大竞合论"的观点进行处理[3]，只需择一重罪论处。还有的学者提出按组织、领导传销活动罪进行处罚较轻。[4] 相关司法解释规定，同时构成组织、领导传销活动罪与集资诈骗罪的，以处罚较重的规定定罪处罚，肯定了两罪之间存在竞合关系。

笔者以为，在集资犯罪中，融资方与受害人之间存在投资关系，受害人之所以进行投资是期待以融资人资本运作从而获取不菲的收益，是消极且被动的。而在传销活动中，参与人不仅要"投资"，而且在投资后要积极主动的"拉人头"，发展下线，实施传销行为，才能获取相应收益，其与组织者、领导者是共犯关系。因此要区分参与人给付资金的行为性质，如果属于"投资"则是集资；如果不属于投资，给付的资金则是"入门费"，属于传销手段。两者的手段行为是非此即彼的。

（1）行为人以同一运作方式吸引投资并向参与人返利或给付报酬，通过公开宣传，承诺投入一定数额的资金，即可成为会员，定期可以得到一定的分红，如果会员再发展他人加入则可以得到推荐奖等奖励。笔者认为前者不构成犯罪，所以实施的一个行为只侵犯了一个法益，构成组织、领导传销活动罪。

（2）如果行为人以发展股东为名公开集资，采取股权众筹和债权众筹两种集资方式，前者以下线数量及层级作为返利依据，后者属于投资，根据投资数额、投资时间返利。笔者以为，实施了两个行为，前者符合组织、领导传销活动罪的要件。后者则属于合法的民间融资行为，

---

① 参见张学永、李春华：《网络传销的刑法规制研究》，载于《中国人民公安大学学报》（社会科学版）2019 年第 5 期，第 83 页。

② 参见王昕宇：《论传销型集资活动的性质认定——以组织、领导传销活动罪与集资诈骗罪的区分为切入点》，载于《山东农业大学学报》（社会科学版）2021 年第 4 期，第 124 页。

③ 参见王筱：《揭开"传销式非法集资行为"的面纱——"传销式非法集资行为"的刑法处遇》，引自赵秉志主编：《刑法论丛》，法律出版社 2020 年第 2 卷，第 555 页。

④ 参见王筱：《揭开"传销式非法集资行为"的面纱——"传销式非法集资行为"的刑法处遇》，引自赵秉志主编：《刑法论丛》，法律出版社 2020 年第 2 卷，第 547～549 页。

实施债权众筹集资是合法的，所以应当以组织、领导传销活动罪处罚。

（3）如果行为人以非法占有为目的实施传销式非法集资行为，发起人认定为集资诈骗罪。如果积极参与者并没有与发起人共同的集资诈骗的故意，也并未与之进行合谋，应当将其行为认定为组织、领导传销活动罪。如果确实没有证据证明发行人具有非法占有的故意，则对其以组织、领导传销活动罪进行处罚。

（4）网络传销中网络服务提供者的责任。张明楷教授认为根据共同犯罪原理完全可以解决，没有必要增设新罪名。[①] 笔者同意张明楷教授的观点，按照共同犯罪原理加以解决即可。

五、P2P 网贷的刑法评价

P2P 网络借贷主要是依靠互联网平台实现的线上借贷，可以实现陌生人之间信息的灵活匹配，是金融和互联网相结合的产物。借贷双方在平台上草拟借贷合同，线上完成借贷的全部流程，使得融资更加方便快捷。P2P 网络借贷平台如若未经许可而从事融资等相关业务，按照目前法律规定便属于破坏金融管理秩序的行为。如果存在诈骗出借方资金的行为则构成集资诈骗罪。目前，司法实践主要是遵循 2017 年《互联网金融犯罪座谈会纪要》对 P2P 网络借贷进行的规定，其中部分内容有探讨的必要。

（1）纯中介式运营的 P2P 网贷平台。该平台不介入投融资双方的借贷关系，风险主要集中在借贷双方之间。平台存在的主要问题是对借款人审核不到位，但其造成的法益侵害性并没有达到入罪的标准，这是金融投资的正常表现。刑法应该保持审慎态度，目前采取将其"一刀切"取缔的做法不可取，抑制了融资权利的行使，阻碍了金融创新。P2P 网贷平台属于信息中介机构，作为居间人可以适用《民法典》中关于"居间合同"的规定进行调整，作为企业法人当然应当遵守相关行政法规及金融法的规定。

（2）P2P 平台自融行为的融资风险，目前学界认为构成非法吸收公众存款罪，《互联网金融座谈会纪要》也规定为非法吸收公众存款罪，

159

---

① 参见张明楷：《网络时代的刑事立法》，载于《法律科学》（西北政法大学学报），2017 年第 3 期，第 69~82 页。

最为典型的是东方创投案。① 法院对平台的实际控制人以非法吸收公众存款罪定罪量刑。② 有学者提出增设"运营平台虚设项目自融资金的罪名"③ 的观点。笔者以为，要看平台主观上是否以非法占有为目的。如果有此目的则构成集资诈骗罪；无此目的则因为采用了欺诈的手段构成欺诈集资罪。

（3）P2P 平台使用欺诈方法融资，根据《互联网金融座谈会纪要》的规定构成非法吸收公众存款罪。笔者以为，要进行具体区分，如果借款人有非法占有目的，故意隐瞒事实进行借款的，构成集资诈骗罪；如借款人没有非法占有目的，则构成欺诈集资罪。借款人吸收资金的用途如投资股票、场外配资、期货合约等高风险行业不应当作为认定为犯罪的依据。因为根据民间融资的权利属性，借款人拥有合法使用所融资金的权利，包括投资股票、期货合约等。

六、互联网金融犯罪的主体认定问题

互联网技术的发展使得单位更容易实施金融犯罪，而且犯罪手段也更隐蔽和专业化。互联网金融的本质是金融。相比自然人主体实施的民间融资犯罪，单位网络金融犯罪具有更大的法益侵害性和金融风险，并且单位与分支机构之间关系复杂。传统的单位犯罪"三步法"的认定规则，即判断涉案单位是否真实存在—单位决策者（单位负责人）作出决策—违法所得归单位所有的认定逻辑是一种个人责任模式的路径，单位犯罪的成立以自然人犯罪为前提。而信息网络技术的发展使得网络金融单位及其分支机构遍布全国，具有"脱域"属性，单位及其分支机构的定性纷争随之产生。传统的、普通的单位犯罪及分支机构之认定逻辑遭遇前所未有的挑战，无法实现处罚的适当与均衡，也滞后于现代

---

① 参见深圳市罗湖区人民法院刑事判决书（2014）深罗法刑二初字第 147 号。被告人邓亮在 2013 年 6 月 19 日成立东方创投公司，后东方创投以提供资金中介服务为名，承诺3% ~ 4%月息的高额回报，通过网上平台非法吸收公众存款 1.2 亿元，邓亮被以非法吸收公众存款罪判处有期徒刑三年，并处罚金人民币 30 万元。
② 刘珍：《我国 P2P 网络借贷的刑法规制研究》，山西大学硕士学位论文，2019 年，第 13 页。
③ 曹芳瑜：《股权众筹异化行为的刑法规制问题》，中央财经大学硕士学位论文，2019 年，第 29 页。

企业的发展。

笔者认为，互联网金融犯罪主体的认定要与时俱进。

（1）采取复合责任模式来认定互联网金融单位犯罪，即遵循从单位到个人的路径。首先，判断单位是否实施了金融犯罪行为。其次，判断单位领导是否存在行为责任，如果单位领导有意决策实施犯罪行为，则直接成立单位犯罪。最后，在单位领导没有行为责任时，还需要判断单位是否合理履行了监督管理责任。如果单位疏于管理，则认定成立单位犯罪；如果单位完善的监督管理机制无法阻止单位成员犯罪，则单位犯罪不成立，仅单位成员构成犯罪。①

（2）在分支机构犯罪的认定上，2017 年《互联网金融座谈会纪要》规定分支机构可以作为单位犯罪的主体，其标准是根据违法所得的资金流向及分配情况进行认定。笔者以为，在互联网金融领域，分支机构构成犯罪不需要具有独立的法人资格与独立财产要素。只要主要违法所得归分支机构所有的，分支机构可以成立单位犯罪，并且能够与母公司构成单位共同犯罪；上级单位承担监督管理责任，从而保证单位犯罪主体内部规则体系的协调性问题。②

互联网金融立法上要健全行政立法，加大行政监管力度。互联网金融的刑法评价应当回归互联网和民间融资的本质，谨守谦抑的本性，根据行为的本质准确适用相关罪名，最大限度地给互联网金融合法生存的空间，保障公民和企业融资权利的正常行使。

161

---

① 参见李兰英、魏瀚申：《网络金融视阈下单位犯罪理论的反思与出路》，载于《武汉大学学报》（社会科学版）2022 年第 3 期，第 171 页。
② 姜悦：《单位犯罪刑事归责模式的应然转向》，载于《湖北社会科学》2022 年第 2 期，第 134 页。

第六章 民间融资伴生犯罪行为的刑法规制

在民间融资过程中，出借人除了自有资金进行出借外，还可能利用种种不法手段获得资金进行融资；也可能利用自己所处的优势地位实施一些犯罪行为，具有一定的法益侵害性。例如，通过侮辱、非法拘禁等方式讨债，发生在山东的"于欢案"即为明证：当借款人苏银霞不能偿还其债务时，债权人吴学占指使手下采用将苏银霞按进马桶里、围堵、辱骂、将鞋子捂在其嘴上、裸露下体等方式侮辱苏银霞；又如高利放贷过程中存在的"趁人之危"等。用刑法进行规制具有正当性和必要性。

民间融资伴生犯罪行为的法益侵害性应当限定在由实行行为直接引起的法益损害，没有必要与民间融资行为捆绑在一起进行评价。不能将民间融资伴生犯罪行为的危害性直接等同于民间融资行为的法益侵害性。在此基础上对民间融资伴生犯罪行为进行类型化分析，分为民间融资私力救济行为和其他民间融资伴生犯罪行为，并分别进行刑法规制。

第一节 民间融资私力救济刑法规制的正当性

民间融资历史悠久，用私力救济的方式解决民间融资纠纷由来已久，民间积累了很多种私力救济的方式，在民间融资中发挥着重要的作用。当借款人不偿还到期债务时，出借人往往会采用围堵、殴打、拘禁等手段逼迫其偿还债务，也有逾越刑法底线的可能性，因此需要刑法介入。

一、民间融资私力救济的方式和特点

私力救济是指权利主体在法律允许的范围内，依靠自身的实力，通过实施自卫行为或者自助行为来救济自己被侵害的民事权利。作为人类社会最初的权利救济方式，私力救济往往和民间融资相伴相随。常见的私力救济方式有协商、先行扣押、调解、临时仲裁等，由于相关法律的不健全，私力救济对当事人约束力相对较弱，因此有时出借人会选择过激手段进行讨债，如以强凌弱、暴力胁迫、欺诈或压服、绑架式讨债等不当行为。

私力救济具有两面性：一方面快速、灵活，相对于公力救济成本低，效率高；契合中国传统法律文化中"息讼"的特点。出借人往往基于金钱和时间上的考量选择私力救济，维持彼此的面子；正当的私力救济能够有效解决纠纷，保护权利，也不损害公正。另一方面，不正当的私力救济往往构成侵权行为，严重的构成犯罪。

二、具有法益侵害性

民间融资具有隐匿性、自发性等特点。当民间融资发生后，由于当事人害怕伸张或者公力救济不力，所以通常诉诸私力救济，因而出现诸如讨债公司或"讨债职业人"这样的行当。民间融资的私力救济行为其本意是为了追讨债务，但在实际实施过程中讨债人的行为有可能侵犯公民的人身权利、人格权利、财产权利等其他权利，从而具有法益侵害性。如2017年3月26日，犯罪嫌疑人宋某伙同王某等10余人组成的暴力讨债团伙以殴打、威胁等手段进行暴力讨债，致受害人佟某死亡，案发后6名犯罪嫌疑人落网。[①] 面对以讨债为名等严重侵犯公民人身权、财产权、人格权等权利的民间融资伴随犯罪行为，刑法需要及时出手，对其进行规制。

---

① 《天镇：暴力讨债惨酿命案　团伙成员在劫难逃》，http：//www. youngchina. cn/luxury/20170518/239603. html，访问时间：2022年11月24日。

第二节 民间融资私力救济的刑法评价

根据司法实践中常见的民间融资私力救济方式的不同，可以将其分为以下几种情况并分别进行评价。

一、非法拘禁型讨债行为的刑法评价

民间融资发生后，如果债务人不能按期偿还债务，债权人会采取各种手段包括对人身、财产、精神方面实行的非法侵害来追讨债务，如殴打、拘禁、绑架、勒索等。按照《刑法》第二百三十八条的规定，"索债型"非法拘禁罪的成立要求行为人实施非法拘禁他人的行为必须是"为索取债务"，然而，刑法条文本身并没有进一步对"为索取债务"的含义进行明确具体的描述，尤其未对债务包括债务的性质与债务的数额等予以准确的定义。2000年最高人民法院《关于对为索取法律不予保护的债务，非法拘禁他人行为如何定罪问题的解释》将不受法律认可与保护的债务纳入非法拘禁罪中。然而，部分刑法学家对"索债型"非法拘禁罪存有争议。部分刑法学者认为索取法律不予认可与保护的债务且非法拘禁的，应当构成绑架罪，而非非法拘禁罪，但也有很多学者主张，此时行为人为了实现债权而实施的非法拘禁行为并未侵害刑法所保护的财产法益，因此应当构成非法拘禁罪。[①] 笔者认为，由于债权人和债务人之间的债权债务存在形式上的意思自治，是双方当事人达成的契约，因此债权人通过非法拘禁、扣押等方式来索要债务、实现债权时，并无非法占有他人财物的意图，主观上是为了索取债务，所以，不构成绑架罪，而是构成非法拘禁罪。

二、暴力讨债型行为的刑法评价

民间融资发生后，如果融入方（债务人）不能按期偿还债务，则

---

① 参见徐光华：《索债型非法拘禁罪扩张适用下对绑架罪的再认识》，载于《中国法学》2020年第3期，第261~263页。

出借人（债权人）可能采取殴打等暴力手段进行追讨。暴力讨债行为又可以分为两种。

（一）单纯暴力讨债型行为的刑法评价

对于强行索取约定利息之内财物的行为，根据强索手段的不同，有可能构成非法拘禁罪、故意伤害罪、寻衅滋事罪等犯罪。

（1）如果债权人以讨要债务为目的将债务人拘禁，则构成非法拘禁罪。按照《刑法》第二百三十八条的规定，"索债型"非法拘禁罪的成立要求行为人实施非法拘禁他人的行为必须是"为索取债务"，包括合法债务和非法债务。如果讨债人催收合法债务的，以及催收高利放贷中的本金与合法利息的，不应当认定为催收非法债务罪与寻衅滋事罪，只能认定为非法拘禁罪。①

（2）如果债权人以讨要债务为目的对债务人使用暴力，造成债务人轻伤以上的后果，则符合故意伤害罪的构成要件，构成故意伤害罪；如果暴力造成债务人死亡的则构成故意杀人罪。如果是过失造成债务人重伤或者死亡的，构成过失致人重伤罪或者过失致人死亡罪。

（3）如果债权人采取恐吓、跟踪、骚扰借贷人人身权利的方式进行催贷，性质严重，影响恶劣，则可能构成寻衅滋事罪。

（二）伴随劫取财物行为的刑法评价

对于强行索取超出借贷双方约定利息之外财物的行为，则可能构成抢劫罪、敲诈勒索罪等侵财型犯罪。行为人此时的行为已经完全突破了强行索取双方约定债务的界限，从索债行为异化为侵财行为。因为行为人强索的财物属于双方当事人约定之外，在性质上属于他人的合法财产，属于非法侵占他人合法财产，构成侵犯财产类犯罪。因此，可以以行为人的主观目的、客观表现等作为划分标准，可能将行为人的行为认定为抢劫罪、敲诈勒索罪以及催收非法债务罪。

（1）如果行为人通过暴力、胁迫或者其他手段，导致债务人不能反抗或不敢反抗，强行索取超出债务以外的其他财物，应当按照抢劫罪论处。因为此时行为人是以非法占有为目的，采用暴力、胁迫等手段当

165

———————

① 张明楷：《寻衅滋事罪的司法认定》，载于《人民法院报》2022年6月22日。

场强行劫取公私财物，该行为符合抢劫罪的犯罪构成，构成抢劫罪。

（2）如果行为人所实施的暴力、胁迫等方法尚未致使借款者不能或不敢反抗，只是通过威胁或者要挟等方法向借款者强索超出债务之外的财物，该行为应当按照敲诈勒索罪论处。因为此时行为人也是以非法占有为目的，强索公私财物，符合敲诈勒索罪的构成要件。

（3）对于那些达不到故意伤害罪、抢劫罪或者敲诈勒索罪等严重犯罪的，根据《刑法修正案（十一）》规定构成催收非法债务罪。如果行为人为催收高利放贷等产生的非法债务的构成催收非法债务罪。

三、精神暴力讨债型行为的刑法评价

民间融资发生后，如果融入方（债务人）不能按期偿还债务，则出借人（债权人）可能会采取侮辱、漫骂等精神暴力手段进行追讨。精神暴力是指行为人对被害人的精神施加暴力，而使被害人的身心造成伤害的行为，是肉体暴力之外的另一种暴力，又名"软暴力"。

（1）如果讨债人采用暴力侮辱债务人人身，如以粪便泼人、强剪头发、以墨涂抹人身或者住宅、强迫他人做有辱人格的动作等对债务人进行侮辱，构成侮辱罪。

（2）采用言语进行侮辱，如果讨债人用恶毒刻薄的语言对债务人或者利害关系人进行嘲笑、辱骂，使其当众出丑，难以忍受，或者以文字侮辱，即以大字报、漫画、信件、书刊或者其他公开的文字等方式诋毁他人人格，构成侮辱罪。

（3）强制猥亵、侮辱行为。如果讨债人以刺激或满足性欲为目的，用性交以外的方法如抠摸、搂抱、手淫、裸露下体等行为对债务人或利害关系人进行猥亵、侮辱的，构成强制猥亵、侮辱罪。如于欢案中债权人吴学占指使手下对于欢母亲苏银霞采取下流动作或淫秽语言调戏、裸露下体的方式进行猥亵，构成强制猥亵、侮辱罪。

第三节　其他民间融资伴生犯罪
行为的刑法评价

在民间融资过程中，还存在着其他的伴生犯罪行为。如从正规金融机构借得贷款再放贷给他人，或者明知融资双方从事犯罪行为仍为其提供帮助等，刑法理当对此类行为进行规制。

一、通过正规金融机构获取资金再出借行为的刑法评价

在民间融资中，出借人出借资金的来源多种多样。有的源于自有资金，有的来自亲戚、朋友的借款，还有的来自正规金融机构的贷款。对于行为人从正规金融机构获得资金再出借给他人的行为，有的学者认为，行为人构成高利转贷罪、暴利罪或者非法经营罪。[①] 笔者以为，此行为完全符合高利转贷罪的构成要件，应当以高利转贷罪进行处罚。因为在此种情况下，行为人将从银行借得的资金再以更高利息借给他人，本质上是以获取高额利息为目的，完全符合高利转贷罪"以牟利为目的"的构成要件，因此构成高利转贷罪。

二、明知融资双方从事犯罪为其提供帮助行为的刑法评价

现阶段，我国民间融资存在种类繁多、形式各异的融资形式，不同地区、不同行业的融资形式也不同，出现了"职业放贷人""掮客""银背"等专业化人士，并且出现了互联网融资平台、金融经纪人等融资中介。掮客、银背是民间借贷中间人，在浙江地区首先出现，是民间融资领域最早的食利者之一。[②] 他们往往在当地拥有一定关系和资源，信息灵通。他们本身不拥有资金，通过在借贷双方中间牵线搭桥、提供信息而从双方收取一定的介绍费、服务费、担保费，现在则有的通过设立担保公司帮助一些企业从中获取资金。网络借贷平台则实现了陌生人之间的融资和借贷。

2017 年最高人民检察院《互联网金融座谈会纪要》（以下简称《纪要》）中将 P2P 中介机构与借款人共谋或提供帮助吸收公众存款的行为认定为非法吸收公众存款罪的共犯。笔者以为，融资中介提供正常的中立服务过程可能构成三种犯罪：

---

① 参见冯国波：《高利贷行为的刑法规制》，华东政法大学博士学位论文，2020 年，第131 页。

② 李建军主编：《中国地下金融调查》，上海人民出版社 2006 年版，第 1 页。

第一类是客观上促成"融入方"的犯罪活动。当中介明知借款人、众筹项目发起人骗取投资人财物，而仍为其提供接入服务、支付结算、广告推广等帮助的，便有可能构成集资诈骗罪的共同犯罪。

第二类是中介的中立服务行为客观上促成了"出资人"的犯罪活动，主要是洗钱犯罪。明知出资人的出资源自毒品犯罪、黑社会性质的组织犯罪、恐怖活动犯罪等洗钱罪上游犯罪而仍为其提供帮助的，构成洗钱罪的共同犯罪。[1] 实践中还存在一种情形，一些职业资金介绍人、中介平台等行为人虽然为集资诈骗犯罪提供了帮助，但是事实上行为人是被其制造的假象所诱导和迷惑而起到了帮助的作用，实际上并没有非法占有目的，也不知道集资诈骗行为人具备非法占有的目的。刑法理论上存在三种观点："完全犯罪共同说""部分犯罪共同说"和"行为共同说"。有学者提出按"行为共同说"进行处罚，构成共同犯罪。[2] 笔者认为应当无罪。因为在此种情况下，融资中介并没有与犯罪人共同的犯罪故意，也没有与犯罪人共同的犯罪行为，只是提供客观的中介服务，并不符合共同犯罪的构成要件，按照刑法谦抑性的原则应当作无罪处理。

第三类对于上述《纪要》里规定的情况要具体分析，如果仅是违规的情况应当非罪化；如果是采用欺诈的方式融资则认定为欺诈发行证券罪。

三、以融资中介为名行诈骗之实行为的刑法评价

不法分子常常利用创业者急于找资金的心态布局融资圈套，现在很多所谓的投资公司都善于包装，通过高档的写字楼、响亮的名号，专门靠帮企业融资的噱头来圈钱，以提供融资中介为名收取各种名义的考察费、介绍费、律师费等，却不真正提供中介服务，对此种行为应当以诈骗罪进行处罚。

---

① 参见刘宪权：《互联网金融平台的刑事风险及责任边界》，载于《环球法律评论》2016年第5期，第84页。

② 张凯华：《参见互联网环境下集资诈骗罪研究——以浙曦案为视角》，天津师范大学硕士学位论文，2020年，第18页。

结　　语

　　"法律是社会利益的稳定器，是公民合法权益的保护神。"① 法律要适应社会发展的需要，刑法应当表达、保护特定时期一个国家、民族公认的根本价值，否则将影响刑法的公正性和权威性。法律的时代烙印决定了法律变革的必然性，而法律自身的发展和完善决定了法律变革的必要性。② 蓬勃发展的民间融资呼唤着法律给予适当的回应，而刑法自身发展完善的内在动力也推动着刑法的革新。

　　"公民的自由主要依靠良好的刑法。"法治要求国家与公民都必须尽可能承担最低限度的牺牲，来保持合理的生活秩序，其前提是法律体现大多数社会成员的意志，即"善法之治"。同时，刑法规范必须反映当代社会核心的价值取向和政策诉求等。这就要求刑法具有可履行性，不能强人所难，同时是明确的。③ 民间融资是公民和企业的自然权利和法定权利，具有存在的历史必然性和合理性。民间融资既有实现金融资源的优化配置、拓宽公民的投资渠道和分散金融风险等正面作用，也有影响国家宏观调控、加重企业负担，容易引发赌博、上访、聚众冲击国家机关等群体性事件，影响社会稳定的负面功能，应当综合进行评价。民间融资的刑法规制应当是既反映客观经济规律，同时又反映民意的一种回应型的法律。

　　各国预防和惩治民间融资犯罪的实践表明，民间融资犯罪的产生和发展是经济、政治、文化、社会等多种因素综合作用的结果，民间融资

---

① 田宏杰：《中国刑法现代化研究》，中国方正出版社 2000 年版，第 172 页。
② ［美］A. 爱伦·斯密德：《财产、权力和公共选择》，黄祖辉等译，上海三联书店、上海人民出版社 2006 年版，第 7 页。
③ 参见周光权：《刑法学的向度——行为无价值论的深层追问》，法律出版社 2014 年 2 版，第 123 页。

诱发犯罪的原因也各不相同，这就决定了民间融资犯罪的治理既与刑事法网的严密及刑罚惩治力度有关，也与国家金融政策和金融监管有关，更需要遏制人的贪欲和自私的本性。边沁指出，"当民众对法律满意时，他们自觉自愿地协助法律的实施，当他们不满意时，自然会不予协助；倘若他们不积极阻碍法律的实施，那就算好的了"①。从社会系统尤其是经济系统自身来看，任何一个经济系统特别是金融体系必然存在着犯罪行为。对于因为民间融资可能引发的犯罪不能进行转嫁，特别是不能为了垄断金融机构利益而对民间融资过度压制。

民间融资之所以在我国当前活跃，主要是由现行金融垄断制度和金融市场化程度不够造成的。若想从根本上解决问题，需要决策者和立法者转变对民间融资的歧视观念，推进金融市场化改革，完善现行金融制度，消除金融抑制现象，实施金融普惠化；承认民间融资的权利属性，在宪法和刑法中予以确认，从而给民间融资的刑法规制提供明确的法理依据。以保护融资权利的正常行使为目标，调整、减少涉及民间融资的罪名，限缩相关罪名的适用范围，配置轻缓的刑罚，广泛采用保安处分、行刑社会化等措施，尽量减轻刑罚的消极影响。准确、及时发布有关民间融资的司法解释。建立不合法、不合理的司法解释的撤销机制，最大限度地给民间融资"松绑"，从而达到既保护融资权利，又精准打击民间融资犯罪的目的，保障经济社会正常发展。

---

① ［英］边沁：《道德与立法原理导论》，时殷弘译，商务印书馆 2000 年版，第 244 页。

参 考 文 献

一、著作及译著类

[1] 陈兴良：《刑事法治论》，中国人民大学出版社 2007 年版。

[2] 陈兴良：《刑法哲学》，中国政法大学出版社 1992 年版。

[3] 林山田：《经济犯罪与经济刑法》，三民书局 1981 年版。

[4] 林山田：《刑法通论》（上），北京大学出版社 2012 年版。

[5] 卢勤忠：《非法集资犯罪刑法理念与实务》，上海人民出版社 2014 年版。

[6] 张明楷：《罪刑法定与刑法解释》，北京大学出版社 2009 年版。

[7] 储槐植：《美国刑法》（第二版），北京大学出版社 1996 年版。

[8] 蔡道通：《刑事法治的基本立场》，北京大学出版社 2008 年版。

[9] 刘宪权：《金融犯罪刑法学专论》，北京大学出版社 2010 年版。

[10] 曲新久：《刑事政策的权力分析》，中国政法大学出版社 2002 年版。

[11] 陈自强：《民法讲义 I》，法律出版社 2002 年版。

[12] 刘远：《刑事政策哲学解读》，中国人民公安大学出版社 2005 年版。

[13] 张智辉：《刑法理性论》，北京大学出版社 2006 年版。

[14] 武飞：《法律解释：服从抑或创造》，北京大学出版社 2010 年版。

[15] 田宏杰：《中国刑法现代化研究》，中国方正出版社，2000 年版。

[16] 许发民：《刑法的社会学分析》，法律出版社 2003 年版，第 157 页。

[17] 魏东主编：《非法集资犯罪司法审判与刑法解释》，法律出版社 2013 年版。

［18］刘伟：《集资型金融犯罪刑法规制完善问题研究》，法律出版社 2022 年版。

［19］刘远：《金融欺诈犯罪立法原理与完善》，法律出版社 2010 年版。

［20］许玉秀：《当代刑法思潮》，中国民主法制出版社 2005 年版。

［21］周光权：《刑法学的向度——行为无价值论的深层追问》，法律出版社 2014 年第 2 版。

［22］陈家林：《外国刑法通论》，中国人民公安大学出版社 2009 年版。

［23］孙国祥：《经济刑法原理与适用》，南京大学出版社 1995 年版。

［24］刘宪权：《金融刑法学专论》，北京大学出版社 2006 年版。

［25］林维：《刑法解释的权力分析》中国人民公安大学出版社 2006 年版。

［26］谢杰：《操纵资本市场犯罪刑法规制研究》，上海人民出版社 2013 年版。

［27］胡启忠：《经济刑法立法与经济犯罪处罚》，法律出版社 2010 年版。

［28］刘平：《近代中国银行监管制度研究》，复旦大学出版社 2008 年版。

［29］陈茜编：《日月流金，融汇百年——台湾金融业的兴衰》，福建教育出版社 2011 年版。

［30］朱新蓉主编：《货币金融学》，中国金融出版社 2010 年版。

［31］王存河：《治道变革与法精神转型》，法律出版社 2005 年版。

［32］魏建、周林彬主编：《法经济学》中国人民大学出版社 2008 年版。

［33］冯兴元等：《民间金融风险研究》，中国社会科学出版社 2013 年版。

［34］曹刚：《法律的道德批判》，江西人民出版社 2001 年版。

［35］刘建：《金融刑法学》，中国人民公安大学出版社 2008 年版。

［36］熊正文：《中国历代利息问题考》，北京大学出版社 2012 年版。

［37］李一翔：《近代中国银行与钱庄关系研究》，学林出版社 2005 年版。

［38］劳平：《融资结构的变迁研究》，中山大学出版社 2004 年版。

［39］王松奇编著：《金融学》，中国金融出版社 2002 年版。

［40］颜九红：《为了弱者的正义》，中国检察出版社 2009 年版。

［41］薛兆丰：《经济学通识》，北京大学出版社 2015 年版。

［42］袁林等：《民间融资刑法规制完善研究》，法律出版社 2016 年版。

［43］马建春等：《融资方式、融资结构与企业风险管理》，经济科学出版社 2007 年版。

［44］陆泽峰：《金融创新与法律变革》，法律出版社 2000 年版。

［45］汪祖杰编著：《现代货币金融学》，中国金融出版社 2003 年版。

［46］冯兴元、何广文、杜志雄：《中国乡镇企业融资与内生民间金融组织制度创新研究》，山西出版集团、山西经济出版社 2006 年版。

［47］祁敬宇、祁绍斌主编：《全球化下的金融监管》，首都经济贸易大学出版社 2011 年版。

［48］姚遂主编：《中国金融史》，高等教育出版社 1997 年版。

［49］王元龙：《中国金融安全论》，中国金融出版社 2003 年版。

［50］陈子平：《刑法总论》，中国政法大学出版社 2009 年版。

［51］吴越：《经济宪法学导论——转型时期中国经济权利与权力之博弈》，法律出版社 2007 年版。

［52］罗结珍：《法国新刑法典》，中国法制出版社 2005 年版。

［53］李新：《我国农村民间金融规范发展的路径选择》，中国金融出版社 2008 年版。

［54］王琦、赵志强、曲士英：《民间融资的金融伦理》，浙江大学出版社 2008 年版。

［55］张曙光、盛洪主编：《科斯与中国》，中信出版社 2003 年版。

［56］付红：《民国时期农村金融制度变迁研究》，中国物资出版社 2009 年版。

［57］郭忠：《法律生长的精神土壤》，中国政法大学出版社 2011 年版。

［58］刘军宁：《投资哲学——保守主义的智慧之灯》，中信出版集团 2015 年第 2 版。

［59］王世洲：《德国经济犯罪与经济刑法研究》，北京大学出版社 1999 年版。

［60］熊惠平：《"穷人经济学"的权利解读》，浙江大学出版社2012年版。

［61］于佳佳：《民间借贷中高利贷的刑法规制原理：入刑与否、尺度何在》，法律出版社2022年版。

［62］［美］大卫·F. 斯文森：《不落俗套的成功：最好的个人投资方法》，陈丽芳译，中国青年出版社2009年版。

［63］《马克思恩格斯全集》（第8卷），中共中央马克思恩格斯列宁斯大林著作编译局译，人民出版社1982年版。

［64］［美］庞德：《法律史解释》，杨知等译，华夏出版社1989年版。

［65］［美］阿马蒂亚·森：《以自由看待发展》，任赜等译，中国人民大学出版社2013年版。

［66］［日］芝原邦尔：《经济刑法》，金光旭译，法律出版社2002年版。

［67］［法］杜阁：《关于财富的形成和分配的考察》，南开大学经济系经济学说史教研组译，商务印书馆2011年版。

［68］［美］罗纳德·哈里·科斯、王宁：《变革中国—市场经济的中国之路》，徐尧、李哲民译，中信出版社2013年版。

［69］［美］莉莎·布鲁姆：《银行金融服务业务的管制》，李杏杏等译，法律出版社2006年版。

［70］［日］植草益：《微观制度经济学》，朱绍文等译，中国发展出版社1992年版。

［71］［美］科斯、诺思、威廉姆森：《制度、契约与组织》，刘刚等译，经济科学出版社2003年版。

［72］［美］E. 博登海默：《法理学——法哲学及其方法论》，邓正来译，华夏出版社1987年版。

［73］［法］萨伊：《政治经济学概论》，陈福生、陈振骅译，商务印书馆1998年版。

［74］［英］哈耶克：《自由宪章》，杨玉生等译，社会科学文献出版社1999年版。

［75］［斯］卜思天·M. 儒攀基奇：《刑法—刑罚理念批判》，何慧新译，中国政法大学出版社2002年版。

[76] [美] 理查德·波斯纳:《法律的经济分析》，蒋兆康译，法律出版社 2012 年版。

[77] [美] 本杰明·N. 卡多佐:《法律的成长·法律科学的悖论》，董炯、彭冰译，中国法制出版社 2002 年版。

[78] [英] 哈耶克:《个人主义与经济秩序》，邓正来译，生活·读书·新知三联书店 2003 年版。

[79] [日] 曾根威彦:《刑法学基础》，黎宏译，法律出版社 2005 年版。

[80] [美] 道格拉斯·N. 胡萨克:《刑法哲学》，谢望原等译，中国人民公安大学出版社 2004 年版。

[81] [奥] 路德维希·冯·米塞斯:《货币、方法与市场过程》，戴中玉等译，新星出版社 2007 年版。

[82] [意] 杜里奥·帕多瓦尼:《意大利刑法学原理》，陈忠林译，法律出版社 1998 年版。

[83] [法] 卢棱:《社会契约论》，何兆武译，商务印书馆 1982 年版。

[84] [意] 切萨雷·贝卡里亚:《论犯罪与刑罚》，黄风译，北京大学出版社 2008 年版。

[85] [美] 穆雷·罗斯巴德:《权力与市场》，刘云鹏等译，新星出版社 2007 年版。

[86] [德] 克劳斯·罗克辛:《德国刑法学》（第 1 卷），王世洲译，法律出版社 2005 年版。

[87] [法] 亨利·勒帕日:《美国新自由主义经济学》，李燕生译，北京大学出版社 1985 年版。

[88] [德] 汉斯·海因里希·耶赛克、托马斯·魏根特:《德国刑法教科书（总论）》，徐久生译，中国法制出版社 2001 年版。

[89] [英] H. L. A 哈特:《法律的概念》，张文显译，中国大百科全书出版社 1996 年版。

[90] [美] 乔尔·范伯格:《刑法的道德界限》（第一卷），商务印书馆 2013 年版。

[91] [美] 诺内特、塞尔兹尼克:《转变中的法律与社会》，张志铭译，中国政法大学出版社 1994 年版。

[92]［美］詹姆斯·布坎南：《财产与自由》，韩旭译，中国社会科学出版社2002年版。

[93]［美］E. 博登海默：《法理学——法哲学及其方法》，邓正来等译，华夏出版社1987年版。

[94]［美］科斯、阿尔钦等：《财产权利与制度变迁》，刘守英等译，上海三联书店、上海人民出版社2003年版。

[95]［美］斯蒂文·G. 米德玛编：《科斯经济学》，罗丽君译，上海三联书店2007年版。

[96]［美］罗纳德·哈里·科斯：《企业、市场与法律》，盛洪等译，格林出版社、上海三联书店、上海人民出版社2009年版。

[97]［荷］马丁·范·海思：《对法、权利和自由的规范分析》，席天扬、方钦译，上海财经大学出版社2007年版。

[98]［法］布迪厄、［美］华康德：《实践与反思：反思社会学导引》，李猛、李康译，中央编译出版社1998年版。

[99]［日］大塚仁：《犯罪论的基本问题》，冯军译，中国政法大学出版社1993年版。

[100]［美］尼古拉斯·L. 吉奥加卡波罗斯：《法律经济学的原理与方法：规范推理的基础工具》，许峰、翟新辉译，复旦大学出版社2014年版。

[101]［美］大卫·S. 基德韦尔等：《货币、金融市场与金融机构》，李建军等译，机械工业出版社2009年版。

[102]［英］亚当·斯密：《国富论》（上、下），郭大力、王亚南译，上海三联书店2009年版。

[103]［英］弗里德利希·冯·哈耶克：《法律、立法与自由》（第一卷），邓正来、张守东、李静冰译，中国大百科全书出版社2000年版。

[104]［美］科斯·哈特等：《契约经济学》，李风圣主译，经济科学出版社2003年版。

[105]［英］奥格斯：《规制：法律形式与经济学理论》，骆梅英译，中国人民大学出版社2008年版。

[106]［法］米歇尔·福柯：《规训与惩罚》，刘北成、杨远婴译，生活·读书·新知三联书店2012年第4版。

[107]［法］弗雷德里克·马斯夏：《财产、法律与政府》，秋风

译，贵州人民出版社 2003 年版。

[108] [意] 托马斯·阿奎那：《阿奎那政治著作选》，马清槐译，商务印书馆 1982 年版。

[109] [英] 瑞德、闫海婷、刑莉红：《国际金融犯罪预防与控制》，金鹏辉译，中国金融出版社 2010 年版。

[110] [日] 西原春夫：《刑法的根基与哲学》，顾肖荣等译，法律出版社 2004 年版。

[111] [美] 纳西姆·尼古拉斯·塔勒布：《反脆弱：从不确定性中获益》，雨珂译，中信出版集团 2022 年版。

二、论文类

[1] 徐健、王广辉：《税务检查制度的公权和私权的平衡——兼论〈税收征管法〉第四章的修改》，载于《河南社会科学》2021 年第 11 期。

[2] 杨东：《互联网金融风险规制路径》，载于《中国法学》2015 年第 6 期。

[3] 岳彩申：《民间借贷规制的重点及立法建议》，载于《中国法学》2011 年第 5 期。

[4] 彭冰：《非法集资行为的界定——评最高人民法院关于非法集资的司法解释》，载于《法学家》2011 年第 6 期。

[5] 周振杰：《民营经济刑法平等保护的体系化思考》，载于《政法论丛》2019 年第 2 期。

[6] 谭志哲：《逻辑与现实：中国民间融资的生成与法律规制》，载于《求索》2012 年第 4 期。

[7]《茅于轼谈社会公平和市场经济》，引自张五常等编：《国家与市场》，译林出版社 2013 年版。

[8] 周民源：《台湾中小企业金融服务的主要做法及借鉴》，载于《银行家》2013 年第 4 期。

[9] 乔远：《刑法视域中的 P2P 融资担保行为》，载于《政法论丛》2017 年第 1 期。

[10] 刘艳红：《"法益性的欠缺"与法定犯的出罪——以行政要素的双重限缩解释为路径》，载于《比较法研究》2019 年第 1 期。

[11] 钱弘道：《民间融资——契约精神与理性规制》，载于《社会

科学战线》2013 年第 1 期。

[12] 刘仁文、田坤：《非法集资犯罪适用法律疑难问题探析》，载于《江苏行政学院学报》2012 年第 1 期。

[13] 黄辉：《中国金融监管体制改革的逻辑与路径：国际经验与本土选择》，载于《法学家》2019 年第 3 期。

[14] 李有星、范俊浩：《论非法集资概念的逻辑演进及展望》，载于《法学论丛》2012 年第 10 期。

[15] 刘远：《我国治理金融犯罪的政策抉择与模式转换》，载于《中国刑事法杂志》2010 年第 7 期。

[16] 王宏：《用经济宪法的解释弥补宪法对金融制度规定的笼统——从国家干预有问题的金融机构谈起》，载于《经济问题》2014 年第 4 期。

[17] 曾哲：《论公民私有财产权的宪法保护》，载于《广州大学学报》2007 年 12 期。

[18] 黎来芳、牛尊：《互联网金融风险分析及监管建议》，载于《宏观经济管理》2017 年第 1 期。

[19] 张斌：《互联网金融规制的反思与改进》，载于《宏观经济管理》2017 年第 1 期。

[20] 曾威：《互联网金融竞争监管制度的构建》，载于《法商研究》2016 年第 3 期。

[21] 姚姗姗等：《我国互联网金融发展的问题与对策》，载于《税务与经济》2017 年第 3 期。

[22] 刘芬华等：《互联网金融：创新金融体征，泡沫风险衍生与规制逻辑》，载于《经济学家》2016 年第 6 期。

[23] 陈麟、谭杨靖：《互联网金融生态发展趋势及监管对策》，载于《财经科学》2016 年第 3 期。

[24] 彭岳：《互联网监管理论的方法论考察》，载于《中外法学》2016 年第 12 期。

[25] 汪进元、高新平：《财产权的构成、限制及其合宪性》，载于《上海财经大学学报》2011 年第 5 期。

[26] 邱兴隆：《民间高利贷的泛刑法分析》，载于《现代法学》2012 年第 1 期。

［27］曾野、刘华：《民间金融领域立法及其走向》，载于《重庆社会科学》2013 年第 1 期。

［28］梅山群、夏理森：《涉及民间借贷违法犯罪的法律适用问题研究》，载于《西南政法大学学报》2013 年第 2 期。

［29］陈兴良：《刑法的刑事政策化及其限度》，载于《华东政法大学学报》2013 年第 4 期。

［30］郭明瑞：《权利冲突的研究现状、基本类型与处理原则》，载于《法学论坛》2006 年第 1 期。

［31］张平华：《权利位阶论——关于权利冲突化解机制的初步探讨》，载于《清华法学》2008 年第 1 期。

［32］吴建斌：《科斯法律经济学本土化路径重探》，载于《中国法学》2009 年第 6 期。

［33］梅夏英：《权利冲突：制度意义上的解释》，载于《法学论坛》2006 年第 1 期。

［34］陈鹏鹏、王周：《集资诈骗罪的认定问题》，载于《西南政法大学学报》2012 年第 2 期。

［35］姜涛：《风险刑法的理论逻辑——兼及转型中国的路径选择》，载于《当代法学》2014 年第 1 期。

［36］张东平、赵宁：《社会变迁与法律回应：我国民间借贷的立法完善建议》，载于《内蒙古社会科学》2014 年第 2 期。

［37］周相虎：《论私营企业财产权利的刑法保护》，载于《湖南行政学院学报》2008 年第 4 期。

［38］汪习根：《论习近平法治思想中的美好生活权利》，载于《政法论丛》2021 年第 5 期。

［39］龙卫球：《中国〈民法典〉的立法价值》，载于《探索与争鸣》2020 年第 5 期。

［40］刘宪权、金华捷：《P2P 网络集资行为刑法规制评析》，载于《政治与法律》2014 年第 5 期。

［41］姜敏：《"危害原则"的法哲学意义及对中国刑法犯罪化趋势的警喻》，载于《环球法律评论》2017 年第 1 期。

［42］高艳东：《诈骗罪与集资诈骗罪的规范超越》，载于《中外法学》2012 年第 2 期。

[43] 韩亚新等:《互联网金融:理论基础解构与中国实践》,载于《金融经济学研究》2016 年第 4 期。

[44] 李克穆:《互联网金融的创新与风险》,载于《管理世界》2016 年第 2 期。

[45] 李晓明:《非法吸收公众存款罪存与废的法教义学分析》,载于《法治研究》2020 年第 6 期。

[46] 赵增强:《互联网金融及其风险防控》,载于《税务与经济》2018 年 1 期。

[47] 冯乾、王海军:《互联网金融不当行为风险及其规制政策研究》,载于《中央财经大学学报》2017 年第 2 期。

[48] 靳文辉:《互联网金融监管组织设计的原理及框架》,载于《法学》2017 年第 4 期。

[49] 沈伟、余涛:《互联网金融监管原则的内生逻辑及外部进路》,载于《当代法学》2017 年第 1 期。

[50] 姚辉军、施丹燕:《互联网金融发展的区域化差异与检验》,载于《金融研究》2017 年第 5 期。

[51] 孙万怀:《风险刑法的现实风险与控制》,载于《法律科学》2013 年第 6 期。

[52] 姜盼盼:《互联网金融刑法风险的应对逻辑》,载于《河北法学》2018 年第 3 期。

[53] 张艺、徐夕湘、何宜庆、吴扬:《金改背景下民间资本规范利用与金融创新研究—以福建省晋江市为例》,载于《中共福建省委党校学报》2014 年第 4 期。

[54] 罗培新:《美国新自由主义金融监管路径失败的背后——以美国证券监管失利的法律与政治成因分析为视角》,载于《法学评论》2011 年第 2 期。

[55] 张东平:《民间融资罪刑边界的扩张与反思》,载于《华中科技大学学报》(社会科学版)2014 年第 2 期。

[56] 冯果、袁康:《社会变迁与金融法的时代品格》,载于《当代法学》2014 年第 2 期。

[57] 管金平:《中国民间融资法律制度变革的新视野:一个系统性的制度演化路径》,载于《兰州学刊》2014 年第 2 期。

[58] 张明楷：《网络时代的刑事立法》，载于《法律科学》（西北政法大学学报）2017 年第 3 期。

[59] 赵莹、雷兴虎：《新加坡〈放贷人法案〉及其对我国民间借贷立法的启示》，载于《江汉论坛》2014 年第 6 期。

[60] 岳彩申：《互联网时代民间融资法律规制的新问题》，载于《政法论丛》2014 年第 3 期。

[61] 张东平：《集资案件刑民关系的交叉与协调》，载于《北京社会科学》2014 年第 1 期。

[62] 莫洪宪、尚勇：《产权保护视角下非法集资行为刑事规制的教义学重塑》，载于《河南财经政法大学学报》2020 年第 2 期。

[63] 毛玲玲：《发展中的互联网金融法律监管》，载于《华东政法大学学报》2014 年第 5 期。

[64] 杨青等：《互联网金融创新及监管政策初探》，载于《上海金融》2018 年第 2 期。

[65] 刘宪权：《刑民交叉案件中刑事案件对民事合同效力的影响研究》，载于《政治与法律》2013 年第 10 期。

[66] 邓毅丞：《"套路贷"的法教义学检视：以财产犯罪的认定为中心》，载于《法学家》2020 年第 5 期。

[67] 胡启忠、秦正发：《民间高利贷入罪的合法性论辩与司法边界厘定》，载于《社会科学战线》2014 年第 1 期。

[68] 杨兴培：《刑民交叉案件中"先刑观念"的反思与批评》，载于《法治研究》2014 年第 9 期。

[69] 孙万怀：《刑事立法过度回应刑事政策的主旨检讨》，载于《青海社会科学》2013 年第 2 期。

[70] 刘艳红：《刑法学研究现状之评价与反思》，载于《法学研究》2013 年第 1 期。

[71] 孙万怀：《刑事政策研究的理论自觉》，载于《法学研究》2013 年第 1 期。

[72] 车浩：《中国刑法学的现状、传统与未来》，载于《法学研究》2013 年第 1 期。

[73] 陶震：《关于互联网金融法律监管问题的探讨》，载于《中国人民大学学报》2014 年第 6 期。

　　[74] 钟志勇：《自由融资权与刑罚权的冲突及解决》，载《刑法论丛》2014 年第 1 卷。

　　[75] 朱伟一：《非法集资的中美法律比较》，载于《国际融资》2013 年第 9 期。

　　[76] 邢丽珊：《习近平法治思想的刑法意蕴》，载于《西南民族大学学报》（哲学社会科学版）2021 年第 5 期。

　　[77] 王晓滨：《集资诈骗罪"以非法占有为目的"要素的误识与匡正——兼评〈最高人民法院关于审理非法集资刑事案件具体应用法律若干问题的解释〉第 4 条第 2 款》，载于《河北法学》2021 年第 3 期。

　　[78] 王新：《民间融资的刑事法律风险界限》，载于《当代法学》2021 年第 1 期。

　　[79] 王新：《指导性案例对网络非法集资犯罪的界定》，载于《政法论丛》2021 年第 1 期。

　　[80] 王强军：《刑法干预前置化的理性反思》，载于《中国法学》2021 年第 3 期。

　　[81] 周光权：《过渡型刑法学的主要贡献与发展前景》，载于《法学家》2018 年第 6 期。

　　[82] 谢望原：《谨防刑法过分工具主义化》，载于《法学家》2019 年第 1 期。

　　[83] 陈少青：《权利外观与诈骗罪认定》，载于《法学家》2020 年第 2 期。

　　[84] 田宏杰：《刑法法益：现代刑法的正当根基和规制边界》，载于《法商研究》2020 年第 6 期。

　　[85] 赵姗姗：《非法吸收公众存款罪法益新论及对司法适用的影响——结合货币银行学对〈刑法修正案（十一）〉的审读》，载于《中国刑事法杂志》2021 年第 2 期。

　　[86] 刘宪权：《金融犯罪最新刑事立法论评》，载于《法学》2021 年第 1 期。

　　[87] 游成婧：《民间借贷行为规制的行刑衔接探究》，载于《财经理论与实践》2021 年第 1 期。

　　[88] 刘艳红：《刑法的根基与信仰》，载于《法制与社会发展》2021 年第 2 期。

[89] 蔡宏伟：《作为限制公权力滥用的比例原则》，载于《法制与社会发展》2019年第6期。

[90] 商玉玺：《互联网金融的刑法规制政策及原则——金融抑制视角》，载于《大连理工大学学报》（社会科学版）2016年第2期。

[91] 商玉玺：《金融刑法边界限缩：一种经济学分析框架》，载于《大连理工大学学报》（社会科学版）2021年第1期。

[92] 田宏杰：《立法扩张与司法限缩：刑法谦抑性的展开》，载于《中国法学》2020年第1期。

[93] 冯辉：《普惠金融视野下企业公平融资权的法律构造研究》，载于《现代法学》2015年第1期。

[94] 侯利阳：《市场与政府关系的法学解构》，载于《中国法学》2019年第1期。

[95] 唐烈英、施润：《新型农业经营体系下家庭农场融资权的法律保障论》，载于《河北法学》2019年第1期。

[96] 陈传铿：《互联网金融视域下非法吸收公众存款罪的限缩适用路径》，载于《宁夏大学学报》（人文社会科学版）2020年第6期。

[97] 贾占旭：《集资诈骗罪"非法占有目的"要件的理论修正与司法检视》，载于《法学论坛》2021年第1期。

[98] 彭文华：《"套路贷"犯罪司法适用中的疑难问题研究》，载于《法学家》2020年第5期。

[99] 宋亚辉：《风险立法的公私法融合与体系化构造》，载于《法商研究》2021年第3期。

[100] 王冠：《厘清网络借贷非法集资平台"非核心人员"入罪标准》，载于《人民检察》2020年第22期。

[101] 陈兴良：《民法对刑法的影响与刑法对民法的回应》，载于《法商研究》2021年第2期。

[102] 陈兴良：《非法经营罪范围的扩张及其限制——以行政许可为视角的考察》，载于《法学家》2021年第2期。

[103] 柏浪涛：《欺诈发行证券罪的教义学分析》，载于《中国刑事法杂志》2021年第4期。

[104] 江耀炜：《网络金融犯罪的被害预防与效果评估》，载于《南京大学学报》（哲学·人文科学·社会科学）2021年第5期。

［105］王志远：《非法放贷行为刑法规制路径的当代选择及其评判》，载于《中国政法大学学报》2021 年第 1 期。

［106］李晓明：《非法吸收公众存款罪存与废的法教义学分析》，载于《政法与法律》2020 年第 6 期。

［107］桑本谦：《民间借贷的风险控制：一个制度变迁的视角》，载于《中外法学》2021 年第 6 期。

三、硕博论文

［1］张志华：《权利冲突的法理思考》，中共中央党校博士学位论文，2011 年。

［2］刘鑫：《论民间融资的刑法规制》，华东政法大学博士学位论文，2012 年。

［3］汪丽丽：《非正式金融法律规制研究》，华东政法大学博士学位论文，2013 年。

［4］云佳祺：《互联网金融风险研究》，中国社会科学院研究生院博士学位论文，2017 年。

［5］曾荣胜：《互联网金融犯罪刑法规制研究》，厦门大学博士学位论文，2019 年。

［6］冯国波：《高利贷行为的刑法规制》，华东政法大学博士学位论文，2020 年。

［7］李晓强：《集资型犯罪研究》，山东大学博士学位论文，2012 年。

［8］陈罗兰：《互联网金融创新的刑法规制和司法适用》，华东政法大学博士学位论文，2017 年。

［9］秦正发：《高利贷的刑法规制研究》，西南财经大学博士学位论文，2014 年。

［10］包艳：《行动与制度实践——东北 F 市小煤矿场域整顿关闭过程的经验研究》，上海大学博士学位论文，2008 年。

［11］刘珍：《我国 P2P 网络借贷的刑法规制研究》，山西大学硕士学位论文，2019 年。

［12］马晓萌：《集资诈骗罪中出资人风险分配研究》，华东政法大学硕士学位论文，2020 年。

［13］李娜娜：《论法益可恢复性犯罪的轻刑化》，苏州大学硕士学

位论文，2020 年。

[14] 于耕东：《刑事规制非法集资若干问题探究》，华东政法大学硕士学位论文，2015 年。

[15] 王鲁峰：《非法吸收公众存款罪的限制适用》，华东政法大学硕士学位论文，2015 年。

[16] 罗乔林：《非法吸收公众存款罪司法适用限制研究》，西南政法大学硕士学位论文，2014 年。

[17] 王芮：《集资诈骗罪被害人分类研究》，贵州大学硕士学位论文，2021 年。

[18] 孟柳：《非法集资犯罪类案研究——以上海市 P2P 刑事案件为例》，华东政法大学硕士学位论文，2019 年。

[19] 郭硕：《信用卡套现刑法规制问题研究》，河北师范大学硕士学位论文，2018 年。

[20] 林前：《P2P 网络借贷行为的刑法规制》，山东大学硕士学位论文，2020 年。

[21] 韩军：《信用卡套现行为的刑法争议与规制路径探索——以司法解释第 7 条为中心》，山东大学硕士学位论文，2017 年。

四、外文类

[1] Curran. Viviam. *Comparative Law An introduction*. Durham：Carolina Academic Press，2002，pp. 45 – 50.

[2] North. Doglass. *Institutional Change and Economic Performance*. Cambridge：Cambridge University Press，1990，pp. 78 – 80.

[3] Cass. Ronald. *The Rule of Law in America. Baltimore*. Baltimore：Johns Hopkins University Press，2001，pp. 67 – 72.

[4] Roger A. Shiner. Crime and criminal law reform a theory of the legislative response. *Critical Review of International Social and Political Philosophy*，Vol. 12，2009，pp. 134 – 145.

[5] Lushi. Are public misperceptions of crime trends a cause of criminality? Evidence from a randomized experiment. *Journal of Crime and Justice*，Vol. 43，2020，pp. 147 – 150.